読む マクロ経済学

井上 義朗 著
Yoshio Inoue

MACROECONOMICS

はじめに

本書は，初めてマクロ経済学を学ぶ人のための，大学講義用テキストである。マクロ経済学は，ミクロ経済学とともに，現代経済学の両輪をなす重要な研究分野である。経済学を正しく理解するには，ミクロ経済学とマクロ経済学の両方の知識が必要であり，マクロとミクロをバランスよく理解することで，毎日の経済現象を，客観的に筋の通った形で理解することができるようになる。特に，マクロ経済学は，雇用，景気，物価，成長といった，日ごろ見聞きする「経済ニュース」に直結する内容を持っている。本書でお話しするマクロ経済学の基礎知識を身につければ，そうした経済現象や経済政策について，自分なりの判断と評価ができるようになるはずである。

本書は，筆者が大学で実際に行っている，マクロ経済学の入門講義をもとにしている。先に上梓した『読む ミクロ経済学』（新世社）の冒頭でも触れたように，入門講義用のテキストには，すでに無数と言っていいほど多くの本があり，スティグリッツやマンキューをはじめ，O. ブランシャール『マクロ経済学』や，C. ジョーンズ『マクロ経済学』といった，世界的な評価を確立している教科書もたくさんある。どれもみな内容の確かなものなので，どの本を選んだとしても，マクロ経済学の基礎をしっかり身につけることができるだろう。しかし，これも前著で触れたように，これらの本は，講義用であると同時に，独習用としても使えるよう配慮されているので，基礎的な部分から，先端的な内容まで，おおよそすべての話題を盛り込んでいるものが多い。そのため，どうしてもボリュームが大きくなり，初めて経済学を学ぼうとする人にとっては，いささかハードルが高い印象を与えることも多いと聞く。

そこで，本書は，これも『読む ミクロ経済学』と同様，筆者が大学で実際に行っている講義内容に，内容と分量をほぼ一致させる方針をとった。マクロ経済学のすべてを盛り込むのではなく，1 セメスター 15 回の講義で実際に取り上げることのできる範囲内に，内容を思い切り厳選した。そのため，割愛せざるを得なかった部分も多いが，それでも基礎的なマクロ経済学の知識としては，ほぼ必要十分な範囲をカバーしていると思う。また，マクロ経済学は，ミクロ経済学以上に，一本の途切れのないストーリーとして理解していくことが重要なので，全体を一望の視野に収められる分量から始めることには，単に消化しやすいという以上の，積極的な意味合いがあると思う。読者のみなさんは，本書を読み終えたのち，巻末に紹介した，より詳しい内容のテキストブックに，ぜひ挑戦していってほしい。

本書の基本方針は，以下の通りである。

第１に，本書はマクロ経済学のテクニカルな部分よりも，基本的な概念の理解に主たる目的を置いている。マクロ経済学は，経済全体という大きな，したがって，それだけ漠然とした対象を扱う学問だから，ある意味ではミクロ経済学以上に，「概念」に頼る部分が多くなる。目で見ることも，手で触れることもできない「経済」という対象に，思考可能な姿と形を与えていくのが経済学だが，そのためには，概念の手助けがどうしても必要になる。しかも，マクロ経済学は，ミクロ経済学と密接に関係しながらも，ミクロ経済学とは異なる独特の概念，独特の発想を持つものである。そのため本書では，いくつかの重要な概念に関して，他の教科書よりも，いくぶん踏み込んだ説明を試みている。

概念を修得するには，やはり，自分が普段使っている言葉遣いに置き換えて，同じ内容を書き直してみるのが一番いい。それができれば，その概念はほぼ自分のものになったと考えてよく，理解の不十分なところがあれば，そこでおのずと筆が止まって，自分の補強すべき箇所を教えてくれるだろう。本書の，確認問題や練習問題には，『読む ミクロ経済学』よりも，文章で解答する問題をいくぶん多めに取り入れたので，専門用語を使った解答ができたら，今度は専門用語を使わずに，自分の普段の言葉遣いで，同じ内容を表現できるかどうか，ぜひ試してほしい。

第２に，本書の内容について。本書は，マクロ経済学の原点である，ケインズ経済学とその系譜について，おそらく他の教科書よりも，いくぶん踏み込んだ内容になっていると思う。その理由は，1つには，マクロ経済学の基礎理論，特に，国民所得の決定理論に関しては，今日でもケインズ経済学が使われているので，まずは，そのもっとも大事な基礎部分を，きちんと説明する必要があるということ。もう１つの理由は，ケインズ経済学の歴史的な個性に関係している。詳しくは本文で述べるが，マクロ経済学は，その生い立ちがミクロ経済学とは少しく異なり，ミクロ経済学を担ってきた新古典派経済学と，その新古典派経済学を超えるものとして現れたケインズ経済学との対立と切磋琢磨のなかで，自らを発展させてきた経緯がある。今日のマクロ経済学は，特に中級以上のテキストになってくると，だいたいは新古典派経済学の方法論で体系化されるようになるが，初級段階ではケインズ経済学を使わないわけにはいかないので，ややもすると，ケインズ半分，新古典派半分のような記述が，特に初学者向けの教科書に多く見受けられる印象がある。

しかし，これはかえって，内容をわかりにくくする可能性があるので，本書はこうした姿勢をとらず，ケインズ経済学を論じる以上は，ケインズ経済学の一貫した体系性を，それはそれで尊重する方針をとった。そうすることで，マクロ経済学のストーリーがより明確になり，それだけマクロ経済学への理解も，確かなものになるはずである。そのうえで，新古典派経済学との接点がどこにあるのか，なぜ，新古典派経済学が復権するに至ったのかという問題について，マクロ経済学の歴史に即しながら，解説を試みている。これは，後半の経済成長論から先の理解に必要な知識にもなるので，少し難しく感じられる部分もあるかもしれないが，どうか読み飛ばさずに，順を追って読み進めてほしい。

マクロ経済学は，ミクロ経済学以上に，経済政策に直結する内容を多く持つ。そのため，マクロ経済学は，常に論争の渦中にあると言ってよく，ある種の流行現象も時として見受けられる。新しいマクロ理論として一世を風靡したはずの議論が，気がつくと，跡形もなく消え去っていることも少なくない。それゆえ，マクロ経済学は，何より，基礎的な部分の理解が重要になる。マクロ経済学とは，本来何を考えるためのものであり，本来どういう内容のものであったのかをしっかり押さえておけば，流行に翻弄されることなく，学習を続けていくことができるだろう。まずは，基本を押さえること。本書の目的は，この一点に集約されると言ってよい。

第３に，本書も各章ごとに，**確認問題** と **練習問題** を置いている。**確認問題** は，節単位の理解を確かめるためのもの，**練習問題** は，改めて章全体の理解を確かめるためのものと考えて頂ければよい。ただ，**確認問題** が，次の節への予習になっていたり，練習問題が，本文の代わりになっていたりすることもあるので，どうか読者はこれらを省略せずに，本文の一部のつもりで，取り組んでほしい。じっさいに計算問題などを解いてみることは，概念の理解にとっても，たいへん有益なことが多いのである。

本書の企画も，『読む ミクロ経済学』に引き続き，新世社編集部の御園生晴彦氏のお声がけによるものである。授業内容と一致している教科書の準備という，考えてみれば，じつに贅沢な機会をご提供頂いたことに，筆者としてまず感謝申し上げたい。ミクロ経済学同様，すでに定評ある良書がたくさんあるところへ，もう１冊自著を加えることには，前著以上に勇気がいったが，御園生氏からの絶え間ない励ましに支えられて，何とか脱稿まで漕ぎつけることができた。また，実際の編集作業においては，新世社編集部の谷口雅彦氏と彦田孝輔氏に，引き続きお世話になった。記して，感謝申し上げたい。

しかし，何といっても本書執筆への，一番大きな動機を与えてくれたのは，毎年の受講生諸氏である。彼ら・彼女らの表情には，講義内容が伝わったかどうか，興味を持てたかどうかが，一瞬で鮮明に浮かび上がる。このいささか緊張を伴う体験がなかったら，小著とはいえ，最後まで書き上げることはできなかっただろう。改めて感謝申し上げる次第である。

本書が少しでも読者の理解をたすけ，マクロ経済学の世界に足を踏み入れるきっかけになることができたら，筆者としてこれ以上の喜びはない。

2016年9月

井上　義朗

目　次

第1章

なぜマクロ経済学が必要か

これから，マクロ経済学をめぐる14日間の旅に出ることにしよう。マクロ経済学は，ミクロ経済学とともに，経済学の両輪をなす分野である。マクロ経済学を学ぶには，そもそもなぜ，マクロ経済学というものが必要とされるのかについて，考えていくとよい。市場経済が市場の集まりであり，市場の性質については，ミクロ経済学が日々研究を重ねているとすれば，それに加えてなぜ，マクロ経済学というもうひとつ別個の経済理論が必要とされるのか。ミクロとマクロの関係を常に意識していくことが，マクロ経済学の理解をより確かなものにする。

1-1　マクロ経済学の出現

マクロ経済学とは　マクロ経済学は，経済全体の性質について考えようとする経済学の分野である。マクロ経済学は，景気，雇用，物価，通貨，為替など，経済全体に関わる問題を対象にする。なぜ，景気は良くなったり，悪くなったりするのか。なぜ，働く意欲を持ちながら，失業してしまう人が現れるのか。景気が悪くなると，金融緩和政策が行われるのはなぜか，そして，金融緩和とはそもそも何をすることなのか。マクロ経済学は，このような問題を1つひとつ解き明かしていく。今日，景気や雇用をめぐる話が，新聞・ニュース等で取り上げられない日はないと言っていいだろう。その点で，マクロ経済学は，ミクロ経済学よりも身近に感じられるテーマを扱う分野と言えるかもしれない。

マクロ経済学はなぜ生まれたか　しかし，それにしても，なぜミクロ経済学とは別個に，マクロ経済学というものが存在するのだろうか。労働者が雇用されるのも，財やサービスが生産されるのも，結局は市場においてである以上，市場メカニズムさえ理解しておけば，それで十分ではないのだろうか。マクロ経済学を学ぶときには，このもっともな問いを常に忘れないことが肝要である。

19 世紀末に出現したミクロ経済学は，20 世紀初頭には，ほぼ今日のものに近い形を整えていた[1]。これにより，経済学はほぼ完成したものと思われ，ミクロ経済学の知見をさまざまに活用することで，経済問題はほぼすべて，解決可能になったように思われた。ところが，そのいささか過信気味の経済学を，ある日突然，衝撃がおそった。

1929 年 10 月 24 日木曜日，ニューヨークのウォール街にある証券取引所で，突如，株価が大暴落した。この「ブラック・サーズデー」を皮切りに，株価は立て続けに下落していき，それは瞬く間に世界中の証券市場に波及して，資本主義諸国の経済は，一気に大不況に陥った。世にいう世界恐慌の始まりである。

溢れる失業者　経済の停滞は，たちどころに雇用の悪化をもたらした。アメリカでは最高 25 パーセントの失業率を記録し，イギリスでも最高 20 パーセントの失業率を記録した。25 パーセントといえば，4 人に 1 人ということだから，あとの 3 人は安定した仕事を持てていたかといえばそうではなく，今日はたまたま仕事にありつけても，明日はどうなるか，誰にもまったく予想がつかなかった。たまたま仕事を見つけることができても，受け取る賃金は微々たるものであり，食べる物も住む家もなくして途方に暮れる失業者の姿が，気がつけば，大都会のありふれた光景になっていた。

確かにこれまでにも不況や失業はあった。しかし，それらはいずれも，少し我慢すれば，おのずと景気が回復していき，失業者もやがては，どこかに吸収されていった。ところが，世界恐慌の大きな特徴は，何よりその長期的な持続性にあった。いつまで待っても，景気は好転の兆しすら見せず，かつてない大量の失業者はなす術もないまま，やがて貧困へと導かれていった。

経済学者への不信　「貧困」は終わったはずだった。「貧困」は，ディケンズの時代の小説をいろどる，昔の風景になったものと誰もが思っていた。それがなぜ，突然ふいに戻ってきたのか。人々は経済学者に期待した。経済学者

[1] ミクロ経済学の歴史については，井上義朗『読む ミクロ経済学』（新世社，2016 年）ならびに，井上義朗『コア・テキスト経済学史』（新世社，2004 年）などを参照。

であれば，万能の経済理論を使って，この苦境から人々を救ってくれるに違いない。経済学者は，この事態をどう診断するのだろう？　そして，どのような処方箋を示してくれるのだろう？　誰もが，経済学者の回答に期待した。その人々に向かって，経済学者は次のように答えたのだった。「あの失業している人々は，あれはみな，自分から選んでそうしているのだ…」「失業をなくすには，いま現在の高すぎる賃金を引き下げるしかない…」。

人々は耳を疑った。着る物も，食べる物も失って，街の片隅を肩を落としてトボトボ歩いていくあの人たちが，みな自分からそうしたくてそうしているというのか？　もらった賃金では家賃はおろか，子どもに食べさせるパンすら買えないと言っているその賃金の，どこが高すぎるというのか？　いったい何を言っているのだ？　経済学者は世のなかのどこを見て，そういうことを言っているのだ？

じつは，経済学者たち自身も，自分たちの見解が的を射たものとは思っていなかった。わざわざ貧困を選ぶ人がいっせいに現れるなどまさか…とは思いながらも，自分たちが教わってきた経済理論に従う限り，そのような結論にならざるを得なかった。「何か，おかしい…」「理論は間違っていないはずだ…しかし，そこから出てくる結論はあまりにも…」と，経済学者は日々，焦燥にかられていった。だが，何度考えても，出てくる答えは同じだった。焦燥はやがて失望に変わり，失望はやがて諦めに変わろうとしていた。

J.M. ケインズの登場　そうしたなか，そこまで理論と現実が合わないのなら，誤っているのは理論の方に違いないのだから，自分たちが育ってきた経済理論の世界を，もう一度，一からすべて洗い直すべきだと訴えるイギリスの経済学者が現れた。自分たちが慣れ親しんできた新古典派経済学には，われわれ経済学者ですら気がついていない，何か大きな欠陥があるのに違いない。その見えざる欠陥が，誰が考えても不当な結論に，われわれ経済学者までをも導いているのだ。このように考えた彼は，その成果を1冊の書物にして世に問うた。それが，J.M. ケインズ『雇用・利子および貨幣の一般理論』（1936年）である。

確認問題 1-1　世界恐慌に対して，アメリカ，イギリス，日本は，それぞれそのような対策を講じたか。世界史の教科書で調べてみよう。

1-2　新古典派経済学の雇用理論

ケインズによる新しい経済学の構想　ケインズのこの書物（以下，『一般理論』と略称する）は，自分もそのなかで育ってきた，マーシャル以来の新古典派経済学[2]を，その暗黙の前提にまで遡って徹底的に批判すること，そして，新古典派経済学を乗り越える，新しい経済理論を打ち立てることを目的としたものだった。その結果，現れたのが，「マクロ」という新しい分析単位だったのである。したがって，マクロ経済学の必要性を理解するにはまず，ケインズによる新古典派批判の内容を正しく理解しなければならない。では，ケインズは，どのような点に着目することで，新古典派経済学の限界を自ら突破していったのだろうか。

新古典派経済学の考え方　マーシャル以来の新古典派経済学とは，要するに，市場メカニズムに基づく，需要・供給均衡理論を，およそすべての経済現象に当てはめて理解しようとするものである。そうすると，いま問題になっているのは失業であり，失業とは，ちょくせつには労働市場で生じる現象だから，これはしたがって，労働市場に需給均衡理論を当てはめて考えればよい問題だと新古典派は考えた。

そこでいま，労働市場に需要・供給均衡理論を当てはめたものを，図 1-1として示すことにしよう。この場合，数量を表す横軸に測られるのは雇用量であり，価格を表す縦軸に測られるのは労働力の価格，すなわち賃金率である。労働力を求めるのは生産者もしくは企業だから，この図における需要曲線は，企業が示す労働需要曲線になり，労働力を供給するのは労働者だから，この場合の供給曲線は，労働者の供給行動を表す労働供給曲線になる。賃金率が高いと，企業はあまり多くの労働者を雇うことができず，賃金率が低くなれば，それだけ多くの労働者を雇うことができるようになるので，労働需要曲線は賃金率に対して右下がりになる。他方で，賃金率が低いと労働者はあまり働こうと

[2] ケインズ以前の経済学は，A. マーシャルによって大成された，新古典派経済学に代表される。ただし，現在においても，近代経済学の主流派のことを（マーシャル時代のものとは様変わりしているとはいえ），慣習的に新古典派経済学と呼んでいる。新古典派経済学誕生の経緯や，ミクロ経済学との関係等については，前掲書『読む ミクロ経済学』を参照してほしい。

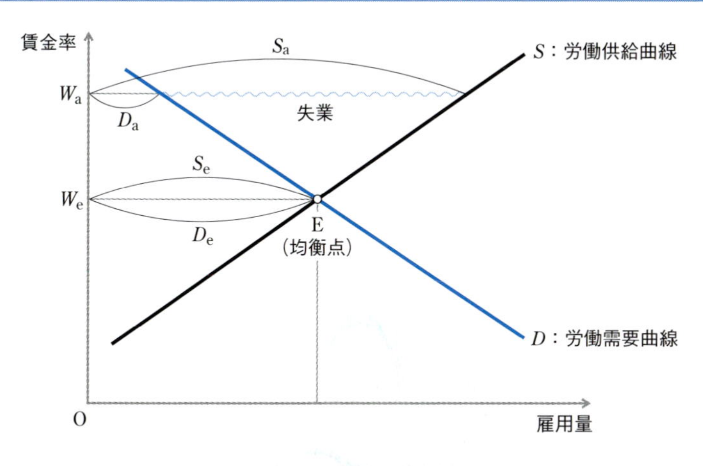

図 1-1　新古典派経済学の雇用理論

せず，賃金率が高くなると多くの労働者が働こうとするので，労働供給曲線は賃金率に対して右上がりになる。新古典派は，このように想定した。

均衡状態では失業者はいない　そうすると，労働需要曲線と労働供給曲線は，どこかでかならず交わるはずである。この交点における賃金率 W_e が労働市場で成立すれば，その賃金率の下で，企業は D_e という大きさの労働力を需要し，労働者は S_e という大きさの労働力を供給しようとする。D_e と S_e は同じ大きさであるから，この場合，労働力をめぐる需要と供給はちょうど一致して，労働不足も過剰も生じない。すなわち，人手不足も生じなければ，失業も生じないはずなのである。このとき労働市場は均衡状態になり，そしてこの状態こそが，労働市場の本来の姿であると新古典派経済学は考えた。

ところが，もし何らかの事情で，賃金率が W_a という，均衡賃金率 W_e よりも高い水準になるとどうなるか。賃金率が高くなったために，企業側は，もはや以前と同じほどには労働力を雇えなくなくなり，D_e よりも少ない D_a という労働需要量しか示さなくなる。他方で，労働者からすれば，高い賃金率の下ではわれもわれもと働くことを希望するので，S_e よりも大きな S_a という労働供給量が現れる。その結果，図中に波線を施した分だけ，労働供給量が労働需要量を超過してしまう。すなわち，失業が発生するのである。

失業状態はやがて解消する　だが，こうした失業は，長くは続かないはずだと新古典派は考えた。なぜなら，失業者はこのままでは生活できないから，やむを得ず，賃金率を引き下げてもよいから自分を雇ってほしいと言い出す人が現れるだろう。そうした申し出によって人が雇われていくのを見て，他の失業者もみな，しぶしぶとはいえ，賃金の引き下げに応じるようになるだろう。かくして，賃金率の下落が始まり，それは失業者が存在する限り止まらないから，やがて労働市場は均衡点に立ち戻ることになるだろう。すなわち，労働市場が，財市場と同じように市場メカニズムを維持していれば，一時的な失業が生じることはあっても，やがては均衡状態に引き戻されて，労働需要量と労働供給量は再び等しくなり，失業は解消されるはずなのである。

賃金下落を止めるもの　しかるに，その失業がいま解消されないのである。だとしたら，その原因は明らかだろう。すなわち，下がるべき賃金が，何らかの事情によって下がらないために，失業が解消されないのである。W_a のような高い賃金率が現れても，それが W_e にまで低下すれば，失業はおのずと解消されるはずである。それが何らかの事情により，W_a から下がらなくなると，失業も解消されずに残されてしまうことになる。では，何が賃金の下落を止めているのか。新古典派は，たとえば，労働組合が団結的な力を行使して，賃金切り下げに抵抗したりすると，下がるべき賃金が下がらなくなって，その結果，失業も解消されなくなると考えた。

自発的失業　こうした認識に基づくと，結局のところ大量失業とは，高い賃金を求める労働者階級が自ら招いた結果であるという理解になる。「あの失業している人々は，あれはみな自分から選んでそうしているのだ」という見解は，ここから出てくる。そして「失業をなくすには，いま現在の高すぎる賃金率を引き下げるしかない」という結論になるわけである。一言で言えば，新古典派経済学における失業とは，労働者自身が招いた失業，その意味で**自発的失業**にすぎないわけである。

確認問題 1-2　新古典派の労働市場において，賃金率が均衡賃金率よりも低かった場合には，どのような現象が起こるだろうか。

1-3　古典派雇用理論の隠された基礎

労働者は貧困を選んだのか　ケインズは，このような議論に，端的に言って，不合理なものを感じた。労働者の賃金は，すでに毎日の生活に支障を来すほど低い水準になっている。その賃金率がまだ高すぎるから，だから大量の失業者が現れるのだという理屈は，ケインズにはどうしても納得のいくものではなかった。

そこでケインズは，図 1-1 のように，需給均衡図をそのまま労働市場に当てはめたことが本当に適当な判断だったのか，そこからすべて考え直すことにした。すなわち，労働市場においても，労働需要曲線が右下がりになるとしたら，それはどういう理由に基づくものなのか。あるいは，労働供給曲線が右上がりになるとしたら，それはどういう理由に基づくものなのか。それをいま一度確認してみようとした。そうすると，これが意外にはっきりしていないことに，ケインズは気がついたのである。

2つの大前提　かくして，ケインズ『一般理論』は，この確認作業から始められることになる。その結果，ケインズは労働需要曲線と労働供給曲線の根底に，いわば自明の事柄として，これまで関心の対象にすらされてこなかった，2つの大前提が潜んでいることを突き止めた。すなわち，労働需要曲線の根底には，「賃金は，労働の限界生産物に等しい」という前提があり，ケインズはこれを古典派第一公準と呼んだ[3]。一方，労働供給曲線の根底には，「賃金の効用は，労働の限界不効用に等しい」という前提があり[4]，これをケインズは古典派第二公準と呼んだ。

古典派第一公準は，企業側の行動を示すものだから，この場合の「賃金」とは，労働者をもう1人追加的に雇用した場合に，企業が負担しなくてはならない追加的費用を表すものになる。つまり，ここでいう賃金とは，企業が負担す

---

[3] 公準とは，数学でいう公理と同じもので，それ自体は自明の事柄として証明の対象にされないものをいう。「2本の平行線は交わらない」というのが，そのもっとも代表的なものである。また，ケインズは，マーシャル以降の新古典派経済学も含めて「古典派」と呼んでいるが，これは『一般理論』に固有の表現であり，経済学史的には誤りとも言えるので，以下ではケインズの語法に従って議論を進めるが，他の所では使用しない方がよい。

[4] 経済学では経済活動によってもたらされる満足度のことを効用と呼び，その逆に不快や不便などがもたらされることを不効用と呼ぶ。

る限界費用になるわけである[5]。他方で，労働の限界生産物とは，追加的労働者が企業にもたらす追加的収入を意味するから，これは，企業にとっては限界収入になる[6]。したがって，古典派第一公準とは，企業は労働の限界収入と限界費用がちょうど等しくなる雇用量を選択するといっているのと同じであり，だとすれば，これは要するに，企業は利潤最大化を目的に行動する，ということをやや難しく表現し直したものにすぎない。つまり，企業は利潤最大化を目的に行動するということを，証明抜きで前提したのが古典派第一公準であるということなのである。

古典派第二公準も同様である。労働供給の主体は労働者だから，これは労働者の行動内容を表すものになる。結論から言えば，労働者は労働から得られる効用と，労働に伴う疲労や苦痛といった不効用の差が最大になるように行動している，つまりは効用最大化行動をとっている，というのが古典派第二公準の中身である。企業（生産者）は利潤を，労働者は効用を最大化している。ちょくせつ目的とするものはそれぞれ違っても，自らの目的を主体的に追求するという点で，またそれができると考える点で，古典派（新古典派）の世界に階級の差異はない。それが，新古典派経済学の世界観である。

古典派第二公準は自明か　さて，ケインズは，古典派第一公準に関しては，資本主義経済の下にある企業である以上，これは認めざるを得ないだろうと判断した。したがって，労働需要曲線の形については，ケインズはこれをそのまま継承した。しかし，古典派第二公準については，果たしてこれをそのまま自明視してよいかどうか，これは考えてみなくてはならないと考えた。資本主義経済の下における労働者が，果たして資本家と同様に，自らの「利益」を最大化できるものかどうか。ケインズはこのように，資本家と労働者とでは，あるいは資産を持つ者と持たざる者とでは，経済的な自由度に大きな差異が生じることを，現実的な経済学は無視してはいけないと考えた。

限界不効用の吟味　さて，古典派第二公準の内容をいま一度，図で示してみよう。図 1-2 は，横軸に労働時間で測った労働量をとり，縦軸は，労働時間を1時間ずつ増やしていったときに，加わってくる疲労や苦痛の度合いを

5　「限界」とは「追加される」という意味の経済学用語である。詳しくは前掲書『読む ミクロ経済学』を参照してほしい。

6　正しくは，限界生産物の純価値（限界収入から原材料費の増加分を差し引いた値）というべきなのだが，ここではこのまま議論をすすめる。

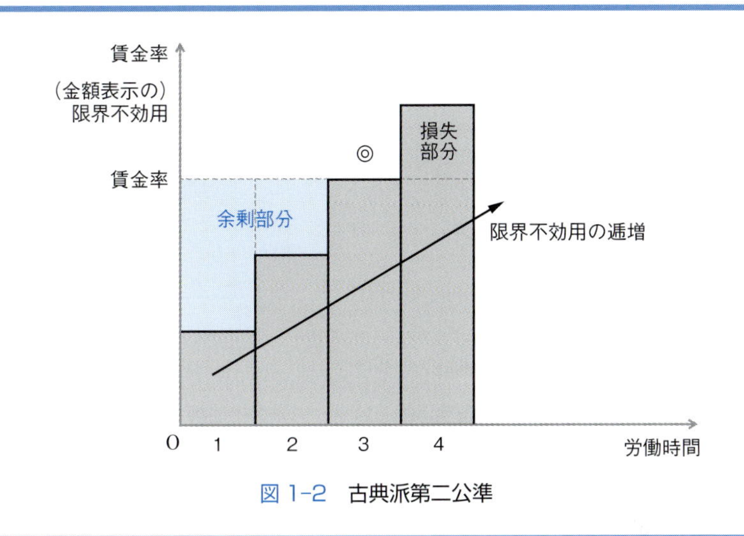

図 1-2　古典派第二公準

表している。もちろん，実際にそうした「疲労」の大きさを数値で計測することはできないから，ここでは，その疲労を解消するために，どれだけのお金が必要になるかによって，疲労・苦痛の度合いを間接的に表現している。つまり，追加的な疲労・苦痛の大きさを，金額表示で間接的に表現しているのである。この追加的な疲労・苦痛の度合いを，ケインズは限界不効用と表現している。

われわれの日常経験からすると，限界不効用は，一般的に逓増するものと予想される。はじめの 1 時間はそれほど疲労を感じないが，1 時間ずつ労働時間が追加されるに従い，同じ 1 時間でも疲労・苦痛の度合いは次第に増していくだろう。図 1-2 は，そうした傾向を表したもので，一般に限界不効用は逓増するものと予想される。

さてここで，労働 1 時間当たりの賃金率が，図のような水準に与えられたものとしよう。このとき，合理的な労働者はいったい何時間，労働力を提供しようとするだろうか。ミクロ経済学でも学ぶように，われわれは，この労働者はおそらく 3 時間という労働時間を選択するだろうと予想できる。なぜと言って，その労働時間を選択すれば，1 時間目，2 時間目の労働から得られる一種の余剰部分はすべて手に入れ，4 時間目の労働を提供すると現れる損失部分は一切出さずに，一日の労働を終えることができるからである。

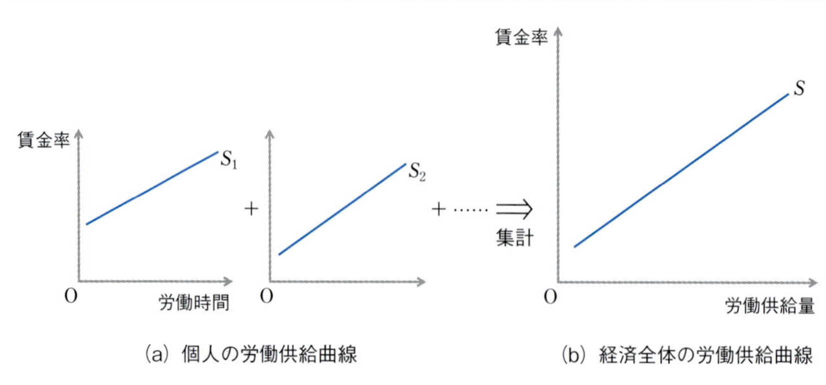

図 1-3　古典派第二公準と労働供給曲線

かくして，労働供給は，賃金と（金額表示の）限界不効用が等しくなる水準に決定されるだろう。あるいは，効用のタームで表現すれば，まさしく，賃金の効用が，労働の限界不効用に等しくなる労働時間を選択するだろう。そして，この限界不効用のグラフを，一般的な滑らかなグラフに置き換えれば，図 1-3 (a) のようになるだろう。これは，賃金率が与えられたとき，労働者がどれだけの労働量を供給するかを示すグラフと言える。したがって，これは個々の労働者の労働供給曲線を示すものになり，これを全労働者について集計すれば，経済全体の労働供給曲線を得ることができる。それを示したものが図 1-3 (b) である。右上がり労働供給曲線は，このようにして求められると，新古典派は考えたのである。

この議論は一見，特に無理なことを述べているようには見えないだろう。しかし，これをいったん認めたら，われわれは再び図 1-1 に引き戻されることになる。そうなれば，失業の原因は高すぎる賃金率にあることも，認めなくてはならなくなる。だが，この理屈はどう考えてもおかしいのである。では，いまの議論のいったいどこに誤りがあったというのか。どこかで論理的なミスを犯したとは思えない。労働者が自ら労働供給量を選択することを認める限り，このような議論を展開して不合理なことはない。しかし，どこかがおかしいはずなのだ。いったい，どこがおかしいのか。労働供給量の選択を認める限り，こうした展開にならざるを得ない…労働時間の選択を認める限り，こうした展開に…労働時間の選択を認める限り…労働時間の選択？　と考えていって，ケインズははたと気がついたのである。

確認問題 1-3　賃金率が上昇すると，なぜ労働供給量が増えるのか。「限界不効用」という言葉を使って説明せよ。

1-4　ケインズの古典派雇用理論批判

考えるべきは経済全体の労働供給　古典派第二公準では，労働供給の選択と，労働時間の選択を，同じものとして扱っている。それは，古典派にとっては文字通り自明の事柄であって，そこに疑問の目が向くことはなかった。しかし，労働時間を選べるということは，その人は何らかの職を，すでに得ていることになりはしないだろうか。だが，われわれは，どうして職を得られない人が出てくるのかをいま問うていたはずである。まだ職を得られない人のことを考えるべきときに，すでに職を得ている人のことを考えるのは，果たして自明のことと言えるだろうか。

ケインズはここに，個々の労働者の労働供給と，経済全体の労働供給との，一種の混同を嗅ぎ取ったのである。古典派第二公準は，個々の労働者が労働供給量を決めるとしたら，そのとき考えそうなことを述べたものである。しかし，われわれが考えなくてはならないのは，経済全体で労働供給がどれだけ可能かを決める論理である。これは本来，まったく別の問題ではないだろうか。

そこで，ケインズは次のように議論を整理した。われわれがいま考えるべきは，あくまでも経済全体の労働供給量である。経済全体の労働供給量とは，経済全体の労働者の人数×１人当たり労働時間，で示されるものだろう。このかけ算の値をいま増加させるとしたら，その方法には最低でも２つあるはずだろう。すなわち，①ひとつは，人数一定で１人当たり労働時間を増加させるというもの，②もうひとつは，１人当たり労働時間は一定で，働く労働者の人数を増やすというもの。

どのように違うか　この２つの方法の違いを図 1-4 で考えてみよう。縦軸に賃金率をとり，横軸には経済全体の雇用量をとる[7(次頁)]。現在の賃金率の

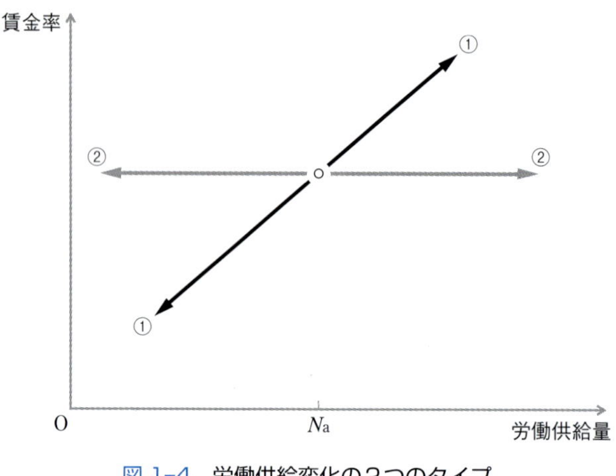

図 1-4　労働供給変化の2つのタイプ

下で，いま N_a という大きさの労働供給が行われており，それをさらに増加させようとしているものとしよう。このとき，先の①の方法がとられるとしたら，すなわち，労働人数は一定のまま，各人の労働時間を増やして，経済全体の労働供給を増加させるとしたらどうなるか。このときには，文字通り，先の古典派第二公準が妥当するだろう。すなわち，労働時間の増加とともに限界不効用が逓増していくから，それを賃金の増加によって補う必要がある。

この場合にはしたがって，労働供給の増加とともに，賃金率を引き上げる必要があるから，労働供給曲線は，図 1-4 の①のように，右上がりの形を示すことになるだろう。あるいは，①の方法に従って労働供給を減らす場合には，労働時間の短縮に伴って限界不効用も低下することになるから，今度は逆に賃金の引き下げが可能になる。その場合には，これも図中にあるように，労働供給曲線は，左下がりの形を示すだろう。いずれにしても，①の方法がとられる場合には，労働供給曲線は右上がりの形状を示すものになる。これが，従来か

[7] 厳密にいうと，古典派は賃金率を実質賃金率，すなわち，円やドルを単位とする名目賃金率を物価水準で割り算して，賃金の実質的な購買力で賃金を表すのに対し，ケインズは名目賃金率で賃金率を表すという大きな違いがある。これは，新古典派とケインズの決定的な違いを示す論点につながる相違なのだが，ここでは深入りしない。興味のある読者は，宮崎義一・伊東光晴『コンメンタール ケインズ一般理論』（日本評論社，1964 年）などを参照してほしい。

ら考えられてきた，古典派（新古典派）の労働供給曲線である。

しかし，これは盾の半面にすぎない。もし，労働供給を増加させる際，②の方法がとられた場合にはどうなるか。これはすなわち，労働時間は一定のまま，まだ職を得ていない労働者を新たに雇い入れることによって，全体としての労働供給を増加させるという方法である。そうすると，新しく雇用される労働者も，労働時間は他の労働者と同じだから（労働者間の個人差はいま無視するとすれば），労働の限界不効用も同じ水準になり，したがって，賃金率も同じ水準でよいことになるだろう。すなわち，同じ賃金率の下で，労働人数が増える結果，全体の労働供給量が増えるという形になるのである。これを図で示せば，図 1-4 の②のように，労働供給は水平に増加していく形になるだろう。同様に，②の方法で労働供給量を減らす場合には，労働人数を減らすことになるが，残った労働者の労働時間は変わらないから，残った労働者への賃金を減らすことはできない。したがって，この場合にも，労働供給曲線は水平に減少していくことになるだろう。

完全雇用水準　では，現実の経済において，実際に選択されるのは①と②のどちらだろうか。同じ労働供給の増加をはかる際，①の方法をとれば，1 人当たりの賃金を上げなくてはならないが，②の方法をとればその必要はない。したがって，まずは②の方法がとられ，それが続かなくなったら①の方法に切り換えるという，そういう順序になるだろうとケインズは考えた。すなわち，まだ職を得ていない失業者がいる間は，これを同じ賃金率の下で雇用していき，全員が雇用されて，もはや人数を増やすことができなくなったら，そのとき初めて①の方法に切り換え，各人の労働時間を増やしていく，そういう展開になるのではないか。だとしたら，経済全体での労働供給曲線とは，本当は，図 1-5 のような形になるのではないかとケインズは言う。

すなわち，現行賃金率の下でまだ雇用されていない労働者がいる限り，労働供給曲線は水平に伸びていく。そして，現行賃金率の下で働くことを希望している労働者が全員雇用されたら，つまり完全雇用水準 N_f に到達したら，その先は，古典派第二公準が復活して，右上がりの労働供給曲線が現れる。これが経済全体の，本来の労働供給曲線の姿であろう。

そして，ここに右下がりの労働需要曲線が入ってくる。かくして，労働需要曲線と労働供給曲線の交点で，労働市場は均衡することになるが，労働需要曲

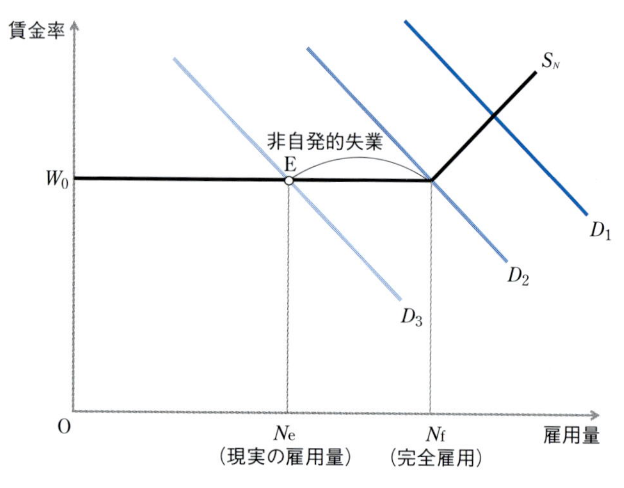

図 1-5　ケインズの労働供給曲線と失業の発生

線が，どの位置に来るかは現実を見てみなくてはわからない。D_1 のような位置に入って来るかもしれないし，D_2 のような位置に来るかもしれない。あるいは，D_3 のような位置に来るかもしれない。そしてもし，現実の労働需要曲線が D_3 のようなものだとしたら，そのとき，労働市場はどうなるだろうか。

非自発的失業　労働需要曲線と労働供給曲線は点 E で交わり，そのとき均衡雇用量は N_e になる。これはこれで均衡点には違いないから，労働市場はすべての調整能力を出し切った後の最終的な状態として，この雇用量を維持するだろう。しかしながら，いま労働市場では，現行賃金率の下で働くことを希望している人が N_f 人存在するのである。だが，均衡雇用量 N_e は N_f に届かない。したがってこのとき，N_e と N_f の間に，どれだけ頑張っても職を得ることのできない人々が現れる。この人々は，現行賃金率に不満を持っている人々ではない。高すぎる賃金を求めるあまり，現行賃金率で働くことを拒んだ人々でもない。この人々は，現行賃金率の下で働くことを希望していながら，いやむしろ，働くことが必要でありながら，均衡雇用量が，完全雇用量に届かなかったために，泣く泣く失業せざるを得なくなった人々である。ケインズは，失業者とは，こういう人たちのことをいうのではないかと言う。着る物も食べる物もなくした人々は，このようにして現れるのであって，古典派がいうような，高すぎる賃金を求めた結果現れるものではないのである。この人たちは，決して失業などしたくなかったのに，経済の論理によって失業させられた人々である。ケインズはこのような失業を，古典派のいう自発的失業とは区別して，**非自発的失業**と呼んだ。

経済全体の生産量は？　非自発的失業は，労働者の自己責任によって生じるものではない。これは明らかに，労働需要曲線の位置が低すぎることが原因で生じた，メカニカルな現象である。したがって，何とかして，労働需要曲線の位置を，少なくとも D_2 のような位置にまで移動させることができれば，均衡雇用水準において完全雇用を実現することができるだろう。では，どうしたら労働需要曲線を動かせるかといえば，労働力とは，生産活動に必要な分だけ需要されるものだから，経済全体の生産量を増加できれば，それに連られて，労働需要も増加するだろう。では，どうしたら，経済全体の生産量を増加させられるかと考えてきて，ケインズは再びはたと気がついた。「経済全体の生産量とは何だ？」。

有効需要の原理　そういう発想は，ケインズの時代には，じつは存在しなかったのである。市場単位での生産量であれば，それこそマーシャル以来の市場理論が解き明かしている。しかし，「経済全体の生産量」という発想は（漠然としてならともかく），経済学においては，まだ存在しなかったのである。ではどうする？　理論が存在しない以上，諦めるしかないか？　ケインズはそうは考えない。理論が存在しないのなら，自分たちで作り出せばよい。経済学として絶対に必要な理論が欠けていたというのなら，いまからそれを，自分たちで作り出せばよい。

かくしてケインズは，新古典派批判の段階から，新しい経済理論を構築する段階へと歩を進めていった。**それは経済全体を考察の単位とし，経済全体での生産量がどのようにして決まり，その下で，経済全体の雇用量がどのようにして決まるかを，解き明かすものでなければならない**。経済全体の原理が，市場の原理とは別に，経済学には必要だったのである。この経済全体の生産量を決める原理を，ケインズは**有効需要の原理**と名づけた。

このようにしてケインズの新しい経済学は，経済全体を一個の分析単位として進められるものになった。そのため，今日われわれは，このケインズの経済

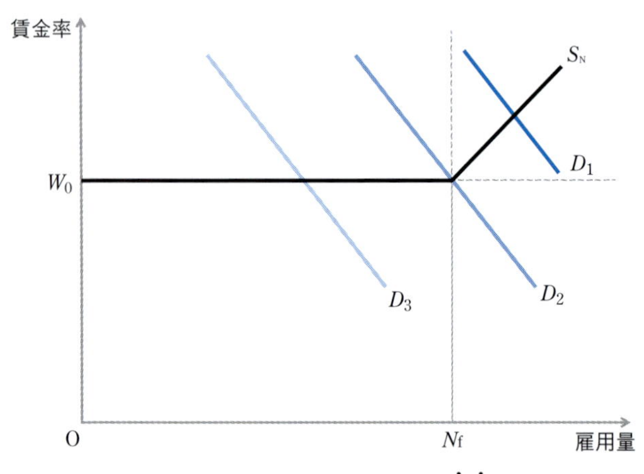

図 1-6　新古典派の労働市場とケインズ『一般理論』の意味

学を，マーシャル時代の市場単位の経済学とは区別して，「マクロ」と呼ぶようになったのである。

ちなみに，図 1-5 で，労働需要曲線が D_1 のような位置にあるとき，労働供給曲線が水平から右上がりに転じる点を原点として，改めて座標軸を描いてみたら，そこにはどのような図が現れるだろうか。図 1-6 にあるように，そこにはどこか懐かしい，新古典派の労働市場がそのまま現れていることがわかるだろう。すなわち，図 1-1 以来の新古典派の労働市場とは，じつは，この位置に現れる労働市場だったのである。では，ここはどのような領域かといえば，それはすでに雇用量が N_f を突破して以降の領域，すなわち，完全雇用が実現して以降の領域であることがわかるだろう。新古典派経済学とは，暗黙の裡に，完全雇用を前提にした経済学だったのである。古典派第二公準が，すでに職を得ている人々の論理になっていたのは，このためだったと言ってよい。

より広い範囲の「一般」理論へ　だからケインズはこう言っている。古典派経済学（正しくは新古典派経済学）は論理的に誤っているというよりは，完全雇用成立以降という特殊な条件の下でのみ成立する，その意味では部分的な理論なのである。それに対して，自分の理論は，不完全雇用の出現も説明できる，より広い範囲の理論である。言い換えれば，ケインズの理論は，新古典派理論を特殊理論として内に含む，より一般的な理論なのである。だから，ケインズは自身の本の表題を『雇用・利子および貨幣の一般理論』としたのである。そしてわれわれは，いままさしく「雇用の一般理論」を目撃した。したがって，これから始まるマクロ経済学の旅において，われわれはやがて，「利子および貨幣の一般理論」を目撃することになるだろう。

確認問題 1-4　経済が完全雇用になってもなお職を得ていない人がいるとしたら，そこにはどのような事情が考えられるか。考えてみよう。

第１章　練習問題

問題Ⅰ　次の文章の空欄に，適当な語句を入れなさい。

1. マクロ経済学は，（　　　）の著書『雇用・利子および貨幣の一般理論』から始まった。
2. 新古典派経済学は，大量失業の原因を高すぎる（　　　）に求めた。
3. ケインズのいう古典派第一公準とは，ミクロ経済学でいう（　　　）に等しい。
4. ケインズのいう古典派第二公準とは，ミクロ経済学でいう（　　　）に等しい。
5. 現行賃金率で働くことを希望するすべての人が雇用されているとき，経済は（　　　）にあるという。
6. 労働需要が足らないために，働くことを希望しながら失業せざるを得なくなった現象を，ケインズは（　　　）と呼んだ。
7. 非自発的失業をなくすためには，経済全体の（　　　）を決定する原理を知る必要がある。

問題Ⅱ　次の問いに答えなさい。

1. 図 1-5 において，失業の発生を受け，賃金率が経済全体で低下したものと仮定しよう。この状態を図で示してみよ。
2. そのとき，雇用量はどうなるか。図中に示してみよ。
3. ケインズは，このようなことをしても，非自発的失業は解消されないと考えた。なぜ，そのように考えたのか。「経済全体で賃金率が低下した」場合，財・サービスへの需要はどうなるかを考え，それは結果的に，労働需要曲線にどのような影響を及ぼすかを想像して，その結果を図で示してみよ。

問題Ⅲ　（この問題は，微分計算の知識を必要とするので，微分計算を学んでから取り組むことでもよい。微分計算については『読む ミクロ経済学』を参照してほしい。）

ある企業の利潤関数が，$\pi = pq - (v + uq + wl)$ で与えられたものとしよう。ここで，π は利潤，p は価格，q は生産量，v は固定費，u は原材料費，w は賃金，l は雇用量をそれぞれ表すものとする。

1. この企業の利潤を最大にする生産量は，どのような条件が満たされたときに得られるか。その条件を数式で求めよ。
2. この数式は，企業の何関数を表しているか。
3. この企業の利潤を最大にする労働量は，どのような条件が満たされたときに得られるか。その条件を数式で求めよ。

4. この数式は，企業の何関数を表しているか。
5. 2. と 4. の関数が，同じ数式で表されていることを証明せよ。

第2章

国民所得の測定

マクロ経済学は，ミクロ経済学以上に，「測定」の問題と切っても切り離せない関係にある。国民所得統計と呼ばれる，マクロ経済学の基礎的な統計概念は，マクロ経済学の理論を理解するうえで必要不可欠の知識となる。有効需要の原理に入る前に，基本的な統計概念をおさえておくことで，マクロ経済学への理解を，より確かなものにすることができるだろう。

2-1 有効需要の構成

マクロ経済を測る　マクロ経済学の対象を，われわれはちょくせつ体験することはできない。失業にせよ，物価の高騰にせよ，それらは，自分自身の失業や，あるいは，いつも買っている商品の値上がりといった形で，ちょくせつにはミクロ的な現象として体験される。マクロ経済は，それら個々の現象の背後にあって，その現象を基礎づけるものとして現れる。だから，マクロ経済の状態を，自身の経験や勘に頼って想像することは本来不可能であり，そうした想像をあまり安易に行うと，時として大変な誤解をするおそれもある。

そのため，マクロ経済学は，常に，統計の整備とともに発展してきた。じじつ，今日「国民所得統計」とか「新 SNA 体系」といった形で整備されているマクロ経済統計の基礎になったのが，他ならぬケインズ『一般理論』なのである。そこで本章では，有効需要の原理に入る前に，マクロ経済に形を与えるものとしての，マクロ経済統計に関して基礎的な知識を身につけようと思う。

マクロ経済統計は，マクロ経済を構成する主要項目ごとに計測される。各項目は，消費者や企業といった経済主体の経済活動を，統計的に集計することによって得られるが，それらは同時に，マクロ経済理論，すなわち，有効需要の原理の主要な変数でもある。そこで，有効需要を構成する主な項目について，整理することから始めよう。

有効需要とは　そもそも有効需要とは何か。有効需要とは，経済全体における購買力の裏付けを持った需要のことをいう。すなわち，財やサービスを購入できるお金を持った需要のことを有効需要というのである。したがって，ハンバーガーやパソコンを，ただ欲しいと思っているだけでは有効需要にはならない。実際に，財やサービスが供給されたら，それらを買い取ることのできるお金を持っていなければ，有効需要とは言えないのである。

有効需要は，いくつかの項目に分けて考えることができる。あらかじめそれを示すと，次のようになる。

$$Y = C + I + G + (EX - IM) \tag{2-1}$$

国民所得　Yは，経済全体の有効需要である。Yがどれだけの大きさを持つかによって，1国経済の活動規模が決定される。そのYの大きさを，実際に計測したものが国民所得である。国民所得の計測方法には何通りかあるのだが，なかでももっとも一般的なのがGDPすなわち国内総生産である。その計測の仕方については，この後すぐに述べる。

消費支出　Cは消費支出である。消費は英語でConsumptionなので，頭文字をとってCで表す。消費は，われわれ消費者[1]が普段行っている消費財の購入をはじめ，企業が消耗品などを買った場合もこれに含まれる。しかし差し当たりは，われわれ消費者の消費行動を念頭に，考えていけばいいだろう。現実経済では，このCがYのおおよそ6割を占めている。

投資支出　Iは投資支出である。投資は英語でInvestmentなので，頭文字をとってIで表記する。投資の主体は圧倒的に企業である。したがって，Cが消費者の経済行動を，Iが企業（または生産者）の経済行動を，それぞれ代表的に表すものと考えていいだろう。企業はさまざまな投資活動を行うが，このIが示しているのは，企業が行う設備投資のことと考えてよい。企業の生産活動に必要な建物や機械設備の購入が，ここでいう投資の中心部分である。設

1　労働サービスを供給する存在で家計（household）ともいう。

備投資とは，企業の生産能力を高めることであり，したがって，マクロ経済学における投資とは，経済全体の生産能力を高めるものとして把握される[2]。

そのため，すでに発行されている株式や土地・絵画の売買などは，一般には投資と表現され，むしろこちらの方が，投資のイメージに近いかもしれないが，これらはその持ち主が変わるだけで，経済全体の生産能力を高めるものではないから，こうした資産投資はマクロ経済学における投資には含まれない。統計的には，Yに占める設備投資の割合はおおよそ13～15パーセント程度である。数値的には，消費よりもずいぶん小さいが，経済全体の活動規模を決める点では，じつは投資の方が消費よりも重要な役割を担うことになる。この点を理解することが，マクロ経済学の要になると言ってもよい。

時間的観点　消費と投資は，このように，その担い手によって区別するのが一般的だが，それとは少し異なる，次のような観点も知っておくと便利である。すなわち，消費とは，たとえば食品の場合がそうであるように，たいていの場合は，購入したらすぐに消費して，何らかの効用を引き出そうとする行為をいう。これに対して，投資とは，設備投資がまさしくそうであるように，投資してすぐに何らかの効用をもたらすものではなく，その設備を設置し，生産を行い，出来上がった製品を市場で販売するようになって初めて，利潤のような，広い意味での「効用」を企業にもたらすものである。したがって，多少極端な言い方をすれば，消費とは現在時点で効用をもたらす行為，投資とは将来時点で効用をもたらす行為，と言ってもいいのである。

在庫は投資に含まれる　このような分け方に，どのような利点があるかというと，たとえば，製品を市場で販売したとき，売れ残りが生じてしまって，それを「在庫」としてしばらく保管することになったとしよう。この場合,「在庫」は消費になるのだろうか，それとも投資になるのだろうか。「在庫」は，やがては消費されるはずの財だから，これは消費に分類するのが適当だろうと一瞬誰もが思ってしまうのだが，ならば，在庫は現在時点で効用をもたらすかといえば，そうではない。これは，次期以降，消費者に購入されて初めて，企業に利潤をもたらし，消費者に効用をもたらすものになるのである。つまり，在庫とは現在時点においてではなく，将来時点において効用をもたらすものである。したがって，「在庫」は，理論的には「投資」に含めるのが適当なので

---
[2] 2016年より，企業の行う研究開発費も設備投資に含まれることになった。

ある。そのため，統計上も，在庫は「在庫投資」として，投資に含めてカウントされている。在庫は投資に含まれるという関係は，統計の読み方だけでなく，マクロ経済学の理解そのものにも関わる，重要な関係である。

政府支出　次に，G は政府支出である。政府 Government の支出という意味で，頭文字の G で表記する。C と I が民間経済主体（すなわち，一般の消費者と民間企業）の活動を表すのに対し，政府（国も地方も合わせて）が行う経済活動は，消費・投資を含めて G で一括する。これには，通常の公的業務や社会保障といった恒常的なものから，景気対策のための公共投資など，政策的・一時的な性質のものも含まれる。

輸出と輸入　最後の（$EX - IM$）というのは，海外との経済取引を表す部分で，EX が輸出，IM が輸入を表す。EX は輸出 Export の，IM は輸入 Import の，それぞれ頭文字である。（$EX - IM$）はその差額をあらかじめとったもので，純輸出（Net Export）[3] ともいう。輸出とは，簡単に言えば，海外から日本へ向けられた有効需要であり，輸入とは，日本から海外へ向けられた有効需要である。そのため，輸出は日本の有効需要を増加させるが，輸入は日本の有効需要を減少させる。そのため，輸出の符号はプラスになり，輸入の符号はマイナスになる。NX の符号がプラスであれば貿易黒字，マイナスであれば貿易赤字を意味することになる。ただ，だから輸入は日本経済にとって良くないもの，あるいは少なくするべきもの，という意味にはならない。天然資源の乏しい日本は，経済活動を行ううえで，資源の輸入が避けられない。つまり，輸入が増えるということは，それだけ日本の経済活動が活発になったことの現れと言えるかもしれない。統計数値は，その大きさや符号だけで機械的に判断するのではなく，その1つひとつの意味合いに基づいて，個別に検討していく必要がある。

各項目はどのように決まるか　有効需要は，基本的にこれらの項目によって構成される。それぞれが，それぞれに固有の役割を果たしていて，どれが一番重要とか，どれはなくてもよい，というような関係にはない。そして，各項目ごとに，その性質や大きさを決める原理が存在する。次章からは，有効需要の各構成項目ごとに，その原理内容を明らかにしていく。そして最後に，それらをすべて結合させることで，有効需要の原理が完成するのである。

3　（$EX - IM$）と書く代わりに NX で表すこともある。

確認問題 2-1　次の行為は，有効需要項目のどれに含めるのが適当か。
①　消費者による日常食品の購入，②　製本会社による印刷機の購入，③　公務員給与の支払，④　原油の輸入，⑤　NPO による PC の購入

2-2　GDP と GNI

GDPの3つの特徴　有効需要を示す統計上の概念が，国民所得である。このため，多くの教科書では，有効需要の原理という代わりに，国民所得決定論という表現を使っている。

国民所得には，何通りかの計測方法がある。そのなかでも，もっとも代表的なものが，いわゆる GDP である。GDP は，正しくは Gross Domestic Product といい，国内総生産と訳される。GDP は，1 年間に，国内（たとえば日本の国内）で生産された，付加価値の合計として定義される。つまり，GDP には 3 つの注意すべき特徴があるわけである。すなわち，①1 年間という期間が定められていること，②国内という地理的範囲が定められていること，③計測されるのは付加価値であって，販売総額ではないこと。

期　間　①　経済活動とは，毎日毎日，継続的に営まれるものである。したがって，その「規模」を知るためには，「いつから，いつまで」と，その計測の期間を定める必要がある。このように，その大きさを定めるために，時間もしくは期間の定めが必要になるような概念をフローと表現する。所得をはじめ，生産量，消費量，輸出・輸入量，税収などは，みなフローの概念である。フローは，計測期間が変われば，それに応じて大きさも変わる。半年間の生産量は，1 年間の生産量の半分になる。経済学では，たいていの場合，1 年間を単位としてフローを捉えるが，計測期間の異なるフローの大きさを，そのまま比較することには，まったく意味がない点に注意しておこう。

これに対して，その大きさが，ある特定の時点において定まるものをストックという。たとえば株価には，何月何日何時時点の株価が存在する。土地や絵画・骨董品なども同様である。あるいは，われわれの貯蓄（貯金）も，その大きさ自体は月々変わっていくにしても，何月何日何時の貯蓄額は何万円である

というように，時点においてその大きさを定めることができるから，これもストックである。では，貨幣はフローであろうか，ストックであろうか。貨幣は，消費の代金として使われているときはフローとして計測されるが，貯金として貯められるようになればストックとして計測される。フローとストックは経済活動の性質によって分けられるものであって，物品の物理的な性質によって，あらかじめ分けられるものではない。

地理的範囲　②　GDP は，各国の国内という地理的範囲で計測される。たとえば，外国企業の日本支店が，日本国内で製品を販売した場合，これは日本の GDP に含まれる。GDP が計測するのは，日本なら日本の，国内において行われた経済活動の規模である。したがって，日本企業の海外支店が現地で行った経済活動は，日本の GDP には含まれない。

付加価値の合計　③　GDP が対象にするのは，あくまで付加価値であって，販売総額ではない。付加価値とは，各製造段階ごとに，新しく付け加えられる価値のことをいう。国民所得が付加価値合計であるということは，国民所得理解の要になる部分なので，ここは図を使って説明しよう。

パンの生産の例　図 2–1 は，ある財（たとえばパン）の製造・販売過程を表している。まず小麦農家が小麦を生産し，それを 200 万円で製粉業者に販売したとしよう。製粉業者は，この 200 万円分の小麦を小麦粉に加工し，これを 500 万円で製パン業者に販売したとしよう。この場合，小麦農家と製粉業者を合わせて，いくらの価値が生み出されたと考えたらよいだろうか。単純に，200 万円と 500 万円を合わせて 700 万円とできれば簡単なのだが，それでは，同じ小麦を，小麦農家と製粉業者で 2 度カウントすることになる。同じものを何度も勘定したものを，新しい価値の総額と称するのは明らかに適当でないので，小麦農家の 200 万円はそのまま勘定し，製粉業者の小麦 200 万円については，これを販売額 500 万円から差し引くことにする。そして残りの 300 万円を，製粉業者の段階で初めて加わった，新しい価値としてカウントするのである。このように，各製造・販売段階で初めて加わった，新しい価値のことを付加価値という。GDP は，こうした各段階ごとの，付加価値の合計として定義される。ちなみに，各段階が仕入れる原材料等を中間生産物と表現する。付加価値は，各段階における販売価値から，中間生産物の価値を差し引いたものとしても定義できる[4(次頁)]。

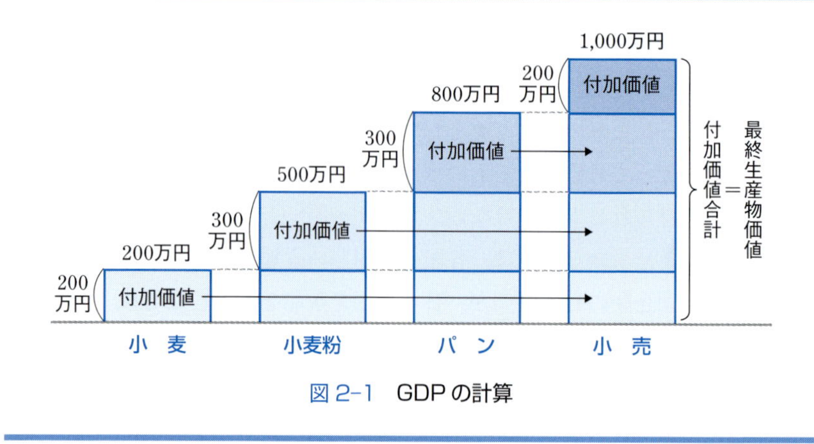

図 2-1　GDP の計算

そうすると，500 万円の小麦粉を仕入れて，これを 800 万円のパンとして販売した製パン業者の付加価値は（販売価値 800 万円から，中間生産物の価値 500 万円を差し引いて）300 万円ということになる。これを小売店が仕入れて，1,000 万円分のパンを消費者に販売したとすると，小売段階での付加価値は 200 万円ということになる。したがって，小麦農家が小麦を生産してから，消費者の手元にパンが届けられるまでの過程で，付加価値として新たに生み出された価値は，小麦農家 200 万円，製粉業者 300 万円，製パン業者 300 万円，小売業者 200 万円の，合計 1,000 万円である。この 1,000 万円が GDP に計上されるのであって，各段階での販売額の合計（200 ＋ 500 ＋ 800 ＋ 1,000 ＝）2,500 万円が，GDP になるわけではないのである。

最終生産物の価値は付加価値合計額　なお，小売店で売られたパンは，あとは消費者によって消費されるだけで，何か他の財の生産のために使われるわけではない。このように，あとは消費されるだけという段階の生産物を**最終生産物**という。この最終生産物の価値を見てみると，それはちょうど 1,000 万円，すなわち，各段階の付加価値額の合計に等しくなっている。すなわち，**最終生産物の価値は付加価値合計額に等しい**のである。このことから，**GDP を最終**

[4] 実際には，小麦農家も小麦の生産にあたって，何ほどかの中間生産物を仕入れているはずだが，ここでは簡単化のためにその部分は考慮しない。小麦農家については先行段階を持たずに，すべてを付加価値に計上できるものとして話を進める。

生産物価値の合計として定義することも可能である。ただし，たとえば小麦粉の場合，これを製パン業者がパンの原料として購入すれば中間生産物になるが，消費者が家庭用に購入すれば最終生産物になる。最終生産物になるか否かは，誰が販売したかによってではなく，購入者の目的によって決まるものである点に注意する必要がある。

GNI と GDP　さて，GDP によく似た概念に GNI というのがある。これは Gross National Income の略で，国民総所得と訳される[5]。GNI は，1 年間に，日本の国民が生産した，付加価値の合計額として定義される[6]。つまり GDP との違いは②の部分にある。すなわち，GDP は日本国内における経済規模を計測するが，GNI は日本国民が行った経済規模を計測する点に違いがある。これによってどのような違いが出てくるかというと，GDP では，外国企業の日本支店が生み出した付加価値も計測に含めるが，GNI には含まれない。その代わり，日本企業の海外支店が現地で生み出した付加価値は，GDP には含まれないが，GNI には含まれることになる。このようにして，「日本国民」が世界中で 1 年間に行った経済活動の規模を捉えようとするのが GNI である。

GNI は GDP に，日本の個人・企業が海外で得た賃金や配当などの所得を加え，逆に，GDP に含まれる外国企業の所得を差し引くことで得られる。すなわち，

$$\text{GNI} = \text{GDP} + (\text{海外からの所得受取} - \text{海外への所得支払})^{7} \qquad (2\text{-}2)$$

ということになる。

日本企業の海外展開が活発になれば，海外での所得受取が増え，外国企業の日本への投資が増えれば，海外への所得支払が増えることになるだろう。したがって，経済活動がそれぞれの国の内部に限定されていれば，GDP と GNI の間に差は生じない。しかし，個人や企業が積極的に海外進出をはかるようにな

5　以前は GNP（国民総生産）と呼ばれていた概念である。2000 年より，GNI に名称が改められた。GNP は生産段階での計測，GNI は所得（すなわち，分配）段階での計測になるが，生産価値総額は，その買い取りのために使われた支出総額に等しく，それが最終的な所得になるので所得総額にも等しい。この生産国民所得＝支出国民所得＝分配国民所得という関係を三面等価の原則という。したがって，GNP と GNI は金額的には等しくなる。

6　正しくは，日本の「居住者」と定義される。これには，一定期間，日本に居住している外国人も含まれる（逆に，外国に一定期間以上居住している日本人は，居住者に含まれない）ので，国民といっても，日本国籍の有無とは関係ない。

7　（海外からの所得受取－海外への所得支払）をまとめて，海外からの所得純受取と表現することもある。

れば，GDP と GNI は一致しなくなるだろう。GNI が GDP よりも大きいときは，日本へ入ってくる外国企業よりも，海外へ出ていく日本企業の活動規模の方が大きいことを意味する。その差があまりに甚だしくなれば，新たな経済摩擦の原因になるかもしれない。

逆に，GNI が GDP よりも小さいときは，それだけ多くの外国企業が日本市場に参入していることを意味する。それは，それだけ多くの雇用機会が，日本人に開かれていることを意味する反面，それもまた甚だしくなれば，日本国内で生み出された付加価値が，日本国内に還流せずに海外へ流出してしまうことになり，長期的には，日本経済を縮小させる原因になるかもしれない。グローバリゼーションが真に進むとすれば，それぞれの国の個人や企業が等分に行き来するようになって，結果的に，GDP と GNI の間にそれほどの差が生じないような形になるはずである。

確認問題 2-2　パンの製造過程において，各段階の販売額が，小麦 200 万円，小麦粉 400 万円，パン 600 万円，小売 800 万円であったとしよう。このとき，GDP に計測される価値はいくらか。付加価値合計と，最終生産物価値の両面から確認せよ。

2-3　その他の国民所得概念

国民純所得　GDP や GNI 以外にも，いくつか重要な国民所得概念がある。その代表的なものを，先に図に示しておこう。

図 2-2 は，言及されることの多い国民所得概念を，相互の関係を含めて示している。GDP から GNI への調整は，（2-2）式に示した通りである。この GNI から固定資本減耗（減価償却費）を取り除いたものを国民純所得（NNI）という[8]。企業が生産活動を行えば，その過程でかならず固定資本（機械設備）の一部が消耗したり傷んだりするだろう。これは，生産活動に伴うマイナスの付加価値と考えることができる。したがって，1 年間に生み出された，真の付加価値合計を求めるためには，こうしたマイナスの付加価値も加える（つまり，

[8] Net National Income の略称である。同じ調整を，GDP に施したものを国内純生産（NDP；Net Domestic Product）という。

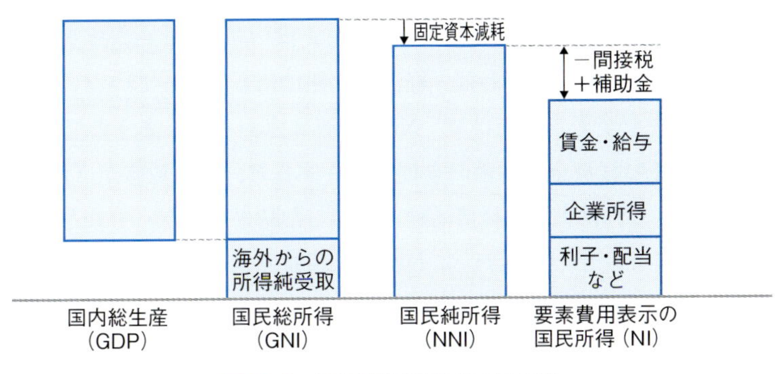

図 2-2　国民所得測定のいろいろ

その分を差し引く）ことが必要である。そこで，その損耗部分を GNI から差し引いたものが NNI である。ただし，その損耗部分を正確に算定することは困難なので，年々ある一定額，もしくは一定率を，減価償却費として費用に計上することを，会計上認める形をとっている。

減価償却費の算定方法には，大きく分けて 2 種類あり，ひとつを定額法，ひとつを定率法という。定額法とは，一定の金額を減価償却費として計上するものである[9]。これに対して定率法とは，未償却部分，すなわち固定資本として価値が残されている部分の一定率を，減価償却費として計上するものである[10]。定率法は定額法よりも，早い段階に多めの減価償却を行う形になるので，当初の利益は（計算上）出にくいが，後年では，定額法よりも利益を出しやすい計算方法になる。定額法はその逆に，当初利益を出しやすいが，常に一定の減価償却費を負担していく必要がある。

定額法を選ぶか，定率法を選ぶかは，原則的に企業の自由にまかされている。このことが，NNI よりも GNI，あるいは GDP がよく使われることの理由である。というのは，本来であれば，差し引くべき経費を引いている NNI の方が，

[9] 実際には，機械等の取得原価（機械の代金＋運送費等）×（国が定める）定額法の償却率×使用月数÷ 12 ヶ月，として算定する。

[10] 実際には，（取得原価－減価償却累計額）×（国が定める）定率法の償却率×使用月数÷ 12 ヶ月，として算定する。現行制度では，定率法の償却率は定額法償却率の 2.5 倍に定められているので，当初は，定率法による償却額の方が，定額法による償却額よりも大きくなる。定率法の償却額は大きく減少していくので，早めに減価償却を済ませたい場合は定率法が，初期時点で利益額を確保したい場合は，定額法が好まれる傾向がある。

付加価値合計額として正しい数値というべきなのだが，NNIは，GDPやGNIの値が同じであっても，減価償却方法が（たとえば）定額法から定率法に変わっただけで変化してしまう。いわば，経済の実態は何も変わっていないのに，会計上の計算方法を変更しただけで，NNIの値は変わってしまうのである。したがって，NNIで経済全体の動向を捉えようすると，その数値が（たとえば）減少した場合，それは実際に経済活動が停滞した結果なのか，それとも減価償却方法の変更によるものなのか，にわかには判断できなくなる。これは，いささか不便な話なので，差し引くべき経費を引いていないという点では，やや不正確な値にはなるけれども，経済情勢の判断としては，GDPやGNIを使った方が無難だという判断になっているのである。ちなみに，GDPやGNIのGrossというのは，本来は「粗い」という意味の単語で，それはすなわち，減価償却費を含めたままの，まだ粗い数値だということを意味している。

要素費用表示の国民所得　この NNI から間接税を引き，補助金を加えたものを，**要素費用表示の国民所得（NI）**という[11]。GNI，GDPから算出されるNNIは，市場価格を元に計算されている。財・サービスの市場価格には，物品税などの**間接税**が含まれているものがあり，その場合には，間接税分だけ価格が高くなっている。逆に，企業によっては**補助金**を受けているものもあり，その場合には，その分，価格が引き下げられている場合がある。したがって，これらを本来の価格に戻すために，間接税による増価部分はこれを差し引き，補助金による減価部分については，これを加算して元に戻す調整を行うのである。その結果として得られる金額が，本当の意味での付加価値総額であり，その一部が賃金・給与として，あるいは利子・配当として，それぞれの生産要素所有者に**所得分配**されていくわけである。したがって，賃金や利潤といった所得を合計したものは，この要素費用表示の国民所得になるのであって，GDPやGNIになるわけではないのである。

名目値と実質値　GDPやGNIの値を通年で比較する場合には，**名目値**と**実質値**の違いに注意する必要がある。名目値とは，文字通り，各年度ごとの市場価格でそのまま評価した値である。一般に，「今年度のGDPは500兆円でした」などと言うときの数値は，この**名目GDP**が使われる。しかし，その数値が，たとえば翌年510兆円になったとした場合，それは生産量が増えて510

[11] National Income の略称である。

兆円になったのか，それとも値段が高くなって510兆円になったのか，名目値のままでは区別がつかない。どちらも景気が良くなったことを示していると言えなくもないが，雇用への影響などを考えると，生産量が増えていれば，雇用量も増大するだろうが，価格が上昇しただけで，生産量がまったく増えていない場合は，雇用への影響はないかもしれない。

そこで，GDPが510兆円に増加したというとき，そこから，物価の上昇分を取り除いたものを**実質GDP**として，別個に算出することが行われている。たとえばいまの例で言えば，名目GDPが500兆円から510兆円に増加した場合，**名目GDPの増加率**は2パーセントということになるが，この間に物価が1パーセント上昇していたとすると，10兆円のうち5兆円分は，物価の上昇による見せかけの成長だったことになり，生産量そのものの成長は5兆円分，すなわち，1パーセントだけだったということになる。

この場合，5兆円分の生産増加に必要な雇用増は見込まれるかもしれないが，名目成長率が期待させたほどの，10兆円相当の雇用増は見込めないかもしれない[12]。このように，実態経済への影響を考えるためには，名目だけではなく，実質GDPや実質GDPの成長率を知る必要がある。そこで，名目値と実質値の関係を，簡単に整理しておこう。

いま，物価が2パーセント上昇しているとすれば，実質GDPは500兆円のままであっても，名目GDPは，翌年には510兆円になる。すなわち，**名目GDP＝実質GDP × 1.02**という関係があるわけである。この1.02のような，物価変動を示す数値を**GDPデフレータ**という。一般的には，次のように整理できる。

$$\text{名目GDP (GNI)} = \text{実質GDP (GNI)} \times \text{GDPデフレータ} \qquad (2\text{-}3)$$

GDPデフレータが1より大きいときは，物価が上昇していることを示す。物価上昇が1回限りではなく，継続的に続く場合を**インフレーション**という。したがって，消費税率の上昇などによる1回限りの物価上昇はインフレーションとはいわない。GDPデフレータが1より小さいときは，物価が下落してい

[12] ただし，見せかけとはいえ，価格が上がり始めているのなら，景気の先行きも明るいと考えて，企業は一足先に雇用増を開始するかもしれない。名目値と実質値の効果を，それぞれどのように捉えたらよいかについては，学会でも古くから論争があり，注意が必要である。

ることを表す。物価下落が継続的に続く場合はデフレーションといわれる。したがって，インフレのときは名目 GDP の方が実質 GDP よりも大きな値になり，デフレのときは，実質 GDP の方が名目 GDP よりも大きな値になる。

経済成長率　GDP が年々上昇していく現象を経済成長と表現する。したがって，いわゆる経済成長率とは，GDP の増加率によって示される。したがって，マクロ経済学でいう経済成長とは，付加価値の増大を意味する概念であって，物財の量的増加をかならずしも意味するものではないことに注意する必要がある。GDP に名目と実質の違いがあるのと同じように，経済成長率にも，名目成長率と実質成長率とがある。両者の関係は，(2-3) 式を増加率の関係に直せばよく，それは次のように整理される。

実質経済（GDP）成長率＝名目経済（GDP）成長率－物価上昇率　(2-4)

この名目値と実質値の関係式は，GDP 成長率だけでなく，利子率をはじめ，多くの場面に適用できるものなので，よく理解しておく必要がある。

経済統計に関する基礎知識は，以上でおおよそ十分だろう。次章からは，本章で定義された基本概念を使って，いよいよ有効需要の原理の中身に入っていくことにしよう。

確認問題 2-3　名目経済成長率が２パーセント，物価上昇率が１パーセントのとき，実質経済成長率は何パーセントになるか。

第２章　練習問題

問題Ⅰ　次の空欄に，適当な語句を入れなさい。

1. 有効需要とは，（　　　）の裏付けを持った需要をいう。
2. 有効需要は，消費支出，投資支出，（　　　），純輸出で構成される。
3. 消費支出のように，期間を定めてその大きさを測る必要のある概念を（　　　）といい，株価のように，特定時点で，その大きさを確定できる概念を（　　　）という。
4. 国内総生産に，海外からの所得純受取を加えたものを（　　　）という。
5. 国内総生産とは１年間に国内で生産された（　　　）の合計である。
6. 国民純所得とは，国民総所得から（　　　）を引いたものである。
7. 国民純所得から間接税を引き，（　　　）を加えたものを，（　　　）という。
8. 生産国民所得と支出国民所得と分配国民所得が等しくなる関係を（　　　）という。
9. 付加価値合計額と（　　　）の価値は等しい。
10. 名目 GDP から物価上昇分を取り除いたものを（　　　）という。

問題Ⅱ　次の記述が正しければ○，誤りであれば×をつけよ。

1. 国内総生産は，減価償却費を含んだ概念である。
2. 減価償却費の算出に定率法を選択すると，定額法に比べ，減価償却総額が大きくなる。
3. 消費支出は国内総生産の約６割を占めている。
4. 太陽光パネルの増産は，GDP の大きさに影響しない。
5. 太陽光パネル製造会社の株価は，GNI の大きさに影響しない。

問題Ⅲ　次の問いに答えよ。

マクロ経済が，次のように表されるとき，下記の各値を計算して求めよ。

国内総生産：300，民間最終消費支出：180，政府支出：90，輸出：20，輸入：30

海外からの要素所得純受取：10，補助金：10，間接税：20，固定資本減耗：15

1. 国民総所得
2. 国内純生産
3. 国民純所得
4. 要素費用表示の国民所得
5. 民間投資支出

第3章

国民所得の決定（1）
－消費関数と45度線分析－

国民所得の基礎概念をもとに，われわれはいよいよ，国民所得決定の理論，すなわち，有効需要の原理に入る。有効需要の原理は，1本のストーリーをなしている。以下では，これを7回に分けてお話しするが，1回1回の話が「貨車」のように連結していって，有効需要の原理という「列車」を形作ることになる。したがって読者のみなさんは，途中の回を飛ばすことなく，このストーリーの順序を守って，1回1回の内容を理解していってほしい。

3-1　消費関数

単純閉鎖体系の前提　前の章でわれわれは，有効需要の原理，もしくは国民所得決定の理論が，次の式に集約されることを学んだ。

$$Y = C + I + G + (EX - IM) \qquad (2\text{-}1)$$

この式の理論的な意味を考えることが，これからの課題である。ただし，以下，当面の間，この式のうち，政府支出Gと，海外との取引部分（$EX - IM$）は，まだ存在しないものと仮定しよう。そうすると，(2-1）式は，次のように単純化される。

$$Y = C + I \qquad (3\text{-}1)$$

このように単純化された経済を，単純閉鎖体系という。Cは民間消費支出，Iは民間投資支出なので，これは，1国経済が，国内の民間経済主体だけで構成されると仮定するに等しい。じつは，有効需要の原理のエッセンスは，この範囲で十分示すことができるのである。もちろん，後に，政府支出も海外貿易も復活させるが，それまでは，この単純閉鎖体系で話を進めることにしよう。

消費関数　そこで，本章ではまず，C すなわち消費について考えることにしよう。前章でも触れたように，日本の経済では，この民間消費支出がGDPの約6割を占めている。その意味では，国民所得 Y は大部分，この消費支出 C に依存していると言っても過言ではない。

他方で，消費 C もまた，所得 Y に依存していると言ってよい。なぜと言って，いくら消費する気持ちが強くても，所得を持っていなければ，あるいは，お金を持っていなければ，実際に消費活動を行うことはできない。したがって，所得と消費の関係は，どちらかが，どちらかを一方的に決めるという関係にあるのではなく，いわゆる相互依存関係にあると考えるのが適当だろう。相互依存関係であれば，これを1つの関数で示すことができる。すなわち，ある1つの所得に対し，ある1つの消費水準が対応するものとして，これを次のような関数で示すことができる。

$$C = f(Y) \tag{3-2}$$

これを消費関数と表現する。一見，あたりまえのことを言っているようだが，消費を所得の関数として把握したことが，ケインズ革命の一方の柱をなした。その意味で，これは大変重要な発見だった[1]。ただ，(3-2) 式のままでは，関数形が一般的すぎて，具体的な検討を行うことができない。そこで，これを次のような1次関数で表すことにしよう。

$$C = A + \alpha Y \quad (0 < \alpha < 1) \tag{3-3}$$

もちろん，これは1つの仮定であって，もっと違う形で消費関数を表すこともできる。実際，第2次大戦後のマクロ経済学は，この消費関数の形をめぐる論争から始められたと言っても，過言ではないのである[2]。

---

[1] もう一方の柱が，利子率決定理論のところで出てくる，流動性選好関数といわれるものである。これについては，第7章で取り上げる。

[2] たとえば，S. クズネッツは，短期の消費関数と長期の消費関数では，形が異なることを統計データから指摘し，J. デューゼンベリーは，所得が増加していくときの消費関数と，所得が減少していくときとでは，消費関数の形が異なることを指摘した。また，M. フリードマンは，消費が年々変化↗

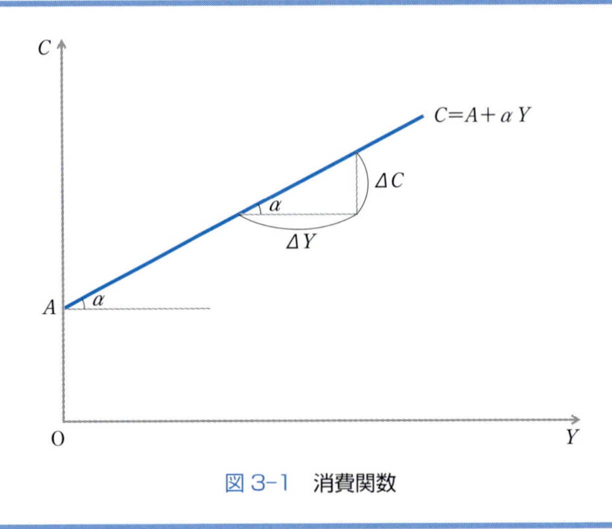

図 3-1　消費関数

消費関数のグラフの見方　(3-3) 式は，消費が所得の単純な 1 次（線型）関数，すなわち，直線型の関数で示せるものと仮定している。数学的には極めて単純な形だが，経済学においてある関数を定めた場合には，その関数の経済学的な意味合いを，掘り下げて考えていく必要がある。そうすると，じつはこの式は，見た目以上に，多くのことを語っていることがわかる。それを見ていくために，(3-3) 式を図に示すことにしよう。

図 3-1 は，(3-3) 式を表すグラフである。横軸に所得 Y を，縦軸に消費 C をとっている。A は切片であり，傾き α の右上がりの直線として，(3-3) 式の消費関数が描かれている。消費関数に限らず，関数もしくはグラフを検討する際には，そのグラフの位置と傾きに注目する必要がある。その関数の意味，すなわち，その関数が表現しようとしている経済学的意味合いは，基本的に，このグラフの位置と傾きに現れるのである。

まず切片 A について考えてみよう。消費関数の位置（高さ）は，この切片によって決められる。切片とは，Y の値がゼロのときの C の値である。つまり，A とは，所得がまったくないときであっても，なお必要とされる消費の大きさ

↘することもあり得ることを考えると，人々が念頭に置くのは，直近の所得だけではなく，数年間分を平均した所得水準になるはずだと考えた。

を表しているのである。言い換えれば，所得のあるなしに関わらず，人が生きていくために欠かすことのできない，最低限の消費水準を表しているのが，A なのである。最低限の食費，衣料費，光熱費などが，その中身になるだろう。

このAの値がすこぶる大きいとすれば，それは人ひとり（あるいは1家計）がやっと生きていくのにも，それだけ多くの費用が必要であることを意味する。そのような経済は，本当の意味で豊かな経済とは言えないだろう。真に物資が豊富な社会であれば，食べ物や着る物，最小限の教育や医療にかかる経費などは，その豊富さを背景に，極めて少額で済むはずだろう。ところがそうはならずに，GDPだけはずいぶんと大きいが，A の値が依然として高いままの経済があるとしたら，それは作るべきものを間違えている経済，本当の意味で豊かとは言えない経済であることを意味するだろう。このAの値に関心が払われることは，普段あまりないのだが，また，実際に計測されるAの値は，マクロの総額として示される以上，数値的にはずいぶん大きな値になるだろうが，貧困問題が再び身近な問題として浮上してきているいま，切片Aの持つ経済的，あるいは福祉的意味合いについて，もう少し関心が払われるようになってもいいように思う。

Yの係数は何を表すか　それはさておき，次に，Y の係数である α について考えよう。α は消費関数の傾きを決める値である。じつは，この α こそが，消費関数のなかで，もっとも重要な役割を担うものになる。そもそも関数の「傾き」とは何かといえば，それは横軸の値が変化したときに，縦軸の値がどれだけ変化するかを示す割合である。図3-1でいえば，横軸の所得が ΔY だけ増加すると，縦軸の消費が ΔC だけ増加する。この変化の割合，すなわち，$\Delta C/\Delta Y$ を示すのが傾き α である。たとえば，人々の所得が10,000円増えたとき，消費を6,000円増やす傾向があるとすれば，このとき α の値は，6,000/10,000 = 0.6 になる。

限界消費性向　ここをもう少し経済学的に表現すると，$\alpha = 0.6$ とは，人々が追加的な所得10,000円を得たとき，そのうちの6割，すなわち，6,000円を追加的な消費に回す傾向があるということを意味する。つまり α とは，人々が追加的所得のうちの何割を，追加的消費に回す傾向があるかを示す値である。ミクロ経済学で学んだように，経済学では追加的を，限界という表現に置き換えるので，α は，人々が限界所得のうちの何割を，限界消費に回す傾向があるかを示す値と言い換えることができる。そこで，マクロ経済学では，このαを，限界消費性向（MPC）と呼んでいる[3]。

限界消費性向は，その時々の人々の消費習慣を表すものであって，何か客観的な原理によって，その値をあらかじめ決められるものではない。また，人によって，あるいは家計によって，限界消費性向の値は当然にも異なるだろうが，いまわれわれが扱っているのは，あくまでマクロの数値だから，経済全体での平均的な値としてのαは，短期的には安定した値になると考えていいだろう。

また，人々はたいていの場合，所得増加分のすべてを消費してしまうことはなく，増加分の一部を消費に充て，あとの部分は貯蓄などに回そうとするだろう。したがって，限界消費性向αは，0と1の間のある値をとるものと予想される。(3-3) 式の（　）のなかは，このことを表している。

ただし，これも一般的な傾向として，所得水準の高い階層と低い階層を比べた場合には，所得水準の低い階層の方が，限界消費性向が高くなる傾向があると言っていいだろう。所得水準が低い間は，その大部分を食費などの生活必需財に充てざるを得ないから，所得が増えた場合も，その大部分を消費に回さざるを得なくなり，したがって，限界消費性向の値も大きくならざるを得ないだろう。逆に，所得水準が高くなってくると，必要な消費財はだいたい手に入れてしまい，食費や光熱費は所得とともに高くなるとはいえ，次第に頭打ちになるだろうから，追加的所得のうち，さらなる追加的消費に回す部分は小さくなって，その分，貯蓄を増やそうとするだろう。こうしたことから，限界消費性向には逓減の傾向（法則）があると考えることができる[4]。

だとすれば，経済が豊かになるに従い，有効需要を構成する最大の項目が，やがては上限に達し，それ以上は伸びなくなることが予想される。言い換えれば，CはYと同じスピードでは増加せず，やがて頭打ちの傾向を見せるということである。だとしたら，C以外の何かでその穴を埋めない限り，Yの大きさを保つことはできなくなり，そうなれば，経済は全体的に縮小を始めてしまう

[3] 限界消費性向は，英語でMarginal Propensity to Consumeなので，頭文字をとってMPCと略記する。

[4] 限界消費性向逓減の法則を忠実に反映させる場合には，もはや線型の消費関数を用いるわけにはいかなくなる。なぜと言って，線型の消費関数は傾き（限界消費性向）一定を仮定しているからである。このことから，消費関数はほんとうは，傾きが次第に小さくなるような，逓減型の曲線で示される必要があるのだが，本書では，この事実を確認したことを前提に，線型の消費関数をそのまま用いることにする。

だろう。ここに早くも，豊かさのなかに貧困が舞い戻ることの，ひとつの可能性がほの見えているのだが，それについては，後に詳しく述べることにしよう。

確認問題 3-1　限界消費性向の値が大きくなると，消費関数はどのように変化するか。図 3-1 に従い，図で示せ。

3-2　貯蓄関数

貯蓄の定義　さて，いましがた貯蓄という言葉が出てきたが，マクロ経済学における貯蓄の定義には若干注意が必要なので，ここで取り上げておこう。マクロ経済学では，貯蓄（S）とは所得のうち，消費していない部分として単純に定義される[5]。つまりこうである。

$$S = Y - C \tag{3-4}$$

ただ，この「単純に」というのが案外くせ者で，たとえば，いまみなさんの財布に入っているお金は，これは貯蓄であろうか，それとも消費であろうか。この質問をすると，このお金は，消費に使うことが決まっているお金だからというので，多くの人が「消費」と答える。しかし，マクロ経済学的には，財布のなかのお金は「貯蓄」なのである。なぜと言って，先の定義にあるように，そのお金はまだ，消費のために使われていないからである。マクロ経済学が考える消費とは，あくまで有効需要としての消費だから，所得のうち実際に消費されて，有効需要になった部分だけが消費としてカウントされるのである。したがって，所得のうちまだ支出されていない部分は，今後の予定がどうであれ，それが有効需要に転じるまでは，貯蓄に分類されることになるのである。簡単に言えば，所得のうち，有効需要になっていない部分，それがマクロ経済学でいう「貯蓄」なのである。

貯蓄関数　貯蓄もまた，関数で表すことができる。すなわち，（3-4）式の C に，（3-3）式の消費関数を代入すれば次式を得る。

5　貯蓄は英語で Savings なので，頭文字をとって S で表す。

$$S = -A + (1-\alpha)Y \tag{3-5}$$

これを貯蓄関数と定義する。この関数の傾きは，$(1-\alpha) = \Delta S/\Delta Y$を意味するから，これは，所得が（たとえば）10,000円増えたとき，そのうちの何割が貯蓄の増加に回るかを示す値になる。マクロ経済学では，これを限界貯蓄性向（MPS）と定義する[6]。限界消費性向αが0.6であるとすれば，限界貯蓄性向$(1-\alpha)$は0.4になり，貯蓄の増加に回る分は4,000円ということになる。限界貯蓄性向をsで示すことにすれば，次の関係を確認できる。

$$\mathrm{MPC} + \mathrm{MPS} = \alpha + s = \alpha + (1-\alpha) = 1 \tag{3-6}$$

すなわち，限界消費性向と限界貯蓄性向を足し合わせると，かならず1になるのである。この関係は，今後，たびたび使われるものになるので，よく理解しておいてほしい。

確認問題 3-2　(3-5) 式の貯蓄関数を図で示せ。

3-3　45度線分析

国民所得はどのようにして決まるか　これまでに得た知識を整理しておこう。われわれはいま，$Y = C + I$で示される単純閉鎖体系の経済を仮定している。このうち，Cで示される消費関数については，$C = A + \alpha Y$と仮定している。しかし，投資水準Iについては，まだ何も検討していない。そこで，当面，IについてはI_0という特定の値が，すでに与えられているものとしよう。Iは，経済の規模を決定する最重要変数と言ってよいものなので，後の章では変数に戻すが，いまのところはI_0で一定と仮定しておこう。そうすると，われわれがいま扱っているマクロ経済は，次のような簡単な連立方程式で示されるものになる。

6　限界貯蓄性向は，英語でMarginal Propensity to Savingsなので，頭文字をとってMPSと略記する。

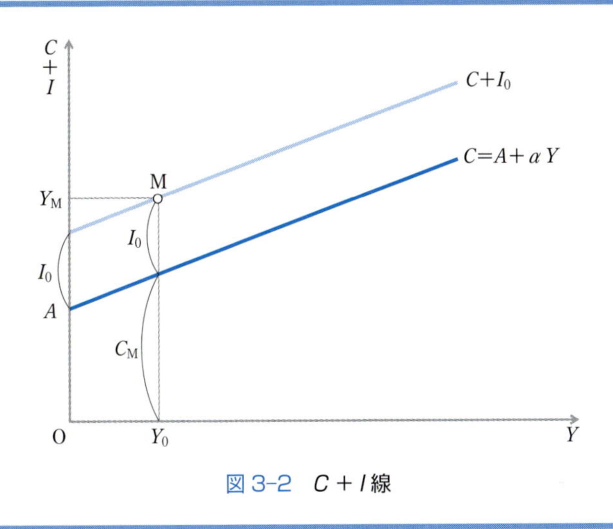

図 3-2　$C+I$ 線

$$
\begin{aligned}
Y &= C + I \\
C &= A + \alpha Y \qquad (3\text{-}7) \\
I &= I_0
\end{aligned}
$$

C の式と I の値を一番上の式に代入すれば，一般的な形で Y の値を求めることができるが，われわれは，Y の値を知ること以上に，それがどのようにして決定されるのか，その原理を知ることに関心があるので，(3-7) による Y の決定を，敢えて図を使って考えてみることにしよう。

図 3-2 は，消費関数を描いた図 3-1 に，一定の投資 I_0 を加えたものである。$C+I_0$ と記された直線はしたがって，有効需要を表す関数になる。たとえば，この直線上の点 M は，所得水準が Y_0 のときの消費需要 C_M に，投資需要 I_0 を加えた値を示している。つまり，所得水準が Y_0 のときに現れる有効需要の大きさが，$C_M + I_0$ になることを，この図は示しているわけである。

ただし，この図の読み方はそれでよいとしても，現実経済において，点 M のような所得水準が現れることはない。なぜかというと，$C_M + I_0$ は所得水準 Y_0 からもたらされる有効需要を表すわけだが，その有効需要の大きさこそ，所得水準そのものに他ならないわけだから，$C_M + I_0$ で構成される有効需要と，そのときの所得水準は，同じ大きさにならなければならないはずである。しかし，明らかに，$C_M + I_0 = Y_M$ と Y_0 は同じ大きさではない。したがって，これは端的な矛盾，すなわち，現実には起こり得ない事態を表していることになる。つまり，図 3-2 において，Y_0 のような位置にある所得水準は，現実の所得水準を表すものにはならないのである。

では，どのような位置にある所得水準が，現実の所得水準を指し示すものになるだろうか。そして，なぜそのように言えるのだろうか。

いましがた見たように，消費水準 C に一定の投資水準 I を加えた $C + I$ の値は，それ自体，有効需要の大きさを表すものになるから，それは横軸の Y の値と，同じ値にならなければならない。実際，図 3-2 の縦軸をもう一度見てみると，縦軸に測られているのは $C + I$ だから，これをまとめれば Y になる。つまり，図 3-2 は，じつは，縦軸と横軸に同じもの（Y）を測っている図なのである。したがって，縦軸と横軸の値は，同じ値にならなければならないのであり，それ以外の点は，理論的な分析や検討の対象にはなり得ても，現実の所得水準を表すものにはなり得ないわけである。

かくしてわれわれは，図 3-2 のなかのどこに，現実の所得水準を表す点が存在するかを突き止めた。すなわち，$C + I$ 線上で，縦軸と横軸の値がちょうど等しくなる点，それが，現実の所得水準を表すことのできる唯一の点なのである。だがしかし，その点は，$C + I$ 線上のどこにあるのだろうか。図 3-2 をいくら眺めていても，その唯一の点がおのずと浮かび上がってくるとは思えない。だからというので，「だいたいこの辺でいいだろう」と，あてずっぽうに決めるわけにもいかないだろう。では，どうしたらよいか。

45 度線の追加　そこで，図 3-2 に，1 本の補助線を加えてみることにしよう。すなわち，原点から傾き 45 度の直線を引いてみるのである。この補助線を加えた図を，改めて図 3-3 として示すことにしよう。傾き 45 度の補助線を引くと，この直線と $C + I$ 線は，どこかでかならず 1 回交わるはずである[7]。その交点を点 E としよう。

そうすると，いま求めた点 E，点 E に対応する横軸の所得 Y_e，さらには座

[7] そうなるためには，$C + I$ 線が，45 度（すなわち，傾き 1）とは異なる傾きを持つ必要があるが，そのことは，消費関数の傾きである限界消費性向 α の値が 1 より小さいことによって保証されている。（3-3）式をもう一度確認してほしい。

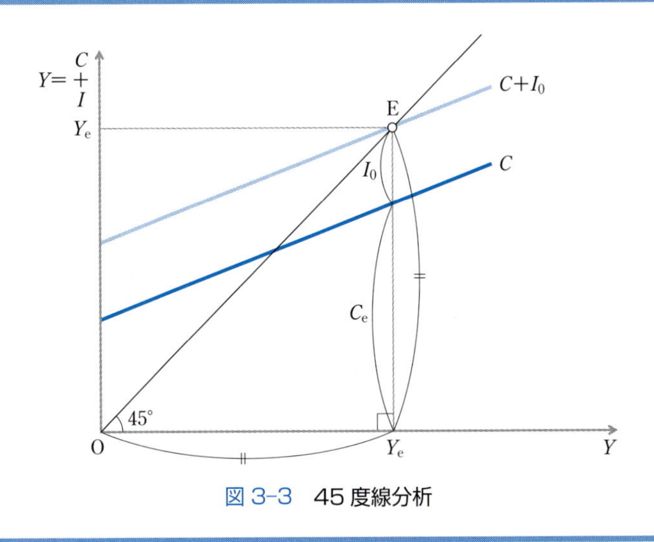

図 3-3　45 度線分析

標原点を 3 つの頂点として，そこに 1 つの三角形ができていることがわかるだろう。この三角形は Y_e の頂角が 90 度，1 つの底角が 45 度の三角形だから，いわゆる直角二等辺三角形になる。したがって，頂点（Y_e）から発する 2 つの辺の長さは，かならず等しくなる。つまり点 E において，横軸の Y と縦軸の Y は，同じ値になるわけである。これこそ，われわれが探し求めていた点である。なぜ，傾き 45 度の補助線を引いたかというと，45 度線上においては，常に縦軸と横軸の値が等しくなるので，これと $C+I$ 線との交点を求めることで，$C+I$ 線上にあって縦軸と横軸の値が等しくなる点，すなわち，有効需要と所得水準が等しくなる点を，見つけ出すことができるようになるからである。

45 度線分析　このことを，改めて図 3-3 で確認しておこう。点 E に対応する所得水準 Y_e の下で生じる消費需要は C_e であり，これに一定の投資需要 I_0 を加えることで，有効需要の大きさ Y_e を求めることができる。そして，この縦軸の Y_e と横軸の Y_e とは，点 E が 45 度線上の点であることから，かならず等しくなる。すなわち，図にあるように，$Y_e = Y_e$ になるわけである。かくしてわれわれは，有効需要のさまざまな候補を表す $C+I$ 線上の点のなかから，現実の有効需要＝所得水準となる，唯一の点を選び出すことができた。このように，45 度線を使って，現実の有効需要を示す点を見つけ出す方法を，45 度線分析と表現する。

確認問題 3-3　投資の大きさI_0が何らかの理由によって増加し，I_1になったものとしよう（$I_1 > I_0$）。所得水準はこの結果，どうなるか。45度線分析を使って結果を示せ。

3-4　45度線分析の経済学的解釈

どのような現実を反映しているのか　ただ，ここまでの議論は，いささか図式的な印象が強いかもしれない。(3-7)式に示される連立方程式を，図を使って解くという数学的な問題だけならそれでよいとしても，経済学としてこれを捉えるとすれば，いまの議論が，現実のマクロ経済のどのような現象を表しているのかが理解されなくてはならない。しかし，このままでは，その肝心の点が，よく理解できないと思う。

そこで，以上の展開を，次のように解釈し直してみよう。図3-3を図3-4として再掲しよう。そしてもう一度，その縦軸を見てみよう。この縦軸に測られているのは，消費需要Cと投資需要Iの合計額，すなわち，有効需要の大きさYである。すなわち，縦軸に測られているのは，基本的に需要なのである。経済では，この有効需要と同じ大きさの生産活動が可能になる。有効需要の大きさを無視して，勝手に大量の生産物を生産してみても，それが経済全体の総需要額を上回っていれば，その過剰分はどこへ持って行っても買い手が見つからずに，ついには売れ残りになってしまう。総供給は総需要を超えることはできず，結局は，有効需要と同じ大きさだけ供給されることになるのである[8]。

総供給額が総需要額に等しければ，供給されたものはすべて，どこかで誰かに買われることになり，その結果，いったん貨幣の形に変わることになる。その貨幣が，賃金・給与になって，あるいは利子や配当になって，それぞれに分配されていったものが所得である。したがって，それらの所得を再度合計すれば，それはそのときの総供給額に等しく，それはすなわち，総需要額（有効需要）に等しい。この総供給額としての総所得を表しているのが，横軸のYな

[8] この点については，供給不足が生じた場合も含めて，次章の冒頭でさらに詳しく説明する。

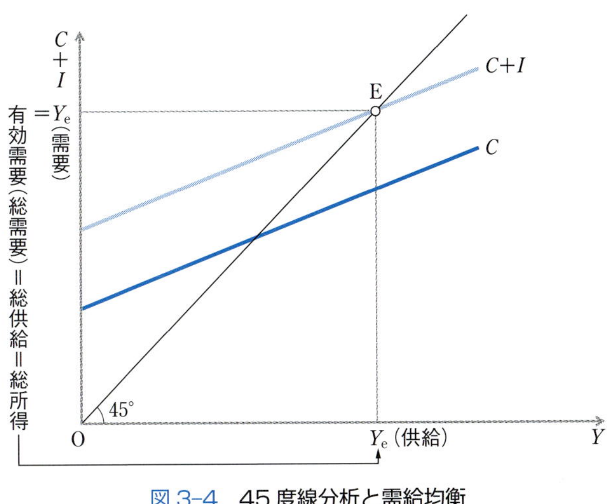

図 3-4　45 度線分析と需給均衡

のである（と解釈するのである）。

このように解釈すると，縦軸と横軸の Y が同じになるということは，すなわち，経済全体の需要と供給が等しくなること意味していることがわかるだろう。つまり，$C + I$ 線上にある所得水準の候補のなかで，経済全体の需要と供給を均衡させることのできる唯一の所得水準が Y_e であり，この需要と供給の均衡という条件を，縦軸と横軸の一致という形で表現しているのが 45 度線であると解釈するのである。

45 度線分析とは本来，縦軸と横軸で同じ数値を測っている以上，2 つの値が一致しないことはあり得ないという意味で，一種の恒等式の関係を示すものとして導入されたものである。それに対して，いまわれわれは，縦軸が総需要を，横軸が総供給を表すものと考え，そのうえで，総需要と総供給が等しくなる状態を表すものとして，すなわち，均衡式の関係を表すものとして，45 度線分析を捉え直したのである。一見，同じようなことを行っているように見えて，じつは非常に大きな変更を行っているので，この点，注意する必要がある。

均衡所得水準　45 度線分析は，数学的には恒等式の関係として読むべきものだが，経済学の理論として捉える場合は，これを均衡式の関係として読み直した方が理解もしやすく，活用範囲も広くなる。そこで，以下では，45 度線分析を1つの均衡理論として扱うことにしよう。現に，点Eに対応する所得水準 Y_e は，従来からも均衡所得水準と呼ばれてきた。

45度線分析が均衡理論であるとすれば，縦軸と横軸が一致しない不均衡の状態についても考える必要が出てくる。マクロ経済全体が不均衡状態に陥るとは，いったいどのような状態を意味するのか。そして，そのとき，経済は全体として，どのような反応を見せることになるのか。さらに，そうした一連の変動は，われわれの暮らしに，特に，われわれの雇用に，どのような影響を及ぼすことになるのか。そして，それがもし，われわれの生活に不安定をもたらすとしたら，そのとき，われわれには，どのような対策の手立てがあるのだろうか。

マクロ経済学は常に，政策への応用を視野に含めて，議論を進めていく必要がある。そこで次章では，このマクロ経済の不均衡から話を始めることにしよう。そして，この段階で早くも，マクロ経済政策の基本を理解することができることを示すことにしよう。

確認問題 3-4　次の関係は，恒等式の関係か，均衡式の関係か。

① 商品の販売額と，その代金の入金額

② 商品の生産量と，その商品の注文量

第３章　練習問題

問題Ⅰ　次の文章の空欄に，適当な語句を入れなさい。

1. 消費関数 $C = A + \alpha Y$ における α を（　　　）という。
2. 限界消費性向とは，（　　　）のうち（　　　）に回る割合を示す。
3. 限界消費性向は 0 よりも大きく，（　　　）よりも小さい値をとる。
4. 限界消費性向と（　　　）を足し合わせると，かならず 1 になる。
5. $C + I$ 線と 45 度線との交点で，（　　　）が決定される。

問題Ⅱ　次の文章が正しければ○，誤りであれば×をつけよ。

1. 月給 20 万円の人の，月々の消費額が 12 万であるとき，限界消費性向は 0.6 である。
2. 月給 20 万円の人の給与が 1 万円増えたとき，そのうちの 6,000 円を消費に回したとすれば，この人の限界消費性向は 0.6 である。
3. 満期返済のない生命保険の保険料は，マクロ経済学的には貯蓄に分類される。
4. 賃貸マンションの家賃は，マクロ経済学的には貯蓄に分類される。
5. 中古自動車の購入代金は，マクロ経済学的には消費に分類される。

問題Ⅲ　次の問いに答えなさい。

単純閉鎖体系のマクロ経済が，次のように表されるものとしよう。

$$Y = C + I$$
$$C = 20 + 0.8Y$$
$$I = 100$$

1. この経済の，均衡国民所得の大きさを求めなさい。
2. この経済の貯蓄関数を求めなさい。
3. 限界貯蓄性向が 0.1 上昇すると，国民所得の大きさはいくらになるか。
4. 限界消費性向が 0.8 のもとで，投資が 50 増えたとき，所得はいくら増えるか。計算して求めなさい。
5. 投資の増加額と，国民所得の増加額が一致しないのはなぜか。

第4章

国民所得の決定（2）
－45度線分析とマクロ経済政策の基礎－

マクロ経済学は，経済政策への応用を，常に念頭に置く。45度線分析によって，国民所得決定の基礎理論を学んだわれわれは，早くもこれを活用して，財政・金融政策の基礎を知ることができる。景気が悪くなると，なぜ金融緩和政策が行われるのか，あるいはなぜ，赤字国債が発行されるのか。なかば常識のように語られているこうした事柄に，しっかりとした学問的基礎を与えること。マクロ経済学の実践的な課題がそこにある。

4-1　国民所得と非自発的失業

非自発的失業をいかに解消するか　前の章でわれわれは，45度線分析を用いた，国民所得決定の基礎理論を学んだ。45度線分析では，投資水準を与件とする必要があるから，われわれはまだ，国民所得決定論の決定版を手に入れたわけではない。われわれは後に，投資もまた1つの変数として扱うことができる，*IS-LM*分析という新たな道具を用いることになるが，それはまだ少し先の話である。われわれは当面，45度線分析をできるだけ活用して，マクロ経済学の基礎を修得する。

さて，マクロ経済学のそもそもの課題は，第1章で学んだように，非自発的失業の解消にある。45度線分析は，非自発的失業の解消に，どのように応用できるものなのか。そして，現実に非自発的失業者が発生したとき，われわれは，どのような対策を立てることができるのか。本章では，こうした問題について，考えていくことにしよう。

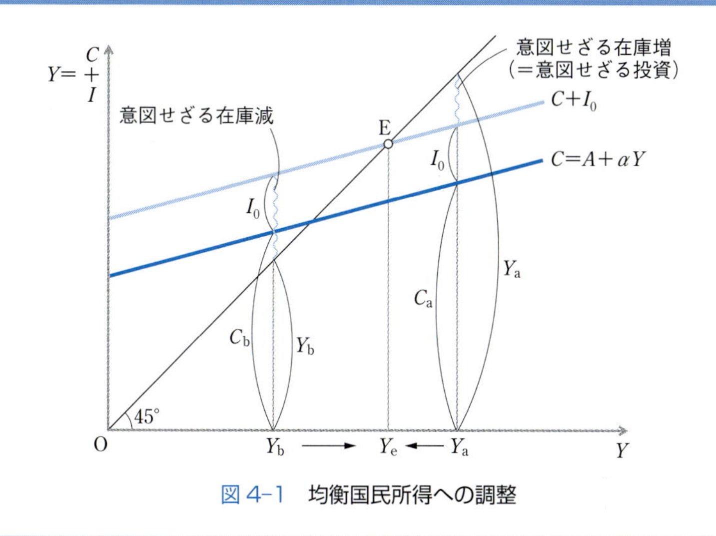

図 4-1　均衡国民所得への調整

45 度線上では縦軸＝横軸　そこでまず，45 度線分析を，もう一度おさらいしておこう。図 4-1 に，45 度線分析を再掲しよう。消費関数は $C = A + \alpha Y$ として与えられ，投資水準はいまのところ I_0 に固定されている。政府部門と海外部門はまだ存在しないものとし，消費需要と投資需要で，この経済の有効需要が構成される。その大きさを示すのが，縦軸の Y である。

経済全体の総供給額は，縦軸に示された有効需要（総需要）の大きさに制約され，最終的に，その総供給額と同額の総所得が得られる。その総所得を表しているのが，横軸の Y である。したがって，縦軸の Y と横軸の Y は，単に同じものを表しているからというよりも，経済全体における需要と供給の均衡によって，同じ大きさになるのである。その均衡状態を示しているのが，$C + I$ 線と 45 度線の交点 E である。45 度線は，その性質として常に縦軸と横軸の値を等しくするから，$C + I$ 線上の点であると同時に，45 度線上の点でもある点 E において，縦軸の有効需要と横軸の国民所得は同じ値になるのである。

前章で学んだのは，ここまでである。この議論の要はしたがって，経済全体の需要と供給が等しくなるところで，国民所得が決定されるという点にある。しかし前章の議論では，この点について，まだ十分な説明が与えられたとは言えないだろう。特に，経済全体での需給調整が，具体的にどのような経緯によってはかられるのか，その肝心の部分の説明が，まだ十分には行われていなかっただろう。

不均衡状態を想定する　この点をしっかりと理解するために，ここからは敢えて，不均衡状態を想定してみることにしよう。この議論に限らず，均衡理論を理解するコツは，均衡条件を丸暗記することでは決してなく，敢えて，需要と供給が一致していない不均衡の状態を想定し，そこからどのような過程を経て，均衡状態が回復されていくかを理解すること，つまりは，不均衡の解消過程を理解することにある。それが理解できて初めて，「均衡」という特別な状態の意味が理解できるのであり，なぜ，均衡点に的を絞って議論しようとするのかについても，腑に落ちるようになるのである。

そこで，いま敢えて，縦軸のYと横軸のYが一致していない状況を想定してみよう。たとえば，図 4-1 のY_aのような所得水準がそれである。いま，何らかの原因によって，Y_eよりもいくらか大きな，Y_aという所得水準が発生したものと想定しよう。このとき，マクロ経済は，どのような反応を見せるだろうか。

所得がY_aであるとき，そこから生じる消費需要の大きさは，消費関数によってC_aになることがわかる。投資はI_0で一定だから，この2つを合わせた$C_a + I_0$が，所得Y_aの下で生じる有効需要の大きさになる。それに対して，供給額は総所得と同じY_aである。しかし，Y_aを横軸に置いたままでは，縦軸の$C_a + I_0$と比較できないので，45度線を使ってY_aを縦軸に移しかえてみよう。そうすると，それは図 4-1 の縦のY_aのようになるだろう。

超過供給の場合　このようにすれば，総需要の$C_a + I_0$と総供給のY_aをちょくせつ比較できるようになる。そして明らかにこの場合，総需要$C_a + I_0$は，総供給Y_aよりも小さな値になっている。すなわち，図 4-1 の波線をつけた部分だけ，総供給が総需要を超過する，いわゆる超過供給の状態になっている。この部分についてはしたがって，もはや商品をどこへ持って行ったとしても，買い取ってくれる人を見つけ出すことはできない。つまり，この波線の部分は，文字通り「売れ残り」になってしまうのである。したがってこの部分は，在庫として，倉庫に保管するしかないだろう。

こうした予定外の在庫の発生は，企業にとって決して望ましい事態ではない。確かに，どの企業も，販売に支障を来さないように，一定数の在庫はあらかじめ用意しようとするだろう。しかし，いま現れた在庫は単なる売れ残りであって，それは文字通り予定外の，意図せざる在庫増である。このような在庫増加に直面した企業は，自らの生産量が多すぎたことを自覚せざるを得ない。しかも，こうした在庫は，特定の企業においてだけでなく，マクロ的な現象として，多くの企業で同時に発生しているのである。かくして，経済全体で生産量の，すなわち供給量の，削減が開始されるだろう。ということは，総供給 Y_a が左方へ向けて，低下を始めるということである。Y_a のような供給＝所得水準は，一時的に現れることはあっても，決して長続きはしないのである。

では，Y_a はどこまで低下するかというと，意図せざる在庫増が生じる間は，供給の削減を続けざるを得ないから，これは結局，意図せざる在庫増が消滅するところまで，すなわち，経済全体の需要と供給が再び等しくなるところまで，続くことになるだろう。それはどこかといえば，言うまでもなく，所得水準が均衡所得 Y_e に戻ったときである。所得がこの水準に戻れば，経済全体で再び，総需要と総供給が均衡し，意図せざる在庫増も消滅するのである。

超過需要の場合　　逆の場合も同様である。いまとは逆に，所得水準がたまたま Y_b のような低い水準にあったとしてみよう。このとき，経済全体の需給バランスはどうなるだろうか。先と同じように，この場合も45度線を使って，経済全体の需要と供給の大きさを比較してみよう。そうすると，所得水準 Y_b の下で現れる消費需要の大きさは C_b，投資は相変わらず I_0 だから，両者を合わせて，$C_b + I_0$ の総需要が発生する。一方，Y_b を45度線に従って縦軸に直せば，それがこのときの総供給の大きさを表すものになる。

そうすると，今度は先の場合とは逆に，総需要の方が総供給を上回ることになる。すなわち，やはり波線をつけた部分だけ，総供給が総需要に届かない状況になっている。これはいわゆる「品不足」，すなわち超過需要の状態である。したがって，企業は，今期生産した分をすべて売り切ってしまってもなお，お客からの注文をさばけない状態にある。ところによっては，買いそびれたお客が怒り心頭に発し，「もっと売れ！」と怒号の嵐を巻き起こしているかもしれない。

かくして，企業はやむを得ず，常備の在庫を切り崩して，お客の注文に応えようとするだろう。しかし，これは予定外の在庫の切り崩し，すなわち，意図せざる在庫減を意味するだろう。在庫とはそもそも，毎日の，平均的な売上個数に備えて準備するものであって，在庫からお客に売った分と，工場から在庫に入ってくる分が，毎日だいたい釣り合うようになっている。したがって，いまの状況のように，予定外に在庫がどんどん減っていくという状況は，売上こそ伸びていくかもしれないが，工場からの入荷量が足りていないことを意味するから，各企業は，生産量が少なすぎたことを自覚することになる。

そのため，各企業は生産物の増産，すなわち，供給の増加を開始する。つまり，供給額 Y_b が，右の方へ移動を開始するのである。この移動はしたがって，意図せざる在庫減が生じる間は，止まることがないだろう。かくして経済は結果的に，総需要と総供給が再び一致する水準，すなわち，均衡所得水準 Y_e へ，おのずと導かれていくことになるのである。

Y_e を均衡所得水準と呼ぶのは，このようなメカニズムを背景に持っているからである。そして，このように解することで，現実のマクロ経済において，どのような現象が生じているのか，想像できるようになるのである。

非自発的失業発生のメカニズム　こうして決定される国民所得水準の下で，1つの雇用水準が決定される。その関係を示しているのが図 4-2 である。図 4-1 のような展開を経て，マクロの所得水準が決定されると，それに応じて，労働需要関数の位置が決定される。図 4-2 によれば，経済全体の所得水準が Y_e になると，労働需要関数の位置が D_e になり，その結果，労働市場において，N_e という雇用水準が均衡水準として決定される。N_e は，労働需要と労働供給を均衡させる唯一の雇用水準であり，労働市場の調整機能はすべて出し尽くされていて，これ以外の雇用水準が現れることはない。しかし，N_e は明らかに，完全雇用水準 N_f に届かない。その結果，現行賃金率で働くことを希望していながら，ついに仕事を見つけられない人々が，不可避的に現れることになる。その人々，すなわち（N_f — N_e）の領域に入ってしまった人々は，働くことが必要であるにも関わらず，有効需要の大きさが十分でなかったために，泣く泣く失業せざるを得ない人々である。こうして，非自発的失業が発生するのである。

経済政策の必要性　非自発的失業は，何か労働市場に不具合があって，市場均衡が妨げられた結果として，現れるものではない。財市場も労働市場も，それはそれで市場としての役割を全うしている。それでも，有効需要が小さければ，経済はその小さな規模で均衡してしまうのである。そして，その小さな規模の下で，それぞれの市場が，それぞれの市場メカニズムを働かせている。

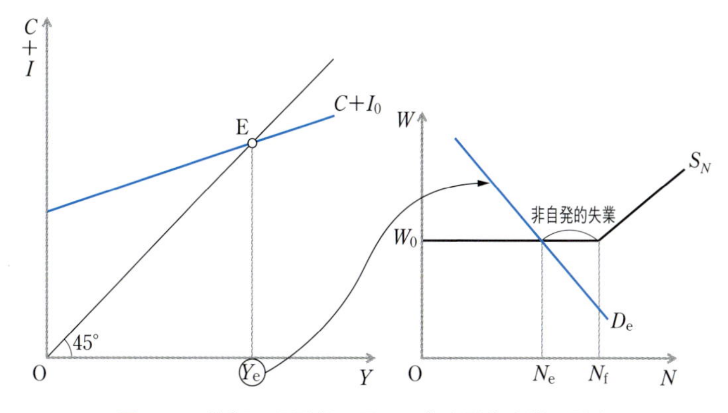

図 4-2　均衡国民所得の下での非自発的失業の発生

市場経済とは，そのような仕組みのものなのである。したがって，経済にはもはや，この状況を改善する力は残されていない。経済の外側から何か，別の力が加わってこない限り，経済はこの状態を，ずっと維持しようとするだろう。ゆえに，この状況を変えようと思うなら，経済の外側から，何らかの力を加えなくてはならない。それ以外に，経済のあり方を変え，失業をなくしていくことはできないのである。その経済の外側からの力，それが，**経済政策**である。

われわれは経済政策という，経済の外側からの力によって，経済のあり方を意識的に変えていく必要があるのである。もちろん，不均衡状態を力づくで作り出してみても，何の意味もない。不均衡を作り出せば，経済はかならず，その持てる力のすべてを使って，不均衡の解消をはかろうとするだろう。そうではなくて，経済政策によって行うべきことは，均衡点そのものを動かすことなのである。均衡点自体を動かすことができれば，あとは放っておいても，経済のメカニズムが，その新しい均衡状態を，それはそれで，全力をあげて守ってくれるだろう。

財市場に注目する　さて，われわれは，雇用量が，財市場で決まる所得水準に連動することを知った。したがって，雇用量を変えるには，労働市場ではなく，財市場を動かす必要がある[1]。財市場に経済政策を施すことで，均衡所

[1] これは，労働市場に対する政策が不必要だという意味ではない。労働市場については，特に，労働環境や労働者の権利を守るための労働法制の改善が，以前よりもいっそう求められている。ただし，↗

得水準をY_eよりも大きくする。それができれば，それに連動して，労働需要曲線が右方向へシフトするはずであり，そうなれば，均衡雇用水準もN_eより大きな値になるはずである。うまくすれば，それだけで，完全雇用を実現できるかもしれない。では，その経済政策とは，具体的にはどのようなことをするものなのか。われわれは，本章の後半で，この問題を検討することになる。

確認問題 4-1　Y_aからの低下が始まり，Y_aよりもいくらか小さいY_a'という所得水準に到達したとしよう。このとき，意図せざる在庫増はなお現れるか，現れるとすれば，その大きさはどのように示されるか。図 4-1 と同様の図を描いて検討せよ。

4-2　投資と貯蓄

恒等式の関係　さて，その問題に進む前に，これまでの議論に深く関係する，ある重要な性質について確認しておくことにしよう。それは，これまでの議論にすでに見え隠れしており，またこの先の議論においても，頻繁に登場する重要な性質である。結論から言うと，経済全体において，投資と貯蓄はかならず等しくなるのである。これは，かならず等しくなるのであって，均衡状態において初めて等しくなるのではない。記号で表現すれば，$I = S$（均衡式）ではなく，$I \equiv S$（恒等式）の関係なのである。

なぜ，そうなるのか。もっとも簡単な理由は，次のようなものである。すなわち，何度も見てきたように，所得水準Yは，$Y = C + I$で定義される。このCを左辺に移項すれば$Y - C = I$になる。第2章で確認したように，$Y - C$は所得のうち消費していない部分であり，これをマクロ経済学では貯蓄Sと定義した。したがって，$Y - C = S$となって$S = I$という関係が定義的に成立する。すなわち，どのような場面でも常に成立する恒等式的な関係として，投資と貯蓄は常に等しくなるのである。

ただし言うまでもなく，投資を行う主体と，貯蓄を行う主体は，それぞれ別

↘労働環境が整備されても，マクロの労働需要が不足すれば，やはり非自発的失業は発生する。マクロ経済学が回避するべきは，こちらの事態である。労働市場の環境整備は，マクロ政策と並行して進められるべき，重要な政策課題である。

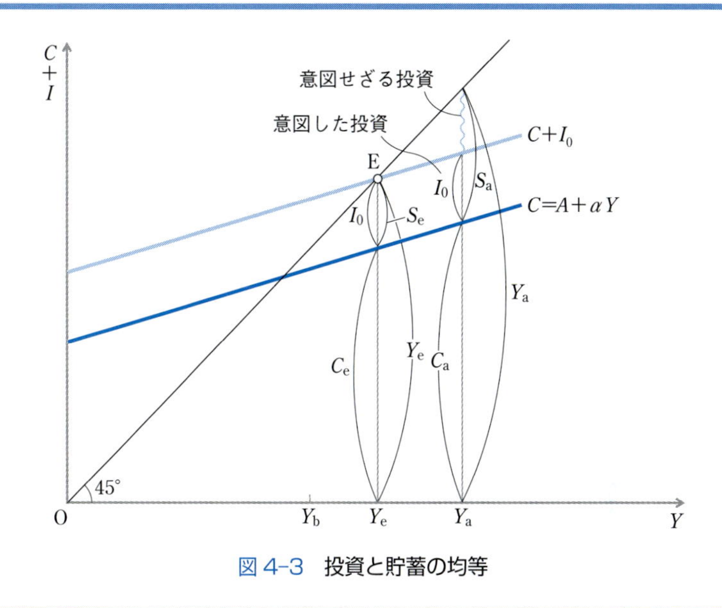

図 4-3　投資と貯蓄の均等

の人々である。われわれの家計が貯蓄をしているからといって，同時にかならず株式投資のような投資をしているとは限らない。したがって，ミクロの次元において，あるいは各主体ごとに，投資と貯蓄が常に等しくなるということはない。にも関わらず，それを経済全体に集計すると，投資と貯蓄は定義的に，かならず等しくなるのである。

しかしそう言われただけでは，やはりピンと来ないので，もう少し詳しく検討してみよう。図 4-1 を図 4-3 として再掲しよう。そして，この図を使って，投資＝貯蓄の関係を確認してみよう。そうすると，まず均衡所得水準 Y_e において，投資は I_0 としてはじめから与えられており，所得を縦軸に直した Y_e のうち，消費 C_e を取り除いた残りが貯蓄 S_e だから，このとき，$I_0 = S_e$ が成立することは，すぐに了解できるだろう。

問題は，所得水準が Y_a のような，均衡水準でないところにあった場合である。この状態は決して長続きしないわけだが，もし $I = S$ の関係が恒等式の関係にあるとすれば，こうした不均衡状態の下にあっても，この関係はなお成立しなければならないはずである。しかし，図 4-3 を見れば，所得が Y_a のとき，これを縦軸に直して，そのときの消費水準 C_a を差し引けば，結果として出てくる貯蓄の大きさはS_aであって，これは明らかに，投資I_0よりも大きい。すなわち，$I = S$の関係は，均衡状態においては確認できるものの，Y_aのような不均衡状態においては，成立していないように見えるのである。これでもなお，$I = S$は恒等関係であると言えるのだろうか。

在庫はすべて投資に含まれる　この貯蓄S_aと投資I_0の不一致部分は，何を意味する部分だったかというと，これは，前の節で見た通り，「意図せざる在庫増」を表す部分である。そして，在庫とは，有効需要の項目としては，何に含まれるものであったかというと，第2章で見た通り，在庫は投資に含まれるのである[2]。つまり，在庫は，意図したものか，意図せざるものかに関わらず，すべて投資に含めなくてはならないのである。

したがって，図4-3における，「意図せざる在庫増」の部分は，じつは投資の一部なのである。I_0の部分は，はじめから予定していた投資だから，これは意図した投資を表す部分と言ってよいだろう。これに対して，意図せざる在庫増の部分は，当初は予定していなかった投資だから，これは意図せざる投資を表す部分になる。しかし，それでも投資には違いないわけだから，いま現在，経済全体において行われている投資の規模は，意図した投資I_0と，意図せざる投資（在庫増）を加えたものとして把握する必要があるわけである。

だとすれば，図4-3における本当の投資は，意図した投資I_0に意図せざる投資（在庫増）を加えた部分になって，そうであれば，これは確かに貯蓄S_aと等しくなる。そして，このような仕方で投資を測るのであれば，それは均衡状態にあるか，ないかに関わらず，常に貯蓄と等しくなるだろう。これが，投資と貯蓄が，定義的に等しいということの意味なのである。

もちろん，Y_aのような所得水準が，長続きしないことに変わりはない。Y_aにおいて，投資と貯蓄は等しくなっているが，それはまさしく定義的に等しくなっているだけで，その状況を人々が好むかどうかはわからない。意図せざる在庫増が大量に発生しているY_aのような状況は，企業にとって決して好ましい状況ではない。したがって，やはりここから不均衡の解消過程が生じることになる。すなわち，意図せざる在庫増がもはや生じないY_eまでの調整過程は，

---

[2] 第2章の議論を想起しておくと，売れ残りの在庫とは，今期は売れなかったが，来期に売れれば，利潤や効用をもたらすものに変わる。すなわち，在庫とは，現在時点ではなく，将来時点において効用をもたらすものなので，これは定義上，投資になるのである。

それはそれで進行することになる。しかし，その調整過程の途中においても，投資と貯蓄は，その時々において，常に等しいのである。

貯蓄は有効需要からの漏出　ただ，この過程において，投資と貯蓄のどちらが主導権を持って，調整を進めていくかについては，確認しておく必要がある。投資は有効需要であり，意図的な行為として行われるものである。それに対して，貯蓄は所得のうち消費されなかった部分，すなわち有効需要から漏れた（これを漏出という）部分として，結果的に，あるいは受動的に，生じる部分である[3]。確かに，投資にも，意図せざる在庫増のような受動的な部分はある。しかし，その解消過程においては，意図せざる在庫増の解消という形で，投資の縮小がやはり意図的に行われている。その投資と同じ大きさの貯蓄が形成される過程として，その時々の所得水準が形成されるのである。したがって，投資と貯蓄は常に同じ大きさになるが，大きさそのものを決めているのは投資であって，貯蓄ではないのである[4]。

経済規模の決定において，投資がいかに重要なカギを握っているか。この展開からも想像できるだろう。

確認問題 4-2　所得水準が Y_b のときでも，投資と貯蓄の恒等性は維持されていると言えるか。図 4-3 を用いて確認せよ。

[3] 貯蓄にも，銀行預金などのように，意図的な行為として行われる部分はもちろんある。しかし，預金自体は財も設備も買わないから，このままでは，これは有効需要にならない。預金を企業等が投資資金として借りていって初めて（つまり，投資が行われて初めて），貯蓄されたお金が有効需要になって経済に戻ってくるのである。もちろん，貯蓄する人と投資する人は違うから，貯蓄があるからといって，投資が行われる保証はない。貯蓄がいくらあっても，投資が行われない限り，貯蓄はただ単に，有効需要の漏出にとどまるのである。

[4] そうはいっても，貯蓄という元手がなければ投資もできまい，と思われがちだが，これも違うのである。まず，投資が貯蓄を下回ると，余った貯蓄はただ余った状態でそこにとどまるかといえばそうではなく，投資と同じ大きさになるところまで（所得の縮小を通じて）縮小するのである。では，投資が貯蓄を上回った場合は，元手がないからというので投資がそこでとどまるかといえば，これもそうはならない。ただし，ここから先は，銀行制度の出番となるので，第7章で再び取り上げることにする。

4-3 マクロ経済政策の基礎

雇用改善のための方策　以上の知識を踏まえることで，われわれはようやく，雇用改善を目的とするマクロ経済政策について，考えることができるようになる。雇用改善をはかるには，労働市場における均衡雇用量を増加させる必要がある。均衡雇用量を増加させるには，労働需要曲線を右方向へシフトさせる必要がある。そのためには，労働需要のもととなる，有効需要（国民所得）の大きさそのものを増加させる必要がある。ということはつまり，$C+I$ 線と45度線との交点を，右上の方へシフトさせる必要があるということである。雇用改善のための戦略は，雇用量の増加が目的であるにも関わらず，労働市場ではなく，財市場に対して行われなくてはならないのである。経済を市場ごとに分断せずに，全体でひとつのものと見る，マクロ経済学ならではの発想と言えるだろう。

では，具体的には，どのような方策が考えられるだろうか。45度線自体は動かしようがないから，政策はすべて，$C+I$ 線に対して施されるものとなる。それには，いくつかの方法があるのだが，もっとも基本的なものとして，次の3つをおさえておく必要があるだろう。

(1) 金融政策（公開市場操作）

中央銀行による政策　まずはじめは，金融政策である。金融政策は，各国の中央銀行（日本の場合は，日本銀行）が行うもので，基本的には政府に対して独立した立場から政策の決定を行う。政策の決定は，各中央銀行の政策決定のための会議（日本銀行の場合は，金融政策決定会合）において決定され，即，実行に移される。そのため金融政策は，立法措置を伴う財政政策よりも，機動性に優れた一面がある。

金融政策の目的は，基本的に，物価の安定をはかることにあるが，物価の変動は有効需要の変動を経て生じる現象だから，実際に金融政策が発動されるときには，生産量や雇用量への影響をかならず視野において行われる。

金融政策には，従来何通りかの方法があったが，現在の日本においては，ほぼ公開市場操作1本で行われていると考えていい[5]。これは，簡単に言えば，中央銀行が市中に出回っている有価証券（主として国債。2012年以降のいわゆる「量的・質的金融緩和」以降は，不動産株などの一部株式も対象に含まれている）を，買ったり売ったりすることを通じて，経済全体における貨幣供給量を調整しようとするものである。

貨幣量を増やす＝金融緩和　そこで，いま景気が低迷していると判断され，金融政策を使って，国民所得と雇用の増大がはかられることになったとしよう。この場合，とられるのは金融緩和政策である。これを資金供給オペレーション（または，買いオペレーション（買いオペ））という[6]。すなわち，中央銀行が，市中で取引されている国債等の有価証券を買い取るのである。そうすると，その買い取りのための代金が，中央銀行から支払われることになる。その結果，経済全体における貨幣量が増えることになり，資金が豊富になった市中銀行は，その分，いままでよりも低い金利で資金を融資することができるようになる。その結果，各企業が金利の安いうちに資金を多めに借りて，設備投資を行っておこうと考えるようになれば，経済全体の投資水準が増大することになるだろう。つまり，いままで一定と仮定してきた投資が，金融緩和政策の結果，増大することになるわけである。

これを図に示したものが図4-4である。金利の低下を受けて，企業の設備投資がI_0からI_1に増大したものとしよう。それは消費関数に上乗せされる投資水準が大きくなることを意味するから，$C+I$線は，$C+I_0$線から$C+I_1$線のような位置にシフトすることになるだろう。その結果，45度線との交点はE_0からE_1へと，右上方へシフトすることになる。そうなれば，均衡所得水準もこれまでのY_0からY_1に増加することになり，これを受けて，労働需要関数がD_0からD_1へシフトすれば，最終的に，均衡雇用水準はN_0からN_1に増加することになるだろう。これによって，完全雇用が実現されるかどうかは，やって

5　以前は，金融政策といえば，公定歩合操作による金利政策が第1にあげられたが，今日，公定歩合というものは存在しない。それに代わるものとして，市中銀行が短期的な資金融通（通常は1日）を行う際の金利（無担保コールレート）を政策金利とし，その値が一定の水準に落ち着くように，経済全体の貨幣供給量を調整している。その代表的な手段が，以下に説明する公開市場操作である。なお，預金準備率操作（市中銀行は，預金の一部を日本銀行に預け入れることが義務づけられている。その額の預金残高に占める割合を預金準備率という）という手段も存在はするが，近年ではまったく用いられていない。

6　これとは逆に，中央銀行が手持ちの有価証券を売却することで，経済全体における貨幣量を減らそうとする政策を資金吸収オペレーション（売りオペレーション（売りオペ））という。

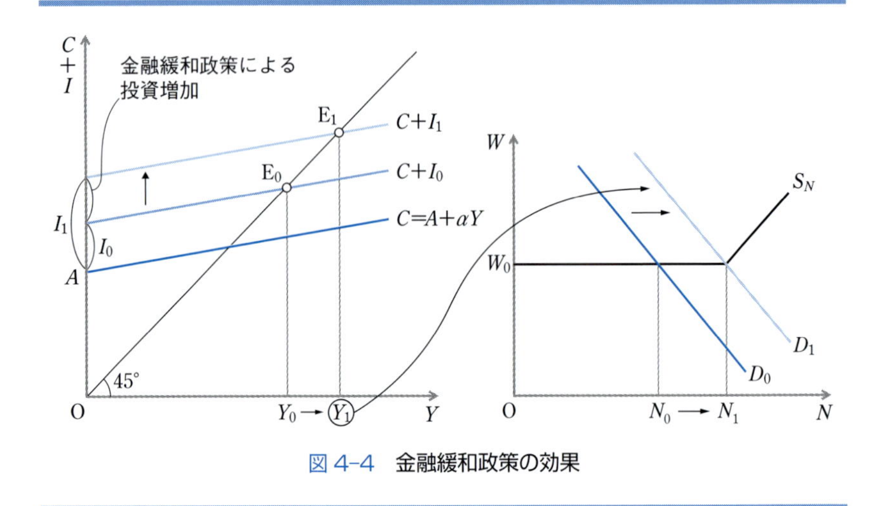

図 4-4 金融緩和政策の効果

みなければわからないが，労働需要関数のシフト幅次第では，その可能性も十分出てくるだろう。金融緩和政策の基本的なシナリオは，このようなものである。

(2) 租税政策

政府による政策　次に，政府による政策について考えてみよう。政府による経済政策は，一般的に**財政政策**といわれるが，それには大きく分けて，租税を使った政策と，財政支出を使った政策の2通りのものがある。政府による政策決定は，原則的に立法手続きに従って，つまりは法案の提出と国会による議決を経て，初めて実行に移される。この手続きに，あまりに多くの時間が費やされると，政策を実行するころには経済の状態が変化してしまい，もはやその政策を実行することが望ましくない状況になっている，などということもあり得なくはない。こうした事態を**政策ラグ**などというが，しかしだからというので，財政政策が不必要になるわけではない。財政政策は，金融政策よりも効果の現れが早く，後の章で再び触れるが，本来，不況対策としては，財政政策の方が金融政策よりも効果的であることが多い。

減税政策　さて，では，財政政策の具体的な方法にはどのようなものがあるかというと，まずは**租税政策**が考えられる。所得税や法人税といった直接税，あるいは消費税等の間接税の税率を変更することによって，経済全体の有効需要に影響を与えるのである。それには，さまざまな方法があり得るが，ここでは，所得税を例にとり，その税率を一時的に（つまりは時限立法によって）引き下げる政策を考えてみよう。

これまで，われわれは，消費関数を $C = A + \alpha Y$ のような形で考えてきたが，減税政策などを考える場合には，これをもう少し現実に近づけなくてはならない。たとえば，この関数形では，所得 Y がそのまま消費のもとになるような形になっている。しかし，実際には，月給のすべてを消費に回すことはできないのであって，そこから各種税金が控除（すなわち，天引き）され[7]，社会保険料負担分なども控除される。消費活動のもとになるのは，こうした控除分を差し引いた後の手取り所得，すなわち可処分所得である。ここでは，その控除分を所得税で代表させ，税率を t としよう。そうすると，可処分所得に基づく消費関数は，次のような形になるだろう。

$$C = A + \alpha(1 - t)Y \qquad (4\text{-}1)$$

話をなるべく具体的にするために，特定の数値を与えてみよう。たとえば限界消費性向 α の値が 0.9 であるとし，所得税として 20 パーセント，すなわち，$t = 0.2$ という税金が課されていたものとしよう。ところが，その下で実現した国民所得がいささか小さすぎて，多くの非自発的失業が発生した。そこで，政府は所得税を 10 パーセントにまで減税することにした。そうすると，この政策によって，消費関数は次の上の式から，下の式へ変わることになるだろう。

$$\begin{aligned} &\text{減税前}: C_0 = A + 0.9 \times (1 - 0.2) \times Y = A + 0.72Y \\ &\text{減税後}: C_1 = A + 0.9 \times (1 - 0.1) \times Y = A + 0.81Y \end{aligned} \qquad (4\text{-}2)$$

これを図に示すと，図 4-5 のようになる。すなわち，減税前の消費関数は $C_0 = A + 0.72Y$ で，これに投資 I_0 を加えた $C_0 + I_0$ 線が有効需要関数であり，これと 45 度線との交点で均衡所得水準 Y_0 が決定されていた。そして，この水準では完全雇用に対して低すぎるという判断から，所得減税が行われ，その結果，消費関数が $C_1 = A + 0.81Y$ に変わり，投資の大きさに変化はないから，同じ投資水準 I_0 を加えた $C_1 + I_0$ 線が，減税実施後の有効需要関数になる。

[7] いわゆる，給与所得者の源泉徴収を考えればよい。自営業者などは申告納税をすることになるが，ここでは，前者で代表させる。

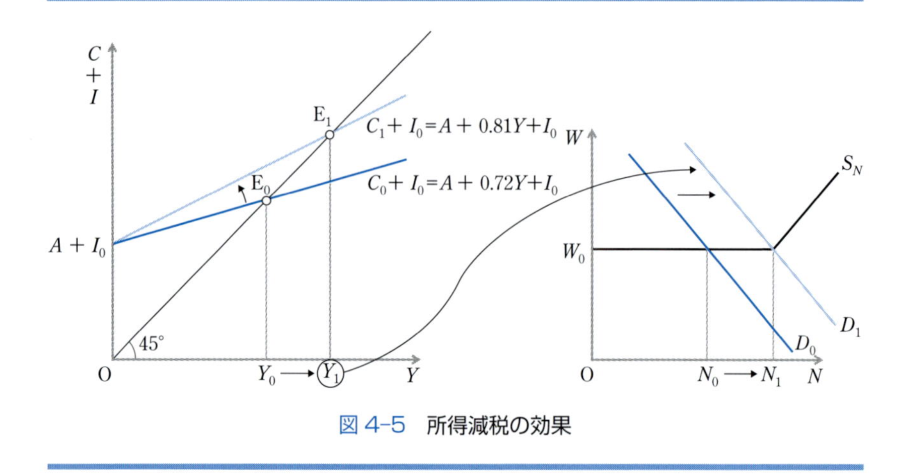

図 4-5　所得減税の効果

したがって，減税政策は，消費関数の傾きの変化になって現れるという点に注意する必要がある。金融政策は，$C + I$ 線の位置の変化として現れたが，減税政策は，$C + I$ 線の切片を変えないまま，その傾きを変化させるものとして（減税の場合は，傾きを大きくするものとして）現れるのである。このことは，同じ所得水準の下で現れる消費の大きさが，所得減税によって（消費関数の傾きが大きくなることによって），減税前よりも大きく（縦軸で見て高く）なっていることからも確認できるだろう。かくして $C_1 + I_0$ 線は 45 度線と，以前よりも右上にある E_1 で交わるようになり，その結果，均衡所得水準は Y_0 から Y_1 へ増加する。あとの展開は，金融政策の場合と同様である。

(3) 財政政策（公共支出政策）

公共支出の増加　財政政策のもうひとつの手段が，公共支出政策である。これは，政府が年度当初に予定していた歳出額を超える支出を行い，これを追加的な有効需要にすることによって，国民所得を増加させようとする政策である。これは当然，歳入を超えた支出を行うことになるから，政府はその分の財源を，国民から借金しなければならない。いわゆる赤字国債の発行である。赤字国債の発行を通じて得た資金を，公共政策として再び支出するのである。

日本でこうした政策を行う場合には，当初予算とは別に，補正予算を年度の途中に策定し，国会の議決を経て，実行することになる。ところが，その赤字

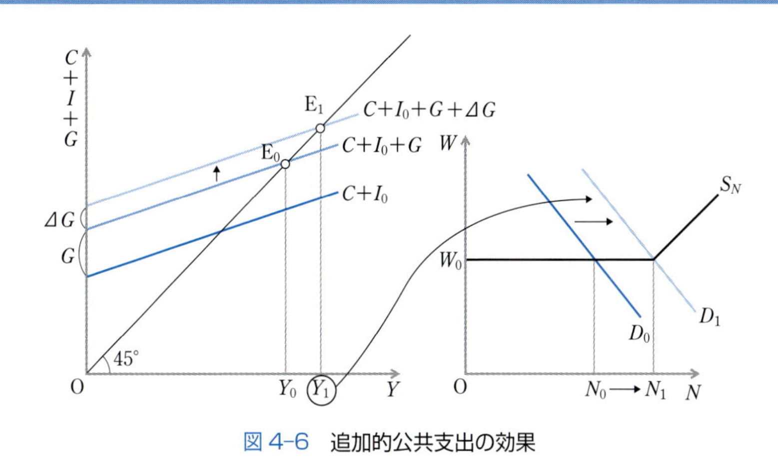

図 4-6　追加的公共支出の効果

国債の残額（まだ国民に返済していない分）が，2016 年度現在（国と地方を合わせて）約 1,000 兆円に上り，財政破たんが懸念されている。1,000 兆円といえば，GDP の 2 倍を超える金額だから，仮に個人になぞらえるとすれば，2 年間分の所得を 1 円も使わずに借金返済に回しても，まだ返しきれないほどの金額ということになる。もっともこの場合，その人が持っている貯蓄（国でいえば国富）のことはまったく考えていないから，これをもって即，日本の破産のような極端なイメージを抱く必要はないが，大変な借金であることには違いなく，そのための利子払いのために，一般会計予算の約 2 割が使われるなど，政策のための財源を圧迫している現状にも注意する必要がある[8]。

財政政策の効果を検討するためには，もはや，$Y = C + I$ の前提にとどまるわけにはいかない。政府の支出を考えなければならない以上，ここからは，政府支出 G を加えた，$Y = C + I + G$ の世界で考えていく必要がある。これをまず図で示してみよう。

図 4-6 は，G を加えた有効需要関数として，$C + I + G$ 線を描いている。G は当初予算を示す額として，$C + I$ に加えられている。$C + I + G$ 線と 45 度線との交点が E_0 であり，このとき均衡所得水準は Y_0 になる。政府支出には，福祉政策をはじめとする，それ固有の役割があるわけだが，マクロ経済の観点

[8] この問題については，国債価格の下落の影響なども含め，第 7 章で再び取り上げることにする。

からすれば，Gにはまず，$C+I$に続く，3つ目の有効需要項目としての役割がある。政府支出が加わることで有効需要が大きくなり，その結果，雇用水準が拡大する。他方で，政府支出は民間投資よりも変動が小さいことから，これが常に経済の一定割合を占めることで，経済全体の安定性が高まることも期待できる。このように，政府が，民間企業とは異なる役割を担いつつ，有効需要の一定割合を占めている経済を，混合経済と表現する。

Gが加わることで，$C+I$だけの経済に比べ，所得水準はすでに相当大きくなっているはずだが，それでもなお，非自発的失業が発生しているものと，ここでは考えることにしよう。そこで，ここに新たに，公共支出政策が加えられることになるわけだが，それはその分だけ，政府支出額がさらに大きくなることを意味するから，ここでは，その公共支出政策額をΔGで表すことにしよう。$C+I+G$にΔGを加えることで，公共支出政策の追加を表現するわけである。その結果，$C+I+G+\Delta G$と45度線との交点はE_1になり，他の政策と同様，国民所得水準を上昇させている。あとの展開は，他の政策の場合と同様である。

ポリシー・ミックス　このように，マクロ経済政策には，何通りかの方法が考えられ，これらを適切に組み合わせることで（たとえば，公開市場操作と同時に，減税政策を行うなど），効果をより大きくすることも考えられる。これをポリシー・ミックスと称することもある。もちろん，各政策には，ここではまだ述べていない，それぞれの制約や問題点があるのであって，どの政策を用いるかは，その時々の情勢に応じて，適切に見極められる必要がある。しかし，そうした個別の検討に入る前に，ここではむしろ，一見，まったく別物に見える諸々の政策が，いずれも有効需要政策の一環として，理論的には同じ位置づけになることを理解できればよいだろう。

45度線分析は，マクロ経済政策の主旨を直観的に理解するうえでは，後々になっても有効な道具であると言ってよい。「同じ結論に達するなら，単純な理屈の方がよい」というオッカムのカミソリの寓話は，この45度線分析によく当てはまる話だと思う。

確認問題 4-3　上記のマクロ政策を（1）から（3）まで，この順番にすべて行った場合の結果を図で示せ。

第4章　練習問題

問題Ⅰ　次の文章の空欄に，適当な語句を入れなさい。

1. 総供給が総需要を超過すると，予定外の（　　　）が発生することになる。
2. 在庫は，有効需要の構成項目としては（　　　）に含まれる。
3. 投資と（　　　）は，経済全体においては常に等しくなる。
4. 雇用拡大が企図されるとき，公開市場操作では（　　　）オペレーションが行われる。
5. 金融政策は，日銀の（　　　）において決定される。
6. 現在，政策金利の役割を担っているのは，（　　　）である。
7. 所得減税が行われると，消費関数の傾きは（　　　）になる。

問題Ⅱ　次の問いに答えなさい。

いま，有効需要が大きくなりすぎ，完全雇用になってもなお，供給が需要に及ばない状況が続いているものとする。そのため政策当局は，有効需要を抑制して，景気の過熱を防ぐ必要に迫られている。

1. 金融政策によって，有効需要を抑制するには，どのような政策が考えられるか。
2. 租税政策によって，有効需要を抑制するには，どのような政策が考えられるか。
3. 公共支出政策によって，有効需要を抑制するには，どのような政策が考えられるか。

それぞれ，図を用いて論述せよ。

第5章

国民所得の決定（3）

－乗数効果－

45度線分析によって，われわれは，国民所得決定論の基礎を理解すると同時に，マクロ経済政策の基礎についても知ることができた。本章から先は，有効需要の原理を背景に，消費や投資について，それぞれに固有の性質を，より詳しく検討していくことにしよう。その検討を進めるなかで，われわれは少しずつ，45度線分析よりも広い視野を身につけるようになる。

5-1　消費関数と乗数効果

なぜ国民所得は増加したか　第3章の「練習問題」問題Ⅲを，もう一度見てほしい。そこでは，投資の増加額と国民所得の増加額が一致しないことを見た。国民所得（有効需要）は，いまのところ，消費需要と投資需要で構成されている。その投資が50増加したのなら，国民所得も50増加しそうなものだが，実際に計算してみると，国民所得は250も増えている。もちろん，計算間違いをしたわけではない。何度計算し直しても，結果は同じであって，国民所得は投資増額の正確に5倍増えているのである。なぜ，このようなことが起きるのだろうか。本章では，この問題について考えていくことにしよう。

これは，極めて重要な性質である。たとえば，いまの国民所得では，非自発的失業が避けられず，これをなくすためには，あと250億円の国民所得増加が必要であることがわかったものとしよう。このとき，政策当局がこの性質を知っていれば，金融政策等による投資増額は50億円で十分であることを理解するだろうが，もしこの性質を知らず，国民所得を250億円増加させるには，投資も 250 億円増加させなければならないと思い込んでいたりしたら，いざ政策が実行された場合，国民所得は 250 億円ではなく，その 5 倍の 1250 億円も増加してしまうことになる。これは，経済に過剰な有効需要をもたらし，場合によっては，われわれの生活を怒涛のインフレーションのなかに，叩き込んでしまうかもしれない。

なぜ，投資増額と国民所得増額は，一致しないのだろうか。また，この 5 倍という数値は，はじめから決まっている数値なのだろうか。それとも，この数値自体も，経済のなかで決められるものなのだろうか。じつは，このカギを握っているのは投資ではなく，意外にも，消費の方なのである。

所得と消費の相互作用　詳しい説明は，後でもう一度行うことにして，ことの次第をいま直観的に説明するとすれば，次のようになる。第 3 章の「練習問題」問題Ⅲでは，消費関数は $C = 20 + 0.8Y$ として与えられていた。$Y = C + I$ だから，投資 I が 50 増えれば，まずは国民所得 Y も 50 増える。$Y = C + I$ は定義式だから，これはかならずそうなるのである。

しかし，Y が 50 増えたのであれば，それを受けて，今度は消費が，かならず何ほどか増えることになる。いま与えられている消費関数からすれば，Y の値が 50 増加すると，消費 C はその 0.8 倍，すなわち，40 増えるはずである。この消費増額 40 が，$Y = C + I$ の C の部分に加わることになり，その結果 Y は，先の投資増額 50 に，消費増額 40 を加えて 90 増加することになる。すなわち，早くもこの段階で，Y の増加額は，I の増加額よりも大きくなるのである。

だが，消費の増加は 1 回では終わらない。消費の増加によって所得が 40 増えたことを受けて，消費はさらに増加することになる。すなわち，40 の 0.8 倍である 32 の消費増加が新たに発生し，それが所得に加わって，Y はさらに 32 増加することになり，それが消費をさらに増加させて…といった形で，所得と消費の追いかけっこのような現象が生じるのである。ただし，この追いかけっこは永久に続くわけではない。最初が 50，次が 40，次が 32…というように，その増加額は次第に小さくなっているから，これは，いつかはなくなるはずである。つまり，所得の増加額は，最終的にはある値に落ち着くはずで，それが，いまの例では，250 なのである。

投資の乗数効果　このように，投資が 1 回増加すると，それは所得の増加を通じて消費を増加させ，それが所得に加わって消費をさらに増やし，その結果，所得がさらに増えて…といった次第で，所得は累積的に増加していくことになる。そのため国民所得は，最初の投資増額よりも，はるかに大きく増加することになるのである。このように，投資の増加が，その何倍もの所得増加をもたらす現象を，投資の乗数効果と表現する。そして，所得が投資の何倍まで増加するかを示す値（いまの例では5倍）のことを，投資乗数と表現する。

乗数効果の内容，ならびに投資乗数の値は，いまの段階でも，数式的なレベルでは一応求めることができる。すなわち，いまわれわれが考えている経済は，次のようなものである。

$$
\begin{aligned}
Y &= C + I \\
C &= A + \alpha Y \\
I &= I_0
\end{aligned}
\qquad (5\text{-}1)
$$

この式の増加分をとれば，次のようになる。

$$
\begin{aligned}
\Delta Y &= \Delta C + \Delta I \\
\Delta C &= \alpha \Delta Y
\end{aligned}
\qquad (5\text{-}2)
$$

このΔCをΔYの式に代入すれば，

$$
\begin{aligned}
\Delta Y &= \alpha \Delta Y + \Delta I \\
(1 - \alpha)\Delta Y &= \Delta I \\
\Delta Y &= \frac{1}{1 - \alpha}\Delta I
\end{aligned}
\qquad (5\text{-}3)
$$

という関係を得る。この（5-3）式が，投資の乗数効果を表す式になる。すなわち，投資がΔIだけ増加すると，国民所得は，それと同額ではなく，その$1/(1 - \alpha)$倍された大きさだけ増加するのである。この$1/(1 - \alpha)$が，投資乗数の値である。

αとは，言うまでもなく限界消費性向である。したがって，（5-3）式は，次のように改めてもよい。

$$
\Delta Y = \frac{1}{1 - \text{限界消費性向}}\Delta I \qquad (5\text{-}3)'
$$

限界消費性向がカギ　投資の増加が，その何倍もの所得増加をもたらすのは，最初の所得増加をきっかけに，消費が何回も増加していくからである。したがって，限界消費性向が大きければ，同じ所得増加から，それだけ大きな消費増加が生じることになるから，最終的な所得の増加額もそれだけ大きくなる。すなわち，限界消費性向αの値が大きくなると，(5-3)，(5-3)′式の分母の値が（1から大きな値を差し引く結果）小さくなって，$1/(1-\alpha)$の値，すなわち，投資乗数の値が大きくなるのである。このように，投資乗数の値は，はじめから決められているものではない。これは，その時々の消費関数によって，より正確に言えば，限界消費性向の値によって決められるものなのである。したがって，乗数効果を発揮するのは，限界消費性向の値，すなわち，消費関数だと言ってよい。先に，乗数効果のカギを握るのは，投資ではなくて消費だと言ったのは，このためである。

数値例　以上のことを，先の数値例で確認しておこう。消費関数は，$C = 20 + 0.8Y$で与えられているから，この場合，限界消費性向は0.8である。この値を（5-3）式に代入すれば，

$$\Delta Y = \frac{1}{1-\alpha}\Delta I = \frac{1}{1-0.8}\Delta I = \frac{1}{0.2}\Delta I = 5 \cdot \Delta I \qquad (5\text{-}4)$$

となり，投資乗数の値が5であることがわかる。先の例では，投資の増額ΔIは50だった。ゆえに，国民所得の増加額は，その乗数倍（5倍）の250になるわけである。

なお，ひとつ確認しておくと，第3章でわれわれは，限界消費性向αに限界貯蓄性向sを加えると，かならず1になるという関係を確認した。これを使えば，（5-3）式を次のように書きかえることもできる。

$$\Delta Y = \frac{1}{s}\Delta I \qquad (5\text{-}5)$$

あるいは

$$\Delta Y = \frac{1}{\text{限界貯蓄性向}}\Delta I \qquad (5\text{-}5)'$$

この式も，たびたび使うことになるので，(5-3)，(5-3)$'$式との関係をよく理解しておいてほしい。

確認問題 5-1 $C = 20 + 0.8Y$ の限界消費性向が 0.9 に変化した場合，投資乗数の値はいくつになるか。また，そのとき，50 の投資増加は，いくらの所得増加をもたらすか。

5-2 なぜ，乗数効果が生じるのか

現実経済に即して考える 以上が，乗数理論のあらましである。乗数理論のエッセンスは，以上の説明でほぼ尽くされていると言ってよく，今後，乗数理論を使っていくうえでは，ここまでの知識だけで，特に不都合を来すことはないだろう。

しかし，乗数理論への理解という点では，以上の説明はあまりに機械的にすぎるだろう。特に，実際にどのような過程を経て，乗数効果が現れるに至るのかという，現実経済の展開に即した説明という点では，以上の説明はあまりに不十分である。

そこで，ここからは，もう少し現実経済の展開に即して，乗数効果が現れる過程を追うことにしよう。ところが，この肝心の部分において，現在の標準的なマクロ経済学の理解と，ケインズ本人が考えていたと思われる理解の間に，じつは小さからぬ差異があるのである。しかもそれは，乗数理論の根幹に関わる差異と言える。これは，いささか無視できない問題なので，本書では，この点について，他の教科書よりも，少し踏み込んだ説明を行おうと思う。これは，経済学史上の知識が，現実経済のメカニズム理解に，ちょくせつ関係する 1 つの事例と言えるだろう。

(1) 標準的理解

まず，乗数理論に関する標準的な理解を検討してみよう。今日のマクロ経済学の教科書では，だいたいのところ，次のような説明が行われているはずである。

100 億円の投資増額 事例を使って説明しよう。いま，投資が経済全体で 100 億円増加したものと仮定しよう（たとえば，新しい発電所を造るものと

仮定しよう）。$\Delta Y = \Delta C + \Delta I$の関係から，これにより，まずは国民所得も100億円増加することになる。これを所得の第1次増加と表現する。消費における限界消費性向が0.9であるとすれば，増加した所得100億円のうち，その9割，すなわち90億円が消費需要になって，経済全体の有効需要をさらに増加させることになる。その結果，国民所得はさらに90億円増加する。この90億円の部分を所得の第2次増加という。

所得の第2次増加90億円は，さらに限界消費性向に従って81億円の消費増加をもたらし，これが経済に加わることで，所得の第3次増加81億円が生じる。こうした過程が繰り返されることによって，所得はどんどん増えていく。これをまとめれば，次のようになるだろう。

$$\Delta Y = 100\text{億円} + 90\text{億円} + 81\text{億円} + 72.9\text{億円} + \cdots \quad (5\text{-}6)$$

一定の規則性の存在　ΔYはいくらになるだろうか。読者のみなさんは，この一連の金額に，ある一定の規則性があることに気がつかれただろうか。最初の金額は100億円，次の金額は90億円だが，これは100億円の0.9倍である。では，90億円に同じ0.9をかけるといくらになるかというと，90億円の右隣りにある81億円になる。それにさらに0.9をかけることで…というふうに，この数字の列は，最初の数値100億円から順に，0.9をかけていくことで，次の数字が作り出されるという規則性を持っている。すなわち，これは，初項100億円，公比0.9の等比数列になっているのである。そして，最終的な国民所得増額ΔYは，この等比数列の和として，すなわち，等比級数として求められるものになる。

初項の値，すなわち100億円は，言うまでもなく最初の投資増額の金額である。公比に相当する0.9は，これも言うまでもなく，限界消費性向の値である。発電所が登場するのは，この最初の1回だけであって，あとは限界消費性向によって決められる消費の増加額によって，乗数効果の過程が形成されるのである。

等比級数とは　ΔYの大きさを求めるためには，（5-6）式を実際に計算する必要がある。等比級数を求めるには，それぞれ公式が存在するわけだが，ここではそれに頼ることなく，その公式の求め方を含めて，等比級数の一般的な考え方を思い出しておくことにしよう。

等比級数の値（数列の合計値）をSとし，初項をd，公比をrで表すことにしよう。そうすると，(5-6) のような式は，一般的には次のように表記できるだろう[1]。

$$S = d + rd + r^2d + r^3d + \cdots \tag{5-7}$$

この S の値を求めるために，いま，(5-7) 式の両辺に，公比 r をもう一度かけることにしよう。そうすると，次のようになるだろう。

$$rS = rd + r^2d + r^3d + r^4d + \cdots \tag{5-8}$$

こうしておいて，この (5-8) 式を (5-7) 式からひき算しよう。すなわち，

$$\begin{array}{rrl} & S = & d + rd + r^2d + r^3d + \cdots \\ -) & rS = & rd + r^2d + r^3d + r^4d + \cdots \\ \hline & (1-r)S = & d \end{array} \tag{5-9}$$

上の式に含まれる rd 以降の項は，下の式の左斜め下にかならず同じものが現れるので，ひき算する過程で，それらは全部，消えてしまう。ゆえに，ひき算の結果は，(5-9) 式のような簡単なものになる。したがって，(5-9) 式から，S の値は次のように一般化できる。

$$S = \frac{d}{1 - r} \tag{5-10}$$

1,000 億円の所得増加　そうすると，われわれの場合は，級数 S に該当するのが所得増額 ΔY であり，初項 d に該当するのが投資増額 ΔI，公比に該当するのが限界消費性向 α だから，これらにそれぞれ置き換えると，

$$\Delta Y = \frac{1}{1 - \alpha}\Delta I \tag{5-3}$$

になる。すなわち，前節で見た (5-3) 式そのものになることがわかるだろう。

---

[1] S の値が一定の値に収まる（収束する）ためには，$|r| < 1$ である必要がある（$|r| \geqq 1$ の場合は，一定の値に収まらなくなる（これを発散という））。乗数理論の場合は，$r = \alpha$（限界消費性向）であり，$0 < \alpha < 1$ なので，この条件は自動的に満たされる。また，(5-7)，(5-8) 式は途中で止まらない無限数列になっている。数列が途中で止まる有限数列の場合は，(5-9) 式のような計算を行っても，下の数列の最後の項が残ることになる。

目下の事例では，ΔI = 100 億円，α = 0.9 だから，これを（5-3）式に代入すれば，

$$\Delta Y = \frac{1}{1-0.9} \times 100 = 1{,}000 \text{ 億円} \qquad (5\text{-}11)$$

という計算になる。人々が所得増加額のうち 9 割を消費に回す傾向があるとしたら，わずか 100 億円の投資増加があっただけで，経済全体では 1,000 億円の所得増加が発生することになる。これが，乗数効果の威力である。

確認問題 5-2　投資増額は 100 億円のままだが，限界消費性向が 0.8 に減少したとしたら，投資乗数の値はいくらになるか。また，所得増額はいくらになるか。

(2) ケインズの原典に近い理解

以上のような標準的理解は，乗数理論の理解として，決して誤ったものではない。しかしながら，この解釈は，ケインズ『一般理論』の原典に照らしてみたとき，かならずしも正確とは言いがたい一面があるのである。

即座に所得増加につながるのか　たとえば，所得の第 1 次増加についてもう一度見てみよう。そこでは，「投資が 100 億円増加すると，所得も 100 億円増加する」と，なかば自明のように語られていた。しかし，この 100 億円は何のための資金だったかといえば，それは，新しい発電所を造るための資金だった。つまり，この 100 億円で新しい発電所が 1 基，造られなければならないのである。そのためには，さまざまな資材が購入されなければならないはずである。大量のセメント，鉄板や鉄柱，電気部品，さらには新たな労働力も必要になるだろう。そのための資金として 100 億円が用意されたはずなのだが，いままでの話では，この 100 億円はすべて，所得の第 1 次増加 100 億円に，いきなり変わるものと想定されている。

しかし，所得というのは，賃金・給与の形をとるにせよ，利子・配当の形をとるにせよ，誰かに配られる最終的な分配分のことをいうのであって，原材料の調達に充てる資金をいうのではない。だとしたら，この 100 億円のすべてを，いきなり所得に変えてしまった場合，発電所を造るための建設資材はいったいいつ，どうやって調達すればいいのだろうか。建設資金の 100 億円をいきなり所得に変えてしまったのでは，肝心の発電所を造るための建設資材費が，それ

こそ1円も残らなくなってしまうではないか。

だから，先の話は，いくら何でも単純化のしすぎなのである。乗数効果は，現実の経済に実際に現れる現象だから，発電所を造るというのなら，実際に発電所も造られなければならない。実際に，発電所を造ることのできる条件を満たしたうえで，乗数過程がそれに続いて現れることを，説明しなければならないのである。いくら説明のための単純化とはいえ，発電所を造ろうにも，建設資材費が1円も残らないような話をしていたのでは，経済現象の説明として，いささか問題があるだろう。

ケインズによる説明　ところが，ケインズの原典を忠実に読み込んでみると，彼はどうやら，こうした事態に気がついていたらしいのである。そこで，やや解釈的な拡張も交えながら，ここからはケインズの原典に近い解釈をしてみよう[2]。

新規労働力雇用による効果　図5-1を見ながら検討しよう。ここでもやはり，当初の投資増額は100億円とし，それで新しい発電所を造るものとしよう。そうすると，この発電所を実際に造るためには，この資金の一部を建設資材の購入に充て，他の一部を，発電所を建設するための，新たな労働力の雇用に充てる必要が出てくるだろう。その割り振りがここでは，5対5であったと想定しよう。すなわち，100億円のうち50億円を建設資材の購入に充て，残り50億円を新規労働力の雇用に充てるのである。非自発的失業の吸収とは，このようにして開始されるのである。さて，新しく50億円の賃金を受け取った労働者たちは，限界消費性向をやはり0.9と想定すれば，そのうちの9割，すなわち，45億円を新たな消費のために支出しようとするだろう。この45億円の新たな消費需要は，消費財産業へ向けられることになるだろう。

建設資材購入による効果　では，建設資材の購入に充てられた50億円は，その後どうなるだろうか。たとえば，新たな鉄板の注文を受けた製鉄会社は，その注文に応えるために，鉄板の追加生産を行おうとするだろう。したがって，製鉄会社から，銑鉄や鉄鉱石などを供給する原材料部門の企業に対して，さらに新規の注文が出されることになるだろう。また，鉄板を新たに製造するために，さらに新たな労働力が必要になるだろう。同様のことは，他の資材部門，

2　以下の解釈は，宮崎義一・伊東光晴『コンメンタール ケインズ一般理論』（日本評論社，1964年），伊東光晴『ケインズ』（岩波新書，1962年）による。

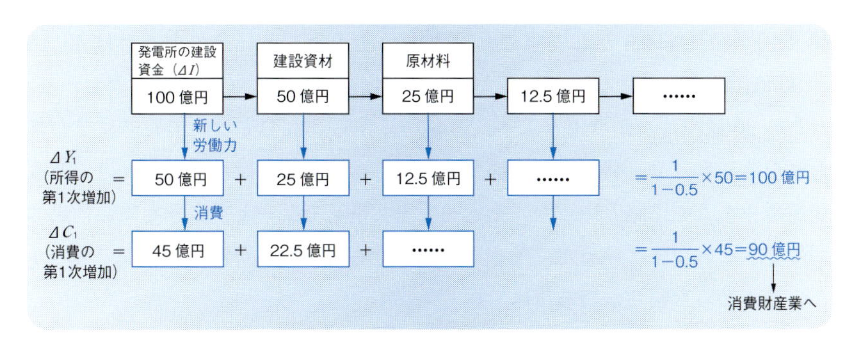

図 5-1　ケインズ的な乗数理解（1）－資材産業－

たとえばセメント会社等においても生じるに違いない。新たなセメントを作るために，新たな原材料需要が発生し，新たな労働力需要も発生する。それらをひっくるめて，建設資材費 50 億円のうち 25 億円が原材料部門への需要として，25 億円が新たな労働力の雇用のために使われるものと仮定しよう。労働者に支払われた 25 億円は，さらに追加的な消費需要 22.5 億円（25 億円× 0.9）を生み出すことだろう。

こうした過程が，この先ずっと続いていく。その結果，図 5-1 にあるように，この過程から，新しい所得として，はじめに 50 億円，次に 25 億円，さらに 12.5 億円という金額が発生してくる。これらの金額を合計したもの，これが発電所の建設にちょくせつ由来する所得増分としての，所得の第 1 次増加 ΔY_1 である。では，その金額はというと，この所得の数列は，先に見た等比数列と，まったく同じ構造をしていることがわかる。ただし，今度の場合は，初項が 50 億円，公比が 0.5 になっている点に注意する必要がある。その値を，先の (5-10) 式に代入すれば，$50/(1-0.5)=100$ 億円になる。すなわち，まさしく投資増額と同額の 100 億円が，第 1 次所得増加となって現れるのである。しかも，今度は先の標準的理解と違い，実際に発電所が建設できている。このように考えていけば，新規発電所を建設するという現実的な想定を壊すことなく，乗数過程を描くことができるわけである。

消費財産業における消費需要の効果　では，乗数過程は実際に現れるのだろうか。図 5-1 に戻れば，そこでは，消費の第 1 次増加 ΔC_1 も示されている。

消費の第1次増加は，所得の第1次増加を求めたのと同じく，今度は初項を45億円，公比を0.5として求めればよい。そうすると，その大きさは45/0.5 = 90億円となって，標準的理解と同じ消費増額が発生していることがわかる。

この90億円は，消費財産業へ入っていくから，この先は，消費財産業が舞台になる。もはや，発電所との間に，ちょくせつの関係はなくなるわけである。発電所やダムや道路といった，土木的な公共事業でないと，大きな乗数効果は期待できないなどといった，ときたま見かける流言がいかに根拠のないものか，この一点からも明らかだろう。

消費財産業へ移って以降の展開は図5–2に示されている。消費財産業においても，資金の一部は原材料の調達に，他の一部は労働力の雇用に用いられる。しかし，それが常に，5対5に分かれる理由はないから，ここでは，図5–2にあるように，不規則なケースで考えてみよう。すなわち，はじめは90億円のうち60億円が原材料費に充てられ，30億円が新たな人件費に充てられたとしよう。しかし，次の段階では，60億円のうち50億円が人件費に充てられ，新たな原材料の調達には，10億円しか充てられなかったとしよう。さらに，次の段階では，10億円のうち9億円が人件費に充てられ，原材料費には1億円だけ充てられたものとしよう。

そうすると，この所得の数列からは，もはや一定の規則性は見られない。したがって，先の等比級数の公式を使って，その合計額を求めることもできない。では，諦めざるを得ないかというと，数字を実際に見てみれば，所得の増加額は，はじめが30億円，次が50億円，次が9億円だから，ここまでで，すでに89億円になっている。そして，あとは残された1億円が分かれて生じる金額が加わるだけだから，それを合計しても1億円を超えることはない。したがって，所得の第2次増加は結局，第1次増加の消費増額と同額の，90億円になると考えて差し支えないだろう。

同様に，消費の第2次増加も，結局81億円になると考えてよい。そして，この81億円が再び，消費財産業に還流して，所得の第3次増加を形成する。その額は，いまと同様の経緯を経て，やはり，消費の第2次増加と同額の81億円になるだろう。こうして，1つ前に形成された消費増額が，次の所得増額になって，以下，次々と所得を増加させていく。その所得増額の合計が，乗数過程によって形成される国民所得の増加額ということになるわけである。

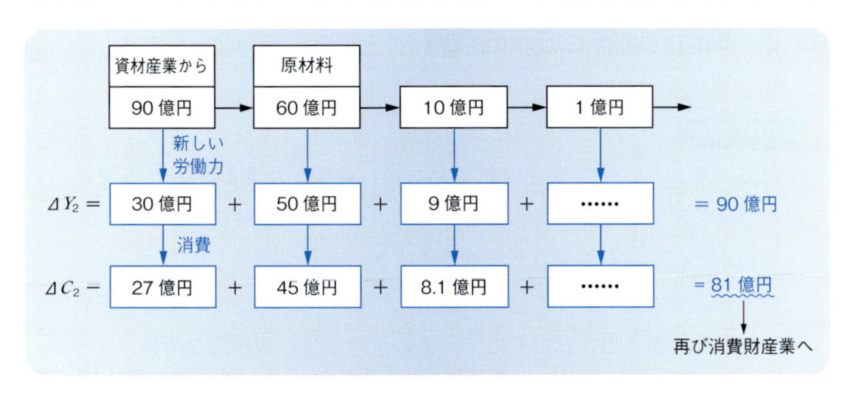

図 5-2　ケインズ的な乗数理解（2）－消費財産業－

結論は同じだが　その金額は，100 億円 + 90 億円 + 81 億円 + …となるから，数列としては（5-6）式とまったく同じものになる。したがって，あとの計算は前節と同じである。すなわち，初項 100 億円，公比 0.9 の等比級数が所得増額になり，それは 100/(1 − 0.9) = 1,000 億円である。これを一般的な形で書けば，再び

$$\Delta Y = \frac{1}{1-\alpha}\Delta I \tag{5-3}$$

という形になるだろう。

これが，ケインズの原典に近い，乗数理論の解釈である。したがって，結論自体は，標準的理解と変わらない。しかし，標準的理解では，発電所の建設がどうして可能になるのか説明が困難であったが，ケインズ的な理解に従えば，実際に発電所が建設され，消費財の追加生産も行えることを見届けながら，なお乗数過程の発生過程を見ることができる。こうした点から，あくまで現実的な経済学を求める限り，われわれは，ケインズ的な乗数理解を継承する必要があると考える。

5-3 即時的理解と波及的理解

2つの解釈　ケインズ的な乗数理解には，もう1点，注意すべき特徴が含まれている。というのは，5-1節で数式的に展開した乗数理論と，5-2節（1）の標準的乗数理解とを比べてみると，そこには，単に後者の方が詳しい説明になっているという違いがあるだけでなく，次のような違いもあることに気がつくのである。すなわち，5-1節の（5-3）式は，国民所得の定義式と消費関数からちょくせつ導き出されたもので，その意味では，定義的な関係にそもそも含まれていた関係として，乗数理論を導き出している。定義的な関係である以上，それは，常に成立するものでなければならない。

それに対して，5-2節の（5-6）式や（5-7）式は，消費増加の連鎖過程として乗数過程を示している。この場合に（5-3）式が成立するのは，この数列が途中で途切れることなく，最後まで行き着いた場合だけである。それを前提に数列全体を合計すると，（5-3）式のようにまとめられるわけである。したがって，もし途中で，この数列が中断されるようなことがあれば，（5-3）式は成り立たないことになる。ということは，標準的理解に基づく乗数理論は，5-1節のように常に成り立つ関係ではなく，消費増加の連鎖過程が何にも邪魔されずに，最後まで行き着いたときに初めて成立する，一種の特殊な関係ということになる。これは大きな違いである。ちなみに，5-1節のように，乗数理論は常に成立するものとする解釈を即時的乗数理解，標準的理解のように，消費増加の連鎖過程として捉える解釈を波及的乗数理解などと呼ぶこともある。

在庫処分の可能性　では，ケインズ自身の考えは，このどちらに近いものだったのだろうか。これを考えるために，図5-1に戻り，次のような事例を考えてみることにしよう。図5-1では，発電所を建設するために，100億円の新規投資が行われ，そのうち50億円が建設資材の購入に，50億円が新たな人件費に使われるものと想定した。このとき，先の議論では，特に断るまでもなく，この新たな建設資材需要を，すべて新規生産によって賄うことが想定されていた。ゆえに，その資材を作るために，さらなる原材料需要が発生し，2段階目，3段階目へと，需要の連鎖が起こるような展開になっていたのである。これを波及的理解と呼ぶ由縁である。

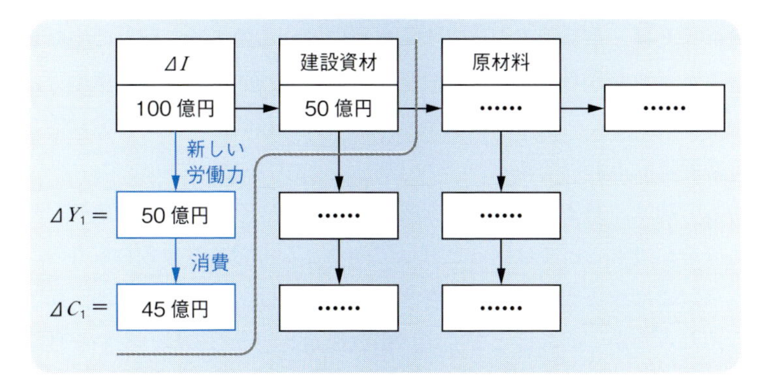

図 5-3　波及が第 1 段階で止まったケース

しかし，現実の経済が，このような展開を示す保証はどこにもない。たとえば，いま経済が不況にあって（そもそも設備投資の政策的拡大がはかられるのは，たいてい不況の場合である），セメントも電気部品も大いに余っているとしたら，新たな注文に対し，供給側の企業は，何もわざわざ新規生産によって応じなくても，倉庫に眠っている在庫を充てるだけで，十分応じられると考えるかもしれない。企業としては，まずこうした在庫の処分を行い，それでも足りなかった場合に初めて，新規生産に着手しようとするだろう。

同じことは，消費財産業においても言えるはずである。図 5-2 では，新たに生じた消費財需要についても，そのすべてを新規生産で応じることが前提されていた。しかし，ここも在庫処分で賄うことは大いにあり得るのであって，これは在庫保管がしやすい消費財の場合，鉄板などの建設資材よりも，はるかにありそうなことと考えていいだろう。

乗数理論は成立するか　もし，そうした在庫処分だけで，新規需要が満たされてしまったら，どうなるだろうか。その場合には，建設資材においても，消費財においても，新たな原材料や労働力への需要は生じないわけだから，波及はここでストップしてしまうだろう。すなわち，図 5-3 にあるように，この場合，波及は第 1 段階で早々に打ち切られてしまうのであって，それ以降に続いていくことはないだろう。そうすると，(5-6) 式も，(5-7) 式も，第 1 段階で止まってしまうことになるから，当然，乗数公式は成り立たなくなる。波及的な理解が正しいとすれば，波及の停止はすなわち，乗数理論の不成立である。逆に言えば，乗数理論が成立するためには，このような波及の中断が起こらないこと，すなわち，新たな建設資材や消費財への需要が，在庫処分によって賄われることなく，すべて新規生産によって賄われることが，絶対的な条件として必要になるわけである。

しかしこれは，あまりにも無理な要求である。いくら，乗数理論のためには，在庫処分をしてもらっては困ると言ってみたところで，処分されるものはされるだろう。では，こうした在庫が存在する場合には，乗数理論は即，崩壊してしまうのだろうか。それほどまでに，乗数理論というものは，**やわ**な理論なのだろうか。

そこで，この第1段階での波及の中断部分を，もう少し丁寧に見てみよう。図5-3をもう一度見てほしい。いま現実に起きていることは何かというと，まず，新しい発電所については，在庫から出てきたものとはいえ，建設のための資材は調達でき，新たな労働力も雇用できたわけだから，これはこれで建設可能である。つまり，この経済は，発電所という新たな資本を100億円分増やしたことになる。他方で，建設資材は在庫処分によって賄われたわけだが，ここでわれわれはいま一度，在庫とは何であったかを思い出す必要がある。

在庫減少＝負の投資　第2章，第3章で見たように，在庫とは現在時点においてではなく，将来時点において利益や効用をもたらすものだから，これは定義上，投資に含まれる。すなわち，在庫とは投資なのである。ただし，いまわれわれが問題にしているのは，在庫の増加ではなく，在庫の処分，すなわち，在庫の減少である。在庫の増加が正の投資を意味するとすれば，在庫の減少とはすなわち，負の投資が行われたことを意味するだろう。発電所の建設自体は，経済全体の資本を増やすことになるから，これは文字通り正の投資を意味するが，同時に発生した建設資材の在庫処分は，資本の減少を意味するので，これは負の投資になるのである。つまり，いまこの経済では，正の投資と負の投資が，同時に発生していることになるのである。

さらに，消費財需要45億円分も在庫処分で賄われたとすれば，消費財産業においても，負の投資が45億円発生したことになる。そうすると，経済全体では，いま図5-4のような事態が生じていることになる。すなわち，発電所の建設によって，正の投資が100億円行われた。他方で，建設資材の在庫処分

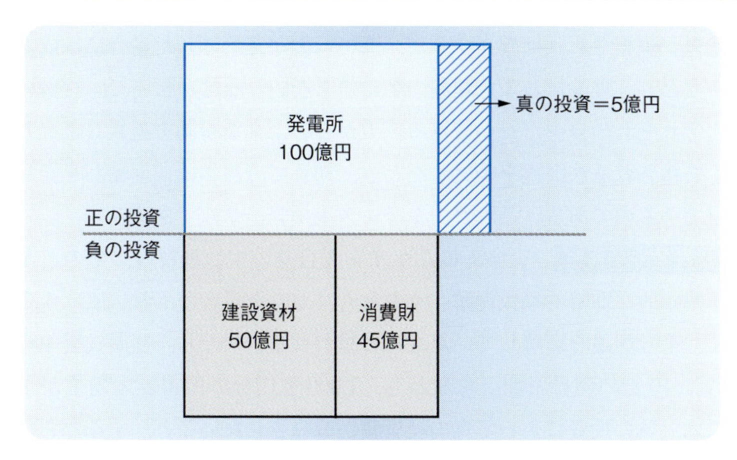

図 5-4　正の投資と負の投資

による負の投資が 50 億円行われ，さらに消費財の在庫処分による負の投資が 45 億円行われている。つまり経済全体では，合計 95 億円の負の投資が行われているのである。したがって，経済全体で真に行われたと言える正の投資は，差し引き 5 億円分しかなかったことになるのである。

波及が中断しても成立する　では，このとき，所得の増加はいくら生じているかというと，図 5-3 のように，波及が第 1 段階でストップしたとすれば，その時点で得られる所得の増加は，発電所建設のための追加雇用分 50 億円だけである。投資増加が（純額で）5 億円，所得増加が 50 億円だから，所得は投資増額の 10 倍増加している。一方，われわれが前提している限界消費性向は 0.9 だから，投資乗数は 10 である。したがって，じつはこの場合においても，所得と投資の乗数関係は，そのまま実現していたことになるわけである[3]。

波及が途中で中断したとしても，乗数理論はビクともしないのである。言い換えれば，波及が最後まで行き着くか，途中で中断されるかは，ケインズ的に理解された乗数理論においては，どちらでもよいのである。建設資材の新たな注文に，あるいは消費財の新たな注文に，新規生産で応じるか，在庫処分で応

[3] ちなみに，このとき貯蓄はいくら増えているかというと，所得が 50 億円増え，そのうち 45 億円を消費に回しているから，貯蓄は差し引き 5 億円増えている。つまり，真の投資増額とまさしく同じ金額である。投資と貯蓄は常に等しいのである。

じるかは，その時々の情勢次第によって，どちらもあり得る話である。ある行動の仕方が選択されれば成立するが，別の行動が選択された場合には成立しない，などという理論はおよそ理論の名に値しない。なぜと言って，行動の選択は，人それぞれの自由だからである。人がどのような行動を選択しようと，例外なく貫徹される法則性を発見したとき，初めて経済学は「理論」を発見したと宣言できるのである。これが，ケインズ流の経済学観である。

波及貫徹の必要性　ゆえに，ケインズ自身の乗数理解は，先の言葉で言えば，基本的に即時的乗数理解，すなわち，どんな場合でも常に成立する関係として，乗数理論を理解していたものと思われる。ただし，初期投資100億円の純粋に10倍の所得増加，すなわち，1,000億円分の所得拡大効果が生じるためには，負の投資によって真の投資額が減額されないこと，すなわち，波及が最後まで行き着く必要があることは言うまでもない。したがって，一言で整理すれば，所得と投資の乗数関係はどのような場合にも成り立つが，最大限の乗数効果が生じるためには，波及の貫徹が必要になると考えればいいだろう。

確認問題5-3　図5-3で波及過程が，第2段階でストップしたと仮定して，それでも乗数理論が成立しているかどうかを，確認せよ。

5-4　乗数効果と産業構造

産業構造の変化の影響は　最後に，波及という言葉に関連して，しばしば見受けられる誤解について，一言触れておこう。よく，日本経済が第2次産業中心であった時代には，最終製品から部品・原材料への波及がたくさん生じたので乗数効果も大きかったが，現在のように，サービス・金融等の第3次産業が中心になってくると，そういう波及性がなくなるから乗数効果も小さくなり，経済政策の効果も期待できなくなる…といったような言説が，しばしば見受けられる。こうした言説は，乗数理論に照らしてみたとき，果たして正しいものと言えるだろうか。

乗数は消費性向で決まる　確かに，こうした言説には，実感に訴えてくるものがあるだろう。1台の自動車を作るためには，何千何百という部品メーカーに需要が派生していく。これこそまさに，乗数効果が実際に現れる過程であると，われわれは一瞬思ってしまう。しかし，第2次産業が中心か，第3次産業が中心かという話は，これは産業構造の問題だから，もし，産業構造が乗数の大きさに影響を及ぼすのなら，産業構造を示す何らかのパラメータが，乗数公式のなかに含まれていなければならない。しかし，改めて（5-3）式を見てみても，そのようなパラメータはどこにも見当たらない。乗数はもっぱら限界消費性向によって，すなわち，増えた所得のうち，どれだけが次の消費に回っていくかによって決まるのであって，産業構造のあり方が乗数の値を変える経路は存在しないのである。だから，消費性向に影響を及ぼす要因は，乗数効果に影響を及ぼすが，産業構造のような，消費性向とちょくせつの関わりを持たないものは，乗数効果に関する限り，無関係であると言ってよいのである。

乗数理論の問題なのか　では，産業構造の変化は，どこにも関係しないかといえば，そうではない。たとえば一定の需要増加があった場合，これが第2次産業に向けられれば，設備の不足が実感された途端，大きな設備投資が行われ，それは親会社だけでなく，子会社，孫会社へと広く波及することもあるだろう。しかし，同じ需要増加が第3次産業に向けられた場合，特に，近年のように，インターネット上の商品取引やアプリケーションなどに需要が向けられた場合には，追加的な設備投資はほとんど行われないだろう。そう考えれば，確かに産業構造の変化は，乗数効果に何ほどかの影響を及ぼしているように見え，こうした実感が，先の言説を支えているのだろう。

しかしながら，これもよく考えてみれば，いまの話は一定の需要増があった場合に，それが次の投資をどれだけ増やすかという話になっている。すなわち，因果関係の順序でいえば，これは$\Delta Y \rightarrow \Delta I$という関係をいっている。他方で，乗数理論というのは，投資の増加があった場合に，それがどれだけの所得（需要）増加をもたらすかという話だから，これは$\Delta I \rightarrow \Delta Y$という関係をいうのであって，現に（5-3）式も，そのような形になっている。

乗数でなく加速度　だから，これは問題とすべき因果関係が逆なのである。$\Delta Y \rightarrow \Delta I$の関係を示すのは（いまではほとんど使われなくなったが）**加速度**という，乗数とはまったく別の概念なのである。一般的な言説の多くは，この加速度と乗数を取り違えているものが圧倒的に多い。加速度は確かに，産業構造の影響を受けるが，乗数はあくまで，消費性向によって決まるものだから，産業構造や地域性の問題と関わりを持つことはないのである[4]。これはマクロ経済学の基本的な理解が試される話でもあるので，誤解を残さないようにしておく必要がある。

現実の乗数の値は，本章で例としてあげたような，5倍とか10倍とかいった大きな値ではなく，2倍にも届かないことが多い。そうしたことから，近年，乗数理論に深く踏み込んだ解説は，あまり行われない傾向があるが，乗数理論とは消費関数の裏面であって，その意味ではマクロ経済学の基本中の基本と言える。現実的な効果の大小によって興味を左右するのではなく，マクロ経済理論の基本として，乗数理論については，正しい理解を持つことが必要である。

---

[4] したがって，消費性向に影響を及ぼす要因は，乗数効果に影響を及ぼすことになる。所得税率などはもっとも端的な影響を及ぼす。また，消費のうち輸入財にまわる割合が大きくなると，国内消費にとっては，限界消費性向が小さくなったのと同じ効果が出てくるので，乗数効果は小さくなる（「練習問題」参照）。さらに，所得格差の問題も，富裕層の限界消費性向が一般に小さいとすれば，所得の多くが富裕層に回る経済構造の下では，マクロの限界消費性向も小さくなって，所得拡大効果が弱まる可能性がある。

第5章　練習問題

問題Ⅰ　次の文章の空欄に，適当な語句を入れなさい。

1. 投資が増えたとき，国民所得が投資増額以上に増加することを（　　　）という。
2. 乗数の値は（　　　）によって決定される。
3. 限界消費性向が大きくなると，乗数の値は（　　　）なる。
4. 限界貯蓄性向が大きくなると，乗数の値は（　　　）なる。
5. 限界消費性向が 0.5 であるとすると，乗数の値は（　　　）になる。

問題Ⅱ　次の文章が正しければ○，誤りであれば×をつけよ。

1. 消費関数の傾きが急になると，乗数の値は大きくなる。
2. 投資の増加額が大きくなると，乗数の値は大きくなる。
3. 在庫の減少は，正の投資の増加を意味する。
4. 在庫処分が行われると，乗数の値は小さくなる。
5. 福祉事業に従事する人が増えると，乗数効果は小さくなる。

問題Ⅲ　消費関数が，第4章で検討した，所得税を考慮に入れた式で与えられたものとしよう。すなわち，

$Y = C + I$

$C = A + \alpha(1 - t)Y$

$I = I_0$

1. 投資乗数の値を式の形で示せ。
2. 所得税率（t）が上昇すると，乗数の値は大きくなるか，小さくなるか。理由とともに示せ。

問題Ⅳ　ある国の経済が次のように示されるものとしよう。ここで T は所得から差し引かれる一括の税金である（添え字の0は，その変数が定数であることを表す）。このとき，

$Y = C + I + G$

$C = A + \alpha(Y - T)$

$I = I_0$

$G = G_0$

1. 政府支出が G_0 から ΔG だけ増えたときの，所得の増加額を示せ。
2. そのための財源として増税が行われ，T が ΔT だけ増加したとしよう。このときの，所得の減少額を示せ。
3. $\Delta G = \Delta T$ として均衡財政を保つとすると，ΔG によって国民所得が一瞬増えても，ΔT の増税によって国民所得は再び減少してしまうから，$\Delta G = \Delta T$ であれば国民所得は結果的にまったく変化しないと予想される。この予想は正しいか。1. と 2. を合計してこのことを確かめよ(3. の結果を均衡財政乗数という)。

問題V　経済を，開放体系にまで拡張してみよう。すなわち，

$Y = C + I + G + (EX - IM)$

$C = A + \alpha Y$

$I = I_0$

$G = G_0$

$EX = EX_0$

$IM = M_0 + mY$

としよう（添え字の0は，定数であることを表す)。ここで，EX は輸出を表すが，これは外国からの需要だから差し当たり一定としよう。一方，輸入 IM は，国内から海外へ向けられる需要だから，国民所得 Y に依存するものとし，その関係が，上式のように表されるものとしよう。このとき，

1. 投資乗数を表す式を求めよ。
2. 所得が増えたときに輸入に回る割合 m の値が大きくなると，乗数の値はどうなるか。検討せよ（m のことを，限界輸入性向と表現する)。

第6章

国民所得の決定（4）
－投資と利子－

前章までは，投資の規模を，あらかじめ与えられたものとして，議論を進めてきた。しかし，実際には，投資もまた，経済のなかで決められる1つの変数である。投資の規模を決めるメカニズムには，他のメカニズムにはないある種のもろさがある。そして，投資決定のメカニズムにまで視野を広げたとき，われわれは，45度線分析よりも広い世界に入ることになる。

6-1　投資関数

(1)　予想利潤率と投資関数

投資の規模はいかにして決まるか　45度線分析においては，投資の規模は，あらかじめ与えられた値として扱われた。金融政策等の効果を論じる場合も，政策による投資の増加分は，やはり外から与えられる値として扱われた。

しかし，現実の経済においては，投資の規模は外から与えられるものでなく，これもまた，経済メカニズムのなかで，その値が決められなくてはならない。われわれは，投資の規模が決まって以降の経済の振る舞いについては十分に学んだから，ここから先は，議論の範囲を一回り広げて，これまで与件とされてきた投資の規模について，それがどのようなメカニズムの下で決まるものかを検討していくことにしよう。

投資の規模がわずかに変化しただけでも，経済には，その乗数倍の影響が現れることを，われわれはすでに知っている。したがって，投資の規模を決めるメカニズムは，われわれの経済生活を大きく左右する，極めて重大な役割を担うメカニズムである。ところが，この重大なメカニズムは，じつはすこぶる繊細で，気まぐれで，時として頑固にもなるメカニズムなのである。そういう性格のものが，資本主義経済の根幹にあるという事実を，われわれは，よく理解しておく必要がある。

改めて「投資」とは　メカニズムの話に入る前に，第2章でも見た，投資の定義について確認しておこう。マクロ経済学でいう投資とは，基本的に設備投資のことであって，株式投資や土地・絵画の取引といった資産投資は，マクロ経済学の投資には含まれない。なぜなら，投資とは資産を増やす行為だから，マクロのレベルで投資と言えるものは，経済全体の資産を増やすものでなければならない。したがって，経済全体の生産力を増やす設備投資には，マクロの投資としての意味合いがあるが，株式投資や土地・絵画の取引などは，所有者が変わるだけであって，その総量が増えるわけではないから，これはマクロの投資にはならないのである[1]。

以上のことを確認して，投資決定のメカニズムの，まず基本部分について考えてみよう。設備投資を行う基本的な経済主体は，民間企業である。したがって，設備投資の目的は，企業の行動目的に沿うものでなければならない。企業の行動目的は何であるかというと，これはミクロ経済学と同様，基本的に利潤最大化にあると，マクロ経済学でも考える。したがって，投資の規模の決定も，利潤最大化の観点から考える必要がある。

ブレド氏の設備投資　さてここで，『読む　ミクロ経済学』にも登場するブレド氏に，ひさびさに登場してもらうことにしよう。ブレド氏は，ピザ屋を営む経営者である。ブレド氏のピザ屋はなかなか評判がよく，そろそろ会社の規模を大きくしてもよさそうだ，とブレド氏は考えている。そこで，ピザを作る機械（ピザ釜を想像してもよい）を増設しようとしているのだが，その機械を1台買うと，1,000万円という費用がかかるものとしよう。すなわち，ブレド氏の場合，設備投資を1単位行うと，1,000万円の費用がかかるわけである。この機械を何台購入しても，機械の価格は変わらないものとするとき，ブレド氏は機械を何台買ったらよいだろうか。言い換えれば，ブレド氏は，どのよう

---

[1] もちろん，新しい絵画生産のための設備投資は，マクロの投資に含まれる。また，設備投資のために新株を発行すれば，これは経済全体の生産力を高めることにつながるが，これについては，実行された設備投資の額としてカウントされる。

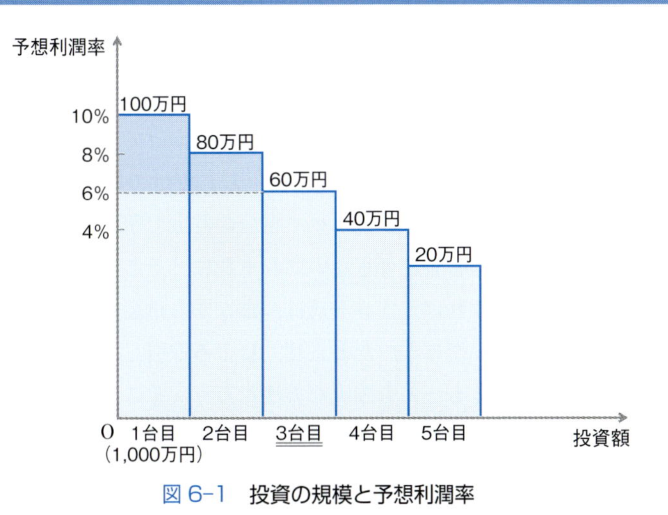

図 6-1　投資の規模と予想利潤率

にして，投資の規模を決めたらよいだろうか。

そこで，ブレド氏は新しい機械を1台ずつ設置していったとき，そこからいくらの利潤を見込めそうかを考えてみることにした。そうすると，現在の状況から考えて，1台目の機械からは，100万円の利潤が見込めそうだと予想できたものとしよう。これを図 6-1 に表してみよう。

図 6-1 は，横軸に設置する機械の台数，すなわち設備投資の規模を測り，縦軸には，各1台から得られるものと予想される利潤率の値を記している。そうすると，最初の1台目の機械からは，1,000万円の投資額に対して100万円の利潤が期待できるわけだから，このときの予想利潤率は10パーセントということになるだろう。では，2台目を導入したらどうなるだろうか。2台目を導入すれば，それだけ供給量も増えることになるから，慎重なブレド氏は，2台目から期待できる利潤率は，1台目よりもいくらか小さくなるだろうと予想した。たとえば，2台目の機械も，費用的には同じ1,000万円必要だが，そこから予想される利潤率はもはや10パーセントにはならず，たとえば8パーセント程度に見込んでおくことが無難であろうと，ブレド氏は判断した。実際に供給をしてみたら，1台目と同じ利潤率が得られるのかもしれないが，投資をする時点での判断としては，このような慎重な予想が必要であると，ブレド氏

は考えているわけである。したがって，もし3台目を導入すれば，予想利潤率はさらに低下して，6パーセント程度になるだろうとブレド氏は考えている。こうして形成されるブレド氏の予想利潤率のグラフが図6-1である。予想利潤率には，逓減の傾向があることに，ここで注意を向けておこう。

資金調達のコスト　さて，ブレド氏は，これだけの設備投資資金を，どのようにして調達するのだろうか。すべて自分の貯金で賄えるのであれば問題ないが，小規模企業の経営者にすぎないブレド氏に，そこまでの資金的余裕はないものとしよう。とすれば，ブレド氏は，誰かから借金することによって，資金を工面するしかないだろう。たとえば，日ごろ取引している銀行から融資を受けるのが，おそらくもっとも確実な方法だろう。そこで，ブレド氏は銀行に融資を申し込むことにしたが，これに対し，銀行は年利6パーセントの利子を要求してきたものとしよう。これを拒めば，当面，資金の当てがなくなってしまうから，ブレド氏はこの条件をのむしかない。だとしたら，ブレド氏は何台目まで機械を購入することができるだろうか。言い換えれば，借金に対する利子率が6パーセントであるとき，ブレド氏は，どのような考え方に基づいて，自らの投資規模を決定したらいいだろうか。

そこで，いつもの通り，1台目から順に考えていくことにしよう。1台目の機械を，1,000万円の借金によって購入した場合，その機械からは10パーセント，すなわち，100万円の利潤が期待できるものとブレド氏は考えている。他方でブレド氏は，1,000万円の借金に対して6パーセント，すなわち，60万円の利子を銀行に支払わなければならない。しかし，その利子を払ったとしても，100万円（利潤）－60万円（利子）＝40万円の利潤を，ブレド氏はなお手元に残すことができる。ならば，結果的に手元に残せる利潤を増やすことができるわけだから，ブレド氏は，この1台目の機械の導入を，すなわち，1台目の設備投資を実行しようと決意するだろう。

注意点　ここで，利子は，利潤から差し引かれるのであって，売上から差し引かれてはいない点に注意する必要がある。一見，ミクロ経済学のときの利潤最大化と同じように，まず売上金額を求め，そこから利子費用を差し引いて，利潤額を出すのではと思いがちなのだが，そうではないのである。利子は，利潤の一部であって（もしくは利潤から分岐していくものであって），原材料や人件費のような費用ではないのである。利子は，生産活動からもたらされる果実の一部であり，その意味では，利潤と同等の存在なのである。これはもともと，農業から来た発想である。すなわち，春にタネを播き，それに肥料や人間の労働力を加えることで，秋にどれだけ，播いたタネよりも多くの収穫を得ることができるか。それを示すものが本来の利潤であって，それを全額自己資本で賄えば，文字通り，利潤全額が自分のものになるが，地主から資本の一部を借りた場合には，地主の取り分が，利子という名目で利潤のなかから分割される。だから，利子は利潤から出ていくもの，したがって，利潤にもともと含まれるものということになり，肥料や労働力などの投下物とは，区別しなければならないのである[2]。

ブレド氏の投資規模　ここで再び，ブレド氏に戻ろう。かくして，1台目の機械が導入されることはわかったが，2台目はどうなるだろうか。2台目を導入すると，ブレド氏はそこから80万円の利潤を獲得できる（と予想している）。他方で，銀行に支払うべき利子は，2台目についても，同じ6パーセントすなわち，60万円である。したがって，この場合にも，なお20万円の利潤を手元に残すことができるから，ブレド氏は2台目の機械も導入を決意するだろう。

では，3台目はどうか。3台目はかなり予想利潤率が下がっていて，ブレド氏はもはや6パーセント，すなわち，60万円の利潤しか期待していない。他方で，支払うべき利子は相変わらず6パーセント，すなわち，60万円である。したがって，この場合，利潤と利子の差し引き額はちょうどゼロになって，ブレド氏の手元には何も残らない。しかし，損失はまだ発生しないから，ここはミクロ経済学と同じく，実行するものと考えておこう。

では，4台目はどうかというと，4台目を導入した場合には，ブレド氏は損失を覚悟しなければならない。なぜと言って，4台目からの予想利潤率は4パー

[2] ただし，次の節で出てくる，「時間選好としての利子」というような概念は，同じ利子であっても，ここでの利子とは概念が違う。本書では深入りはしないが，利子を利潤から分岐するものとして捉える発想は，利子の出現を，収穫量の増大として客観的に捉えようとするもので，フランスの重農主義を起点に，イギリスの古典派経済学，新古典派経済学を経て，ケインズ経済学に至るまで，おおむねイギリスの経済学に多く見られる発想である。これに対し，時間選好としての利子という発想は，基本的に主観的な概念のなかで利子を捉える発想だから，これは主観価値論の系譜として，オーストリア学派をはじめ，どちらかというと，大陸経済学に多く見られる発想と言える。ただし，イギリスのケンブリッジ学派においても，主観的な利子概念は，現に社会に受け入れられている利子概念として使われており，第7章で検討するケインズの利子論なども，概念としては主観的利子の系譜に属すると言ってよい。このように，利子一つにも様々な系譜があるわけだが，現在の利子概念を，その出自に合わせてきれいに分類することは，もはや困難に思われる。

セント，すなわち，40 万円しかないのに対し，支払うべき利子は 6 パーセント，すなわち，60 万円だから，これを実行すると，差し引き 20 万円の赤字が発生する可能性がある。実際に赤字になるかどうかは，やってみなければわからないが，損失が予想される投資は避けるというのが，合理的な経営者というものであるから，ブレド氏は 4 台目の導入は行わないだろう。

かくして，ブレド氏の投資規模が決定される。ブレド氏は，設備投資の規模を 3 台として決定するだろう。そうすれば，1 台目，2 台目において現れる利潤と利子の差額をすべて手に入れ，一方で，4 台目に手を出したときに現れる損失の危険は冒さずに，一連の投資計画を終えることができる。したがって，ここから 1 つの投資原則を得ることができる。すなわち，利潤最大化を目的とする経営者（または企業）は，予想利潤率が利子率に等しくなるところで，投資の規模を決定するのである[3]。

投資関数　図 6-1 をもっと一般的に，滑らかな線で描けば図 6-2 のようになるだろう。

これは，図 6-1 と同様，予想利潤率が逓減していく様子を，もっと小刻みに表現したものである。したがって，ここに利子率を，図中の i_0 のように与えてあげれば，この利子率と予想利潤率が等しくなる投資水準 I_0 を選択したとき，この企業の予想利潤は最大になる。したがって，この予想利潤率のグラフは，与えられた利子率の下で，どのような投資水準を選択すれば利潤が最大になるかを，企業にちょくせつ教えるグラフになる。ゆえに，このグラフを経済学では，投資関数と表現する。ただし，この投資関数は，まだ 1 企業のものなので，これを全企業について集計すれば，図 6-3 のように，経済全体における，すなわち，マクロにおける投資関数を得ることができる[4]。横軸に測られ

---

[3] 予想利潤率とは，投資の規模をもう 1 単位追加したときに，新たに得られる利潤の大きさだから，これは一種の限界収入に相当する。他方で，利子率は，借金をもう 1 単位増やしたときに生じる追加的費用を表すから，これは一種の限界費用である。したがって，いまわれわれが得た，予想利潤率＝限界費用という結論は，限界収入＝限界費用による利潤最大化原則の，1 つのバージョンにすぎない。利潤最大化はつねに，限界収入＝限界費用によって得られることを，ここで改めて確認しておこう。限界収入については，『読む ミクロ経済学』参照。

[4] この集計は，経済全体について行われるから，資本設備といっても，溶鉱炉から印刷機に至るまで，様々な種類のものが含まれることになる。したがって，それらを単純に足し算することはできないので，たとえば，工作機械 1，印刷機 10，塗装ロボット 2，…のような感じで集めたものを資本設備のバスケットと仮想し，そのバスケット何単位という形で，マクロの投資規模を想定するなどの工夫が必要になる。

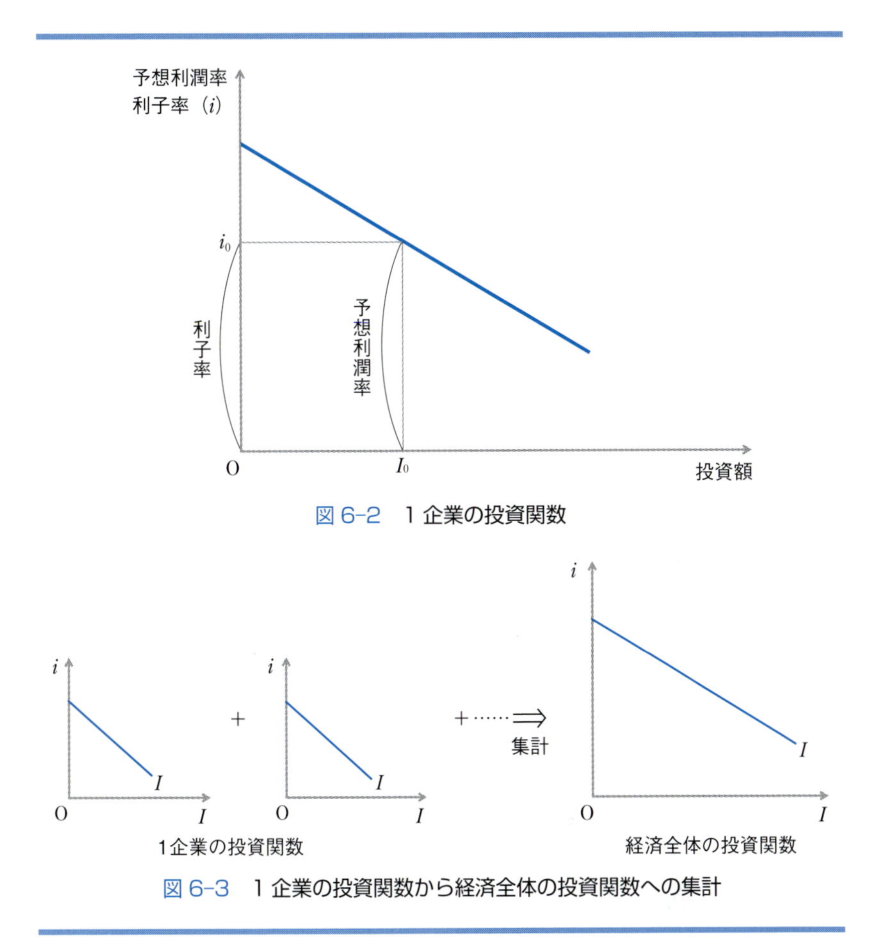

図 6-2　1 企業の投資関数

図 6-3　1 企業の投資関数から経済全体の投資関数への集計

る投資の規模こそ大きくなるが，形そのものは，各企業における予想利潤率の逓減を反映して，やはり右下がりの逓減型をしている。このマクロの投資関数に従い，あとは利子率が与えられれば，投資の規模が決定される。これが，マクロにおける投資決定の基本理論である。

(2) 投資関数の不安定性

予想が主役　　さて，このように見てくると，既にミクロ経済学を学んでいる読者であれば，マクロの投資決定論といっても，ミクロ経済学の需要決定論や供給決定論と何も違わないように思えるだろう。実際，基本的な発想は，まさしく同じものである。要するに，限界原理に基づく最大化行動論を適用したものであって，原則は同じものと考えて差し支えない。ただし，投資関数には，需要関数や供給関数にはない，ある注意すべき性質がある。それは先にも触れた，投資関数のもろさ，もしくは，不安定性という問題である。

投資関数がある意味でもろいのは，投資という行為がすべて，「予想」に基づいて行われざるを得ないことに由来する。投資するかしないかの決定は，今日行わなければならないが，その判断が正しかったか否かは，半年後，1年後といった未来になってみないとわからない。それは，今日の価格を見て，今日の需要量を決めることのできた，財の需要関数などにはなかった，投資関数に固有の特徴であり，また固有の難しさとも言える性質である。

投資関数の形状　その1つの表れが，投資関数の形である。すなわち，投資関数の逓減性は，それ自体がじつは，予想に基づいているのである。そして，多くの教科書では，投資関数の逓減性は，資本の限界生産力の逓減性に原因があると説明している。すなわち，投資によって機械設備が増えていくにつれ，その追加的生産力＝限界生産力が次第に低下していくので，それを反映して，投資関数も逓減的な形をしていると述べられている[5]。

しかしケインズは，投資関数が逓減的になるのは，すなわち，予想利潤率が逓減していくのは，機械設備の物理的能力が落ちていくからではないと考えていた。そうではなくて，むしろ，最低でも同レベルの設備が増設されていくことによって，各市場の供給能力が増加していくから，それを受けて，財の価格が低下することになるだろうとケインズは考えたのである。それゆえに，予想利潤率のグラフは逓減的になると考えたのである。低下が予想されるのは，機械設備の物理的能力ではなくて，財の価格なのである[6]。

[5] なぜ，資本設備を増やしていくと，その限界生産力，すなわち，物理的な生産能力が落ちると予想するのかについては，必ずしも十分な説明が行われているとは言えないように思う。企業が，より性能の落ちる機械を探してきて設置することはあり得ないので，近年では，たとえば資本設備が増えるに従い，十分な作業場を確保できなくなるとか，あるいは人手が足らなくなって，設備の性能を十分に発揮させられなくなるといったような，他の生産要素との補完的な関係が満たされなくなることを理由としてあげることが多い。確かに，そうした事情によって，限界生産力が落ちることはあり得るだろう。しかしその場合にも，ではなぜ，経営者はそうした無理な投資の仕方をするのかについて，説明が必要になるだろう。

[6] もちろん，投資の増加によって有効需要も増加していくから，それに支えられて，実際には，予想したほど価格は下がらないかもしれない。しかし，増加するのは，あくまで経済全体の有効需要であって，それが自社製品への需要を増加させる保証はない。だから，こうした場合には，むしろ

したがって，ケインズのこの議論が成り立つためには，価格は需要と供給の関係だけで決まるものでなくてはならず，そこに，独占的な要素などが介入してはならないことになる。ここに，ケインズ経済学の大きな前提条件がある。すなわち，**ケインズのマクロ経済学は，そのミクロ的な基礎において，競争市場の前提が必要とされる**のである。これがもし満たされない場合は，すなわち，まさしく今日の現実のように，大部分の市場において，すでに寡占市場が形成され，価格が需給関係だけで決まるとは限らなくなったら，マクロの投資関数も右下がりになるかどうか，保証の限りではなくなるのである。ケインズ経済学はマクロだけを問題にしていて，そのミクロ的な基礎がはっきりしないなどと言われることがあるが，はっきりしないどころか，競争市場という極めて厳しいミクロ的基礎に縛られているのが，ケインズ経済学なのである。

しかし，**投資関数の脆弱性と不安定性は，投資関数の傾きよりも，その高さ，あるいはその位置において，より顕著な形で現れてくる**。投資関数の位置は，投資水準ごとの，予想利潤の大きさによって決められる。したがって，何らかの理由によって，利潤率の予想に変化が生じれば，それだけで，投資関数はその位置全体をシフトさせてしまうのである。たとえば，向こう３ヶ月間の景気見通しが下方修正されたと聞いたら，企業経営者はそれだけで，考えていたほどの利潤は期待できないかもしれないと思うかもしれない。これはすなわち，予想利潤率の下方修正を意味するから，同様の気持ちを多くの経営者が持てば，それだけで，投資関数は下方にシフトする。あるいは，マクロの景気見通しに変わりはなくても，自社が属する業界について，原材料価格が高騰しそうだとか，輸出先の景気が悪化しそうだといった情報を得れば，それだけで，利潤率の予想が弱気になり，その結果，投資関数は下方にシフトするかもしれない。

投資関数に影響を及ぼす要因　このように，投資関数は，利潤率の予想に影響を及ぼす要因であれば，どんなものからでも影響を受ける可能性がある。それは，経営者が心中に抱く主観的な予想にすぎないから，客観的なデータによる判断を重視しながらも，その時々の雰囲気，風評，うわさ，気分といった，

悲観的な予想を立てておき，それでも損失が出ないように経営計画を立てておくのが，合理的な経営者というものだとケインズは言う。ここには，経営者のあり方に対するケインズの思想も表れていて，現在の経営者像とは異なる側面もあるかもしれない。しかし，ここで確認すべきは，投資関数の逓減性は価値レベルの話であって，資本の限界生産力のような物的レベルの話ではないという点にある。

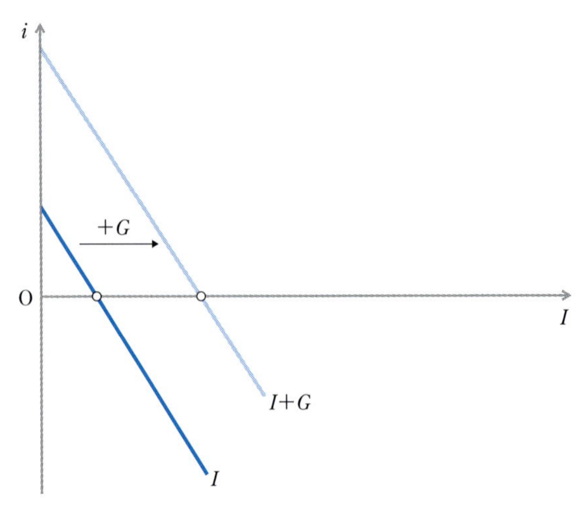

図 6-4　不況期の投資関数と財政政策の役割

かならずしも合理的とは言えない要素要因からの影響も大いに受けるだろう。いやむしろ，人間は，目の前の出来事に対しては，薄情なほど合理的に振る舞えるのに，いったん未来を心に描こうとすると，なぜか対照的なほど不合理で，願望優先の姿を描こうとする傾向がある。これといった合理的な根拠がなくても，楽観的なムードが広まれば，それだけで投資関数は限りなく上方へシフトするかもしれない。あるいは，悲観的なムードが広まれば，それだけで投資関数は限りなく下方へシフトし，確信的な情報が得られない限り，その低い位置から，なかなか動こうとしなくなるかもしれない。

投資関数が低い位置にとどまれば，図 6-4 のように，それだけ投資水準も低くなる。しかも，投資関数がこのような位置にあるときに，たとえば金融緩和政策を行って，金利水準を引き下げても，投資はほとんど拡大しない。これには，投資関数の位置だけでなく，その傾きも大きく関係するけれども，経営者がおおむね低い利潤率しか予想していないときに，利子率が多少下がったからといって，急に投資を増やす企業がたくさん出てくるとは想像しにくい。その場合には，投資関数は位置が低いだけでなく，傾きも急に（正しく言えば，投資の利子弾力性が小さく）なっているだろう。長期の景気低迷期には，このように投資関数が低位にとどまっている場合が多い。このような場合にはしたがって，金融政策にあまり大きな効果は期待できない。金融政策とは，原則的に，投資関数がそれなりの位置と傾きを持っているときに効果を発揮する政策なのである。

したがって，投資関数が図 6-4 のような位置にあるときに金融緩和政策を行っても，大きな効果は期待できない。その場合には財政政策によって，投資関数に政府支出を加えて，マクロの投資規模を大きくするか，あるいは，企業が予想利潤率を高められるように，新規分野の拡張を政策的に後押しするとか，新規需要の可能性について多くの情報提供などを行っていくなどの施策が必要になるだろう。これは，財政・金融政策のような需要側の調整政策ではないから本書の範囲を超えるが，また，その効果は，需要調整政策のようにちょくせつ的なものではないが，投資関数の位置を高めることができない限り，投資規模の安定的な回復や，景気の安定的な回復は望みにくいのである。

確認問題 6-1 投資関数の位置に影響を及ぼす要因には，本文で触れたもの以外にどのようなものが考えられるか。

6-2 割引現在価値

1 年後の 100 万円 vs 今日の 100 万円 投資関数の基本は以上である。基礎的なマクロ経済学を学ぶうえでは，以上の知識で特に不足を感じることはないだろう。しかしながら，投資をめぐっては，もう少し踏み込んだ話をしておく必要がある。これは，マクロ経済学に限らず，金融論や会計学等においても広く用いられる知識になるので，はじめのうち，こむずかしい印象を与えるかもしれないが，よく理解しておいてほしい。

投資とは，ことの本質として，未来のことを視野において，行わなくてはならないものである。すなわち，今日行った投資の成果は，半年後とか，1 年後になって初めて現れるのである。したがって，1,000 万円の投資に対し，100 万円の利潤が予想されるというとき，この 100 万円は（たとえば）1 年後の 100 万円であって，今日現在の 100 万円ではない。だとした場合，1 年後の

100万円と今日の1,000万円を，そのまま比較してしまってよいものだろうか。あるいは，1年後の100万円と今日の100万円は，100万円である以上同じ価値を持つ金額だと，簡単に見なしてしまっていいものだろうか。ここに，時点を異にする金額を比較しなくてはならないという，投資に特有の困難が生じるのである。

トピア君の選択　そこで，ここからは，これも『読む ミクロ経済学』に登場するトピア君に再び登場してもらおう。そして，トピア君がブレド氏から，ある不思議な申し出を受けたものと仮定しよう。すなわち，ブレド氏が，トピア君の目の前に，小さな2つの袋を置いたとしよう。片方の袋にはAと記されたシールが貼られており，もう片方にはBというシールが貼られている。トピア君がおそるおそるAの中身を覗いてみると，そこには何と1万円札が100枚，すなわち，現金が100万円入っていた。すかさずBの中身も見てみると，こちらには何と110万円の現金が入っていた。そして，トピア君が中身を確認した頃を見計らって，ブレド氏から次のような申し出があった。「どちらでもよいから,好きな方を持って帰り給え」。みなさんがトピア君の立場にあったら，AとBのどちらの袋を持って帰ろうとするだろうか。トピア君は，迷わず一瞬でBを選んだ。トピア君のこの選択に，不審を感じる人はいないだろう。すなわち，同じ時点であれば，人は金額の大きい方を選ぼうとするだろう。

さてブレド氏は，これに続けて，さらに2つの袋をトピア君の前に置いた。今度は，一方にCというシールが貼ってあり，もう一方にはDというシールが貼ってある。トピア君がCの中身を覗いてみると,やはり現金が100万円入っていた。しかし,Dの方には現金が入っておらず,その代わりにメモが1枚入っていた。読んでみると,「来年の今日，ここに来れば，100万円の現金をお渡ししよう」と書いてある。さて，再び，ブレド氏はどちらか好きな方を選んでよいという。トピア君は，どちらを選ぼうとするだろうか。おそらく，トピア君は，この場合も迷うことなく，Cの方を，すなわち，いますぐ100万円をもらえる方を選ぼうとするだろう。すなわち，同じ金額であれば，人は，未来よりも現在の方を選ぼうとするだろう。理由はよくわからないが，人は，未来よりも現在の方を優先しようとする傾向がある。トピア君のこの選択は，この傾向に由来するものだろう。この経験的な傾向を，経済学では，時間選好と表現する。

現在＝未来のケース　では，トピア君は，次のような申し出に対しては，どのような選択をするだろうか。すなわち，ブレド氏からさらに2つの袋を渡されて，Eというシールが貼ってある袋のなかを見てみると，100万円の現金が入っており，Fというもう一方の袋のなかを見てみると，現金ではなく，やはり1枚のメモが入っている。そしてそこには「来年の今日，ここに来れば，110万円の現金をお渡ししよう」と書いてある。さて，トピア君は，どちらを選ぼうとするだろうか。同じ時点での選択なら，金額の大きい方を選ぼうとするだろう。金額が同じなら，現在の方を選ぼうとするだろう。しかし，今回は，時点も金額も異なり，しかも，未来の金額の方が大きいという選択である。

トピア君は，しばらく考えていたが，「どちらも同じ条件に見えてしまって，どちらか1つに絞りきれない」と言ったとしよう。つまり，トピア君にとって，今日の100万円と1年後の110万円は同じ価値を持つもの，すなわち，等価に見えたわけである。等価に見えたために，どちらか1つを選べなかった，つまり，現在の金額と未来の金額が等価に思えて選択上無差別になった，というのが，いまのトピア君の心境であるわけである。

いまの点を，少し図式的に整理してみよう。トピア君は，いま次のような心境にある。

（現在の）100万円＝（1年後の）110万円　　(6-1)

ただし，＝という記号は，数値的に等しい場合に使うべき記号だから，これを使うのはあまりよくない。そこで，数値は違うが主観的評価としては同じ価値を持つ，という関係を示す記号として，ここからは～という記号を使うことにしよう。

（現在の）100万円 ～（1年後の）110万円　　(6-2)

110万円という金額は，100万円に，その10パーセントに相当する10万円を加えた金額だから，(6-2) 式は，次のように書きかえることができる。

（現在の）100万円 ～（1年後の）110万円＝100（1＋0.1）万円　(6-3)

(6-3) 式は何を意味しているかというと，本来，人には現在の方を優先しようとする時間選好の傾向がある。だから，同じ金額のまま現在と未来を選択させたら，人はかならず現在を選ぼうとする。それを思いとどまらせて，その現金の取得を未来にまで持ち越させるためには，見た目の金額を少し大きくしなければならない。そうすることで，人はようやく，現金の取得を 1 年間遅らせても，特に損をした気持ちにならずに済み，この申し出に応じることができるようになる。したがって，ここで，10 万円の追加分を得ることは，この人（たとえばトピア君）が特別に得をすることを，かならずしも意味しないことになる。この追加分が加わって，ようやく，現在と未来の金額が（気持ちのうえで）同じ価値になるのであって，言い換えれば，この 10 万円が加わることで，ようやく等価が維持されるのであって，この 10 万円によって価値が増えるわけではないのである。

利子率・割引率　この，現在と未来の価値を，等価にするためにつけ加えられる部分（10 万円）を**利子**と呼び，その元の金額に対する割合（10 パーセント）を**利子率**と呼ぶ。利子がつくことによって，初めて現在の価値が保たれるのであって，本当は，価値が増えているわけではないのである[7]。したがって，未来の金額を現在の金額に戻せば，それは文字通り，現在の金額に正確に一致しなければならない。(6–3) 式でいえば，1 年後の 110 万円を現在価値に直した場合には，それは正確に 100 万円にならなければならない。そのための計算は，どのようにしたらいいだろうか。それは，(6–3) 式を，いわば逆算すればよいのである。すなわち，

$$\frac{110}{(1+0.1)} = 100 \qquad (6\text{–}4)$$

こうした計算を行うことを，**割引現在価値**を求めるという。そして，この場合の利子率すなわち 10 パーセントのことを，**割引率**という[8]。割引現在価値を求めることによって，時点の異なる金額を，すべていったん現在価値に引き戻して，同じ現在時点での価値として，比較したり，合算したりできるようにする

---

[7] もちろん，時間選好の度合いは人によってまちまちだから，5 パーセントの利子がつけば現在価値を維持するのに十分な人に，10 パーセントの利子が支払われれば，この人は差し引き 5 パーセント分を得したことになるだろう。

[8] 利子がつけ加わる場合は利子率というが，この計算のように，利子分を取り除く作業は一般に割引と表現されるので，その場合には，同じ利子率なのだが，割引率と表現する。

わけである[9]。

2年後以降についても，同様に考える。たとえば，利子率が10パーセントのままとすれば[10]，1年後の110万円に，さらに10パーセントの利子がついた金額が，1年目と等価の2年目の金額になる。すなわち，110（1 + 0.1）= 121万円である。そして，これが，最初の100万円と等価になるから，次のようになる。

（現在の）100万円 ～（1年後の）110万円
　= 100（1 + 0.1）～（2年後の）121万円 = $100(1+0.1)^2$　(6-5)

したがって，2年後の121万円を，現在価値に直すためには，次のように計算すればよい。

$$\frac{121}{(1+0.1)^2} = 100 \quad (6\text{-}6)$$

この分母にある（　　）の分母につけられた指数「2」は，2年後の金額を現在に割り引いたことを示している。したがって，ここから一般的に，n 年後の金額を R_n，利子率（割引率）を i とすれば（この i は小数表示であることに注意。利子率が10パーセントの場合は，i は10ではなく，0.1である），R_n の割引現在価値 R_0 は，次のようにして求めることができる。

---

[9] 念のため確認しておこう。100と110では，110の方が大きく，100と110を合わせれば210になると誰もが思う。しかし，こうした比較や合算は100と110が同じ時点の価値であれば問題ないが，たとえば，100が現在で，110が1年後だとしたら，本当は，1年後の110は現在の100と等価かもしれず，その場合には110の方が大きいとは言えなくなる。そこで，すべてを同じ時点での価値に直して，そこから比較なり合算なりをするのである。したがって，合わせる時点はどこでもいいのだが，投資の意思決定などは，現在時点で行わなくてはならないから，とりあえず，現在時点に合わせる調整を行うのである。

[10] これは見かけほど，当然のことではない。人々の時間選好が強いとすれば，1年待たされるのと，2年待たされるのとでは，現在と等価を維持するのに必要な利子率が違ってきて，2年目の方が大きくなるかもしれない。ただし，このことと，たとえば銀行から長期のローンを借りたとき，短期ローンよりも金利が高くなることとは，同じことではない。ローン金利などは，長期になると，融資したお金が帰ってこなくなる危険性が出てくるので，その分を一種の保険のような意味合いで，通常の金利に上乗せするのである。こうした部分をリスク・プレミアムという。

$$R_0 = \frac{R_n}{(1+i)^n} \tag{6-7}$$

確認問題 6-2　1 年後の利潤が 100 万円と予想され，利子率が 5 パーセントであるとき，この利潤の割引現在価値はいくらになるか。

6-3　投資の現在価値割引法

以上の議論を，投資決定論に応用してみよう。6-1 節で見たように，投資決定は，予想利潤率＝利子率となる投資水準に決定されるが，これを，割引現在価値の知識を使って，もう少し詳しく見てみよう。

アガソさんは機械を購入すべきか　そこで，今度は 3 人目の登場人物アガソさんに登場してもらおう。アガソさんは，一念発起して起業家になり，ブレド氏に対抗すべく，新たにピザ市場に参入しようとしている。ついては，アガソさんも，新しいピザ製造機を買わなくてはならないわけだが，メーカーに価格を問い合わせたところ，1 台 267 万円という回答を得た。さて，どのような条件が整えば，アガソさんはこの機械を導入して，ピザ市場に参入できるだろうか。

ブレド氏の例では，機械 1 台ごとに予想利潤を考えたが，実際に機械を 1 台導入したら，それは何年間も使い続けることになるわけだから，本当は，異時点間の収益比較のような作業を行わなくてはいけない。アガソさんが導入を検討しているピザ製造機の寿命は，3 年間であると仮定しよう。そして，アガソさんの予想では，その 3 年間にわたって，年々 100 万円の利潤を実現できそうである。つまり，ピザ製造機を導入すると，1 年後に 100 万円，2 年後に 100 万円，3 年後に 100 万円という利潤が実現できそうだと，アガソさんが予想しているものとしよう。ということは，これを合わせた金額が，この機械からもたらされる利潤総額ということになるから，機械の価格が，その金額を超えなければ，差し引き何ほどかの純利益を，アガソさんは手に入れることができるだろう。しかし，この 3 年間分の利潤合計を 300 万円としてしまうと，これは

	現在	１年後	２年後	３年後
予想利潤		100 万円	100 万円	100 万円
割引現在価値		$\frac{100}{(1+0.05)}$ ‖	$\frac{100}{(1+0.05)^2}$ ‖	$\frac{100}{(1+0.05)^3}$ ‖
需要価格	271 万円 =	95 万円 +	90 万円 +	86 万円
	∨			
供給価格	267 万円	$\left(= \frac{100}{(1+0.06)} \right.$ +	$\frac{100}{(1+0.06)^2}$ +	$\left. \frac{100}{(1+0.06)^3} \right)$
	⇕	(94)	(89)	(84)

利子率（5%）＜予想利潤率（6%）

図 6-5　投資の現在価値割引法

時点の差を無視した計算をしてしまうことになるので，ここで，割引現在価値の知識を使うのである。それを図 6-5 に示すことにしよう。

まず，(6-7) 式を使って，1 年後の 100 万円，2 年後の 100 万円，3 年後の 100 万円を，5 パーセントの割引率で現在価値に直してみよう。そうすると，1 年後の 100 万円は約 95 万円に，2 年後の 100 万円は約 90 万円に，3 年後の 100 万円は約 86 万円になる。これらの金額はすべて「現在」という同時点での価値だから，比較や合算をしてもよい。そこで，これらを合計すると 271 万円になる。これは，この機械が 3 年間で 271 万円の利潤を生み出す機械であることを意味している。したがって，アガソさんは，機械の代金がこの金額で収まるのなら，これを購入してもよいと考えるだろう。つまり，この 271 万円という金額が，この機械に対する需要価格ということになるわけである[11]。

[11]　これを一般化すれば，ある資産が n 年間にわたり，年々 R_t という利益（ここでは，金銭的な利潤を含む広い意味合いの言葉として利益という言葉を使う。t は何年目の利益かを示す添字である。R_1 であれば 1 年目の利益，R_n であれば n 年目の利益をさす）をもたらすとき，その資産の需要価格 R（その資産に認めてよいと考える価値）は，一般に次のように定式化できる。

$$R = \sum_{t=1}^{n} \frac{R_t}{(1+i)^t} \qquad (6\text{–}8)$$

これは，1 年目から n 年目までの利益の割引現在価値を求めて，それを全部，足し算するという意味である。ただし，割引率は i で一定と仮定している。

では，この機械の実際の価格，すなわち，供給価格はいくらであったかというと，これはメーカー側が267万円と回答しているわけである。したがって，需要価格が供給価格を上回るので，アガソさんはこの機械を購入する，すなわち，投資の実行を決意するだろう。前節で見た，割引現在価値の知識は，各年度の予想利潤額から，その機械設備が持つべき妥当な価値（需要価格）を算定するために，用いることができるのである。このようにして，投資の意思決定を行う方法を，投資の現在価値割引法という。

アガソさんの判断　さてしかし，話はもう少し続く。機械の供給価格267万円という数字，これ自体はメーカーが製造費用等から任意に算出した金額かもしれないが，アガソさんの立場でこの金額を受け止めてみると，次のような考察を施すことができるのである。

すなわち，この267万円という金額は，じつは各年度の100万円を，(5パーセントではなく) 6パーセントで割り引いたときに，得られる金額に (偶然にも) なっているのである。この6パーセントという値はしかし，明らかに利子率の値ではない。では，どういう意味を持つ数値かといえば，アガソさんの立場で考える限り，これがちょうど，予想利潤率になるのである。なぜかというと，アガソさんがこの機械に対して，実際に支払うことになる金額は需要価格の271万円ではなく，値札につけられている供給価格の267万円である。すなわち，267万円こそが，アガソさんの実際の投資額になるわけである。この投資額に対して，年々100万円の利潤が予想されるとすれば，この両者をつなぐ割合である6パーセントという数値は，まさしく，この投資における予想利潤率を表すものになるだろう。

その大きさ6パーセントが，いま，利子率5パーセントを超えているのである。だから，アガソさんは投資に踏み切れるのである。つまり，機械の需要価格＞機械の供給価格，という関係と，利子率＜予想利潤率という関係は，ちょうど，コインの表と裏の関係にあって，決して矛盾することなく対応しているのである[12]。

6-1節で検討した投資関数論と，6-3節で検討した投資の現在価値割引法は，

---

[12] だから，アガソさんは，ブレド氏のように，予想利潤率＝利子率となる状況よりもまだ手前の段階にいることになる。したがって，アガソさんは，投資の規模をもっと大きくするだろう。その結果，どのような経緯が生じて，最終的に，予想利潤率＝利子率となるかについては，読者自身で考えてみてほしい。

決して矛盾するものでも，無関係のものでもなく，投資関数論は予想利潤率と利子率の関係から，投資の現在価値割引法は，機械設備に対する需要価格と供給価格の関係から，投資の決定方法を論じたものにすぎない。本章は，多少難しい印象を与えたかもしれないが，6-2節，6-3節の知識は，経済学を進めるうえで決定的に重要になるので，読者のみなさんは，2つの投資決定論を自由に行き来できるように，よく理解しておいてほしい。

確認問題 6-3　ある資本設備の寿命が2年間であり，2年間とも利潤額が121万円と予想されたとしよう。この資本設備の供給価格が220万円であるとき，この設備投資は実行されるだろうか。なお，利子率は2年間とも10パーセントであるとして，解答しなさい。

第６章　練習問題

問題Ⅰ　次の文章の空欄に，適当な語句を入れなさい。

1. マクロ経済学でいう投資とは，基本的に（　　　）のことをいう。
2. 投資は，予想利潤率と（　　　）が等しくなるところで決定される。
3. 景気見通しが悪化すると，投資関数は（　　　）にシフトすることが予想される。
4. 人が，未来よりも現在を優先しようとする姿勢を（　　　）という。
5. 未来時点での価値を，現在時点での価値に直すことを（　　　）を求めるという。

問題Ⅱ　次の文章が正しければ○，誤りであれば×をつけよ。

1. 株価の含み益は，マクロの投資に含まれない。
2. マクロ経済学において，利子は費用として，利潤算出前に売上から差し引かれる。
3. 新規需要分野の見通しが立つと，同じ利子率の下でも投資が拡大することがある。
4. 投資の利子弾力性が小さいとき，金融緩和政策の効果はあまり期待できない。
5. 投資の現在価値割引法において，資本設備の需要価格と供給価格が等しくなっても，利子率と予想利潤率が一致するとは限らない。

問題Ⅲ　ある資本設備の耐久年数（寿命）が３年間であり，利子率はその間，4パーセントで一定と仮定しよう。1年目の利潤額は160万円，２年目は120万円，３年目は100万円になると予想されるものとしよう。

1. 各年の予想利潤額の割引現在価値を求めよ。計算は，小数点第２位を四捨五入せよ。
2. この資本設備の需要価格を求めよ。
3. 予想利潤率が３パーセントであるとき，この資本設備の供給価格を求めよ。計算は，小数点第２位を四捨五入せよ。
4. この設備投資は実行されるか。解答せよ。

問題Ⅳ　ある資本設備の耐久年数が２年間で，予想利潤額は２年とも144万円，資本設備の供給価格が220万円であるとすると，このとき，予想利潤率は何パーセントになるか（1年目，２年目とも同じ予想利潤率と仮定せよ）。

第7章

国民所得の決定（5）
－利子と貨幣－

投資関数によって，われわれは，利子率が与えられれば，投資がある水準に定まることを学んだ。では利子率は，どこで，どのようにして決まるのか。有効需要の原理を完成させる，最後のピースがここにある。利子について考えることは，貨幣について考えることと表裏一体の関係にある。マクロ経済学が，いよいよその全貌を明らかにする。

7-1　利子率はどこで決まるのか

(1) 貸付資金需給説

利子率をめぐる議論　投資関数を学んだことで，われわれは，投資を1つの変数として，捉えることができるようになった。しかし，投資関数が機能するためには，利子率が与えられなければならない。では，その利子率は，経済のどこで，どのようにして決まるものなのだろうか。これがわかれば，われわれは，有効需要の原理を完成させることができる。残された，利子率決定の理論を手に入れれば，われわれは1つの閉じた体系として，有効需要の原理，すなわち，マクロ経済学の原理を完成させることができるのである。

ここから先，われわれは「お金」を扱う市場，すなわち，金融市場に足を踏み入れることになる。われわれは，まずはじめに労働市場について検討し，次に45度線分析を用いて財市場を検討した。その結果，最後の変数を決める市場として，3つ目の市場である金融市場に到達した。なぜ，非自発的失業が発生するのか，その原因を求めて旅立ったわれわれは，気がつくと，労働市場か

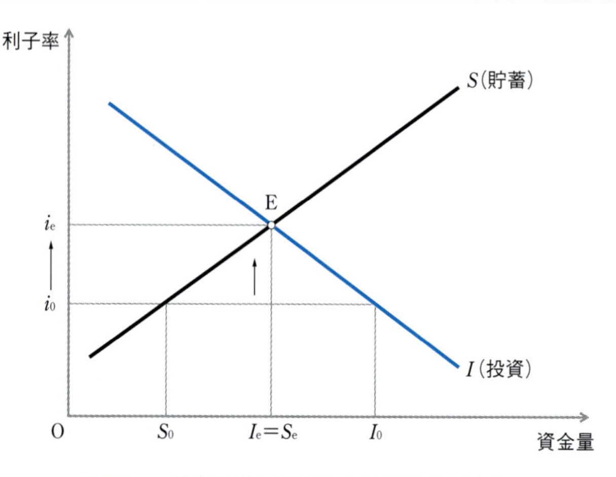

図 7-1　貸付資金需給説による利子率の決定

らずいぶん離れた所へ辿り着こうとしている。それはちょうど，川下から川上へと遡っていって，川の源流を探り当てようとする旅に似ている。そして，われわれはいま，川の源流のすぐ手前にまで到達したのである。

さてしかし，この利子率をめぐる議論は，ケインズ革命によって，もっとも大きく変貌させられた部分であると言ってよい。ケインズ革命には2本の柱があると言われていて，その1本が消費関数論であり，もう1本が，これから検討する利子率決定論，すなわち，流動性選好利子論である。これは，新しい利子論であると同時に，新しい貨幣論でもあった。ケインズがもっとも心血を注いだのが，この利子と貨幣をめぐる理論であり，彼の本の表題が『雇用・利子および貨幣の一般理論』とされているのも，そのためである。

したがって，ケインズ以降の新しい利子理論を理解するためには，ケインズ以前の伝統的な利子理論をまず知っておく必要がある。それと比較対照することによって，現代の利子認識，貨幣認識として，何が必要であり，何を落としてはいけないかが，はっきり理解できるようになる。

「お金」の需要と供給を考える　まず，ケインズ以前の利子率決定論は，図 7-1 のように示すことができる。これは，形としては，周知の需要・供給均衡理論と同じものに見えるが，扱っている対象は財ではなく「お金」である。

すなわち，これは金融市場を表している図であって，設備投資をめぐる資金の需要と供給の関係が描かれているのである。

需給均衡図の横軸には数量が測られるわけだが，金融市場で取引される数量は，文字通り貨幣量である。縦軸には価格に相当するものが測られるわけだが，たとえば，お金を借りるとき，その代償として何を払うかといえば，それは「利子」である。したがって，この図の縦軸には，利子の単価である利子率が測られている。

金融市場でお金を需要するのは，企業である。すなわち，企業は，設備投資のための資金を，利子を払いながら借りるわけである。したがって，この図で右下がり需要曲線に相当するのは，企業の投資関数ということになる。投資関数については，前の章で検討したばかりだが，図 7-1 の投資関数も，基本的には第 6 章のものと同じものと考えてよい（ただし，ケインズ以前の経済学では，ケインズほど「予想」について深くは考えていない。ゆえに投資関数の脆弱性についても，F.H. ナイトのような例外を除いて，ほとんど議論していない[1]）。利子率が高いときは，それを払うために高い利潤率が必要になるから投資水準は抑制され，利子率が低くなると，利潤率の低い投資まで行うことができるようになるから投資水準は増大する。これを反映して，投資関数は右下がりの曲線になる。

一方で，金融市場に資金を供給するのは，主に一般家計である。彼ら・彼女らは，差し当たり使う予定のないお金を銀行に預金したり，証券を購入したりすることで，利子収入を得ようとする。したがって，利子率が低いときは，あまり多くを貯蓄しようとしないが，利子率が高くなると，貯蓄を増やそうとする。そのため，貯蓄関数は利子率に対して，右上がりの曲線になるものと考えられた。

利子率の調整メカニズム　投資関数が右下がりで，貯蓄関数が右上がりであれば，両者はどこかでかならず交わるはずである。その交点を E 点とし，

1　F.H. ナイトは，オーストリア学派の系譜をアメリカで引き継いだ，シカゴ学派の生みの親の 1 人である。彼は自由放任主義から市場介入主義まで，大きな思想転換を生涯に何度も繰り返した，興味深い人物である。彼は，後に述べるケインズの不確実性認識とほぼ同等の見解を，ケインズに先立って展開していた。ナイトについては主著『危険・不確実性および利潤』（奥隅栄喜訳，文雅堂銀行研究社，1959 年），あるいは酒井泰弘『ケインズとフランク・ナイト』（ミネルヴァ書房，2015 年）などを参照。

対応する利子率をi_eとしよう。利子率i_eの下では，投資（資金需要）I_eと貯蓄S_e（資金供給）はちょうど等しくなって，資金の不足も余りも生じない。したがって，利子率i_eを均衡利子率と呼んでよい。

しかし，はじめから利子率がi_eであれば問題ないが，たとえば，図にあるi_0のような，均衡利子率よりも低い利子率が，たまたま市場で成立した場合はどうなるだろう。この場合には，投資（資金需要）が，貯蓄（資金供給）を超過することになるから，資金に不足が生じ，より高い利子率でも融資を求める企業が現れることによって，利子率はやがて均衡水準i_eに戻るはずだと考えられた。このように，ケインズ以前の経済学では，財市場とまったく同様に，利子率は，設備投資をめぐる金融市場のメカニズムによって，決定されるものと考えられた。このような利子率決定論を貸付資金需給説という。

新古典派経済学の全盛期を通じて，利子率の決定は，基本的に，この貸付資金需給説によって理解された。しかしケインズはここに，失業論とならぶ，新古典派経済学のもう1つの大きな欠陥を見出したのである。

確認問題 7-1（1） 貸付資金需給説において，市場利子率が，均衡利子率よりも高かった場合は，どのような調整メカニズムが生じるか。説明しなさい。

(2) ケインズによる貸付資金需給説批判

金融市場に固有な性質 ケインズは，この理論のどこに問題があると考えたのか。それは，不均衡利子率i_0が現れて以降の，調整メカニズムのなかにある。すなわち，利子率がi_0のとき，差し当たり投資はI_0，貯蓄はS_0になるわけだが，この場合，投資資金はΔIだけ不足することになる。そのため新古典派は，こうした事態に対して，市場メカニズムが利子率を上昇させるに違いないと考えた。しかし，財市場であるならば，そうしたメカニズムが生じることもわからないではないが，いま問題にしているのは金融市場である。新古典派は，金融市場と財市場をまったく同じに考えていて，金融市場に固有の性質を見ようとしていない。ケインズはここに，ある種の不安を感じたのである。

貸付資金需給説が成立するためには，貨幣需要が貨幣供給を上回ったとき，貨幣供給がそれ以上に増えることが絶対になく，それゆえに（財市場の価格に相当する）利子率が上昇するという前提が必要である。しかし，貨幣供給量が，

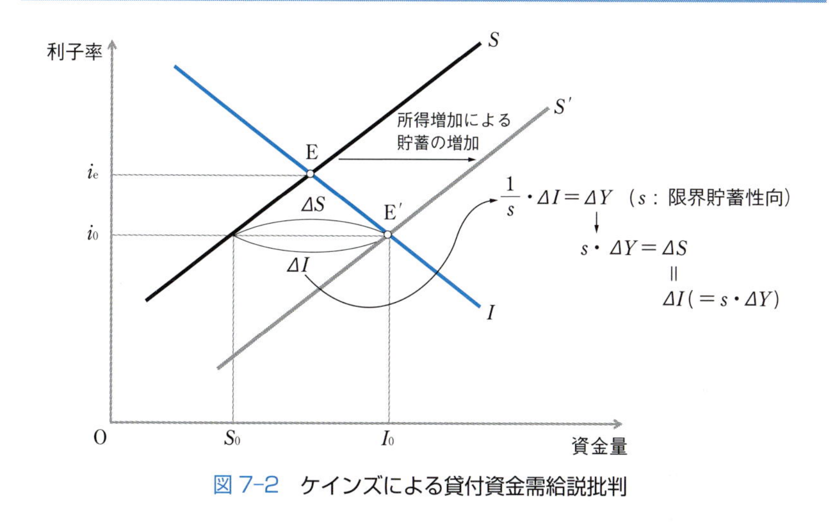

図 7-2　ケインズによる貸付資金需給説批判

その国の持つ金塊の量に制限されていた金本位制の時代であるならいざ知らず，『一般理論』の時代において，金融制度はすでに管理通貨制に移行していた。この制度の下においては，中央銀行が必要に応じて，貨幣供給量を増減させることが可能だから，貨幣需要が貨幣供給を超過したのなら，貨幣供給量を増やして金利の上昇を抑えることができる。もし，そのような措置によって，不足する貨幣需要が満たされ，投資水準 I_0 が実行できたらどうなるか。その場合には，次のような展開になるはずだとケインズは言う。

貯蓄関数のシフト　投資水準 I_0 が実行されるということは，投資が貯蓄 S_0 に制約されていた場合に比べ，投資が ΔI だけ増大することを意味するだろう。いまわれわれは，経済全体の投資水準を問題にしているから，投資が ΔI 増大すれば，それに続けて，その乗数倍の所得増加が生じるはずである（乗数効果）。その結果，何が起きるかといえば，所得の増加を受けて，今度は貯蓄が増えるはずである。どれだけ増えるかといえば，投資と貯蓄は常に等しいのだから，貯蓄は投資と同額だけ増えるはずである。すなわち，ΔI とちょうど同じ大きさの ΔS が，この経済に加わるはずなのである。この貯蓄増加は，いまの利子率 i_0 の下で生じるわけだから，ΔS はしたがって，S_0 に対して加えられることになる。その結果を，図 7-2 として描けば，ΔS が加わることで，貯蓄関数が全体的に右方向へシフトし，その結果，新しい貯蓄関数 S' と投資関数 I は，E′点で再び交わることになるだろう。

利子率の決定原理は？　すなわち，現代の金融制度の下では，利子率の変化によってではなく，貯蓄関数のシフトによって，不均衡が解消される可能性が大きいわけである。その場合にはしたがって，新しい均衡点に対応する利子率が，新しい均衡利子率ということになるわけだが，それは何と，つい先ほどまで不均衡利子率とされていた利子率 i_0 である。不均衡利子率だったはずのものが，貯蓄関数のシフトによって，均衡利子率に変わってしまったのである。

これはしかし大変なことである。i_0 という利子率は，これといった理由もなく，適当に与えた値にすぎない。それが，通常の市場メカニズムに従って，均衡利子率に引き戻されるのかと思いきや，現代の金融制度の下では，その不均衡利子率が均衡利子率に自ら変わってしまうのである。しかし，繰り返しになるが，i_0 は外から与えられた利子率である。したがって，このメカニズムのなかで，i_0 の決定原理を説明することはできない。i_0 はこのメカニズムのどこか外で，決められなければならない。かくして，ケインズは，貸付資金需給説によって，利子率の決定を説明することはできないと考えたのである。

完全雇用の前提　ただし，貸付資金需給説が成立する場合もないわけではない。というのは，ケインズによるこの批判は，投資の拡大が実際に可能で，所得も実際に増えて，その結果，貯蓄関数がシフトすることが前提になければならない。したがって，もし，貯蓄関数がシフトできないような条件があれば，つまり，所得がもはやこれ以上増加せず，貯蓄もこれ以上増やせない条件でもあれば，貸付資金需給説も成り立つわけである。では，所得をこれ以上増やせない条件とは何かといえば，それは完全雇用である[2]。経済が完全雇用に達していれば，もはやそれ以上，所得を増やすことはできず，したがって，貯蓄が増えることもない。つまり，貯蓄関数が右方向へシフトすることがないのであって，そうなれば，なるほど貸付資金需給説も成立するだろう。つまり，新古典派はここでも，完全雇用を暗黙の前提にしていたわけである。新古典派の労働市場分析が，暗黙の裡に完全雇用を前提していたのと同じく，新古典派は，金

[2] もちろん，これは「短期」の範囲で考えている。「長期」においては，技術水準や人口の増加などを通じて，完全雇用を維持しながらでも，所得は拡大できる。

融市場分析においても，暗黙の裡に完全雇用を前提していたわけである。

したがって，新古典派経済学は，それはそれで，つまり完全雇用前提の理論という意味では，一貫していたと言ってよいのである。しかし，現実に失業が生じている以上，完全雇用を前提視するわけにはいかない。ゆえにケインズは，ここにも完全雇用を特殊理論として内に含む「一般理論」が必要になると考えたのである。

確認問題 7-1（2） 市場利子率が均衡利子率よりも高かった場合，ケインズの考えに従うと，その後の展開はどのようになるはずか。説明しなさい。

(3) 利子および貨幣の一般理論

利子率影響の検討 利子について理解を深めることは，じつは，貨幣に対する理解を深めることにつながる。貸付資金需給説は，投資と貯蓄の均衡によって利子率の決定を論じようとするものだが，この議論が成り立つためには，図 7-1 に示されているように，貯蓄が利子率の関数になっていなければならない。1 本の貯蓄関数は，ある 1 つの所得水準の下に形成されるものだから（所得水準が変わるとき，貯蓄関数がシフトすることは，先に見た通りである），たとえば利子率が上昇して貯蓄が増加するとすれば，そのとき同時に，消費は減少しなければならない。ということは，図 7-3 にあるように，貸付資金需給説においては，利子率が，所得を消費と貯蓄に分ける役割を担うことになる。

しかし，ケインズは，これはまったく，われわれの日常経験に反する理解だ

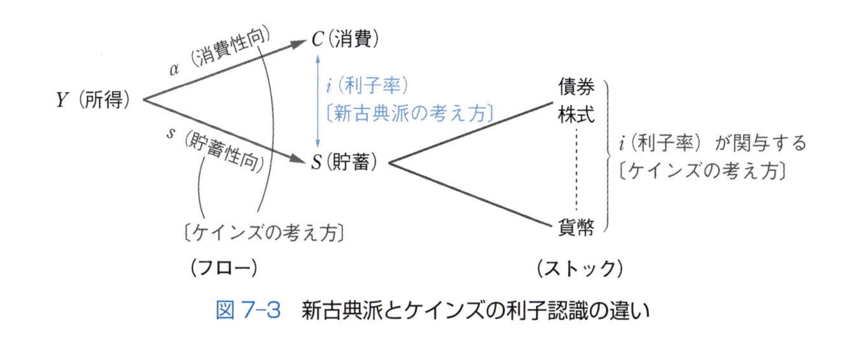

図 7-3 新古典派とケインズの利子認識の違い

と言う。つまり，もしこの考え方が正しいとすれば，たとえば，定期預金の金利が上がると，われわれは，貯蓄する金額を増やすために，消費水準を落とそうとするはずである。だがケインズは，そういうことをする人間など見たことがないという。預金金利が0.5パーセント上がったからというので，突然，豆挽きコーヒーをインスタント・コーヒーに変えたり，オリーブ・オイルをサラダ・オイルに変えたりして，そこで浮かしたお金をいそいそと銀行に持って行くような光景は，いささか想像しにくいのである。そうではなくて，人々は月々の所得のうち，どれだけを消費に回し，どれだけを貯蓄に回すかを，ほとんど習慣によって決めている。この習慣を表すのが消費性向であり，ゆえにわれわれは，消費関数というものを想定することができるのである。

しかしながら，では貯蓄は利子率と永久に無関係かといえば，決してそうではない。所得を消費と貯蓄に分ける段階では，確かに利子率が関与することは，まずないと言っていいだろうが，いったん貯蓄すると決めた金額を，どのような形態で貯蓄するかということになれば，今度は利子率が大きな意味を持つようになるだろう。普通預金のままにしておくか，定期預金にするか，国債を買うか，あるいは株を買うか。こうした貯蓄形態の選択を考える場面では，当然，それぞれの金利や配当率などが，重要な指標になってくるだろう。すなわち，利子率は，貯蓄形態の選択において，重要な役割を果たすのである。

貨幣の３つの機能　所得を消費と貯蓄に分けるのは，経済学の概念でいえば，フローの次元の選択である。所得といい，消費といい，これらはすべて計測期間を定めなければ，その大きさを確定できない概念である。こうしたものを，経済学ではフローと表現した[3]。これに対し，貯蓄することに決められた金額は，何月何日の何時といった特定の時点において，その大きさを確定できる概念だから，これは経済学の概念でいえばストックになる。つまり，貸付資金需給説は，フローの選択において利子率が関係すると考えたわけだが，ケインズは，利子率はフローにおいてではなく，ストックの選択において関係するものだと考えたわけである。

そしてケインズは，この貯蓄としてのストックのなかに，貨幣が含まれると言う。すなわち，1つの貯蓄選択あるいは資産選択のあり方として，貨幣そのものが選好されることがあり得ると言うのである。これは，新古典派の経済学

[3] 第２章を再び参照してほしい。

者にとっては，およそあり得ない話だった。なぜなら，貨幣のまま手元に残していたのでは，それこそ1円も利子がつくことはないのだから，そのような不合理な選択を，合理的な人々が行うはずがないと考えていたのである。貨幣は，価値を測る手段（価値尺度機能）において，あるいは何かを買うための手段（支払手段機能）として手元を離れたとき，初めて役に立つものであって，貨幣のままため込んでいたのでは何の役にも立たないと，新古典派は素朴に考えていたのである。これに対してケインズは，確かに貨幣は利子を生み出さないが，その代わり貨幣には，株や債券よりも安定的に価値を保存する機能があると言う。価値を保存するとはすなわち，価値をストックすることである。貨幣には，このストックとしての価値保蔵機能があるために，1つの貯蓄形態として，貨幣が選択されることもあり得るのだとケインズは言うのである。

新古典派は，貸付資金需給説において，利子率をフローの次元で捉えると同時に，貨幣についても，価値尺度機能と支払手段機能に限定して，その役割を理解していた。これに対してケインズは，利子率をストックの次元で捉え，さらに，貨幣の役割に価値保蔵機能というストック機能を加えることで，利子観と貨幣観の両方を，新古典派よりも一回り大きくしようとしたのである。その意味で，ケインズの経済学は，「利子および貨幣の一般理論」なのである。そして，この広い利子観と貨幣観に立って，貸付資金需給説に代わる新しい利子率理決定論として提示されたのが，流動性選好利子論である。

確認問題 7-1（3） 次の金利はフローの金利か，ストックの金利か。
① 住宅ローン金利，② 普通預金金利，③ 自動車ローン金利，
④ 奨学金返済金利，⑤ クレジット・カードのリボ払い金利

7-2 貨幣供給と信用創造

流動性選好利子論とは，現代経済において，利子率は，貯蓄あるいは資産選択をめぐる貨幣のやり取りのなかで決まるものになったことを，理論的に主張するものである。したがってこの学説の新しさは，貨幣が選好される場面，すなわち，貨幣需要の側面において発揮される。しかしながら，一方の貨幣供給

も，それはそれで重要な内容を持つから，まずはこちらから検討していくことにしよう。

貨幣供給の計測　現在，貨幣供給は，マネーストックとして計測される。マネーストックを測るには，何通りかの方法がある。マネーストックの金額は，どんどん変化していくので，その具体的な数値については，その都度，最新のデータを参照する必要がある（「日本銀行ホームページ」などを参照)。ただし，計測概念の定義についてはここでおさえておこう。

まず，もっとも小さな括りとして，M_1という概念がある。M_1は，基本的に現金通貨と預金通貨の合計である。この預金通貨は銀行の普通預金のことで，定期預金はまだ含まれない。なぜ，現金と普通預金を一緒にするのかといえば，今日，買い物の支払いなどには，現金とほぼ同じ程度にクレジット・カードが利用されている。クレジット・カードの引き落としは普通預金から行われるので，今日，普通預金は現金とほぼ同等の存在になったものと考えられる。そこで，まずもっとも使用頻度の高い貨幣として，M_1というレベルの計測が行われるのである。

M_1に，準通貨（主に定期預金）とCD（譲渡性預金)[4]を加えたものをM_3という。一般にマネーストックの代表的指標とされるのは，このM_3である。M_1とM_3のあいだに，M_2という概念もある。これは現金通貨と国内銀行等に預けられた預金の合計とされるが，対象となる金融機関がM_1やM_3とは異なる[5]。M_3に投資信託等を加えた概念として広義流動性というものもある。

貨幣供給量＝現金通貨量ではない　さて，貨幣供給について，往々にして見受けられる誤解は，貨幣供給量と現金通貨量を同じものと見なしてしまうことにある。結論から言えば，経済に投入されている紙幣と硬貨を合わせた現金通貨量と，経済全体で機能している貨幣供給量は，同じものではないのである。実際には，経済全体で見ると，現金通貨量をはるかに上回る貨幣量が存在し，貨幣としての役割を果たしているのである。

どうしてそうなるかというと，ここに銀行という制度が深く関わってくる。日本を例にとって示してみよう。いま，日本の中央銀行である日本銀行が，1,000

4　CDとはCertificate of Depositの略で，譲渡性預金といわれる一種の定期預金である。一般の定期預金は他人に譲ることができないが，CDは譲渡できる。一口，1,000万円以上のものがほとんどなので，個人が持つことはあまりなく，主に企業が，取引決済のために使うことが多い。

5　たとえば，ゆうちょ銀行はM_1とM_3には含まれるが，M_2には含まれない。

万円の紙幣を経済に投入したものとしよう[6]。そして，この現金が差し当たり，A銀行の口座に収められたものとしよう。各銀行は，預金者の現金引き出しなどに備えて，預金の一定割合を準備しておかなければならない。これを支払準備金といい，預金に対するその比率を支払準備率（または，預金準備率）という。この支払準備金を除いた残りの部分については，差し当たり残しておく必要はないから，銀行は，この部分を融資等に充て，預金よりも高い金利で貸し付けることによって，その差額部分を自らの利潤にするわけである。

さて，いまその支払準備率が10パーセントであったと仮定しよう[7]。そうすると，1,000万円のうち100万円は残しておく必要があるが，900万円部分については，融資などに活用することができる。これをいま，ブレド氏が借り受け，bさんという業者への支払いに充てたものとしよう。そしてbさんは，その受け取った現金900万円を，自分が口座を持っているB銀行に預金したものとしよう。そうすると，今度はB銀行の預金が900万円増え，支払準備率を同じ10パーセントとすれば，ここから90万円を取り除いた810万円が，新たな融資に回されることになる。

これを，今度は，起業したばかりのアガソさんが借りたものとしよう。アガソさんは，B銀行から現金で810万円を借り受け，これをcさんという業者への支払いに充てたとしよう。そして，cさんはこの現金を，自分が口座を持っているC銀行に預金したとしよう。そうすると，先と同じように，C銀行は支払準備金81万円を除いた729万円を融資に回すことができ，これを誰かが借りていって…という形で，預金と融資を通じて，多くの取引が進められるこ

6　日本で，紙幣を発行できるのは日本銀行だけである（ゆえに，日本銀行は日本で唯一の発券銀行といわれる）。そのため，よく日銀が紙幣の輪転機を回しさえすれば，いくらでもお金を発行できるなどといわれることがあるが，これは一種の喩えであって，実際はそれほど簡単ではない。紙幣は日銀にとって負債になるので，それに見合う資産を調達しない限り，紙幣を発行することはできない。以前は，この資産がもっぱら金（きん）であったわけだが，いまは，有価証券（大部分が国債）がその大部分を占めている。また，経済に紙幣を投入するといっても，日銀の門をくぐっていきなり出ていくのではなく，現金はいったん，民間銀行が日銀に持っている日銀当座預金（これは，必ず持たされる）にまず振り込まれる。これを崩して，各銀行が企業への融資などを行った場合に初めて，流通する貨幣量が増えることになる。したがって，各銀行が手持ちの現金では足りずに，日銀当座預金残高を崩して応じなくてはならないほどに，融資等の申し込みが増えてこないと，いくら日銀が通貨だけ増やしても，日銀当座預金に溜まるだけになってしまう。結局は，前章で見たように，企業の投資意欲がカギを握ることになる。ここに，金融政策の1つの限界があると言える。

7　支払準備金の一部は，日本銀行に預けることが義務づけられている。この義務づけられている準備金の割合を法定準備率という。法定準備率は，1パーセント前後の値である。

とになる。

さて，このとき経済全体では，いくらの新しい貨幣が現れたことになるだろうか。日銀が投入した「紙幣」は1,000万円だけである。しかし，ブレド氏が支払いに充てた900万円も紛れもない現金（紙幣）であり，アガソさんが支払いに充てた810万円も現金（紙幣）である。したがって，この2人を合わせただけでも，1,710万円という貨幣が存在し，立派にその役割を果たしていることになる。だが，その金額は，日銀が投入した金額1,000万円を，すでにはるかに超えている。

信用創造と信用乗数　では，実際に存在し，機能している貨幣量は，全部でいくらになるだろうか。まず，日銀が最初に発行した貨幣が1,000万円，ブレド氏が借りた貨幣が900万円，アガソさんが借りた貨幣が810万円，次の人が借りられる貨幣が729万円…と続くから，その総額は，次のような数列として表現できるだろう。

$$1{,}000\text{万円} + 900\text{万円} + 810\text{万円} + 729\text{万円} + \cdots \qquad (7\text{-}1)$$

これはしかし，第5章の乗数理論のところで見たのと同じ構造の，等比数列の和になっている。すなわち，初項1,000万円，公比0.9の等比数列の和である。したがって，それは次の式で求められるだろう。

$$\begin{aligned}&1{,}000\text{万円} + 900\text{万円} + 810\text{万円} + 729\text{万円} + \cdots\\&= \frac{1{,}000}{1-0.9}\text{万円} = \frac{1{,}000}{0.1}\text{万円} = 1\text{億円}\end{aligned} \qquad (7\text{-}2)$$

すなわち，経済全体における貨幣供給量（マネーストック）は，日銀が最初に投じた金額1,000万円の10倍の1億円になるのである[8]。このように，**銀行制度を通じて，中央銀行が発行した貨幣の何倍もの貨幣が，事実上存在することになることを，信用創造**という。そして，最初に日銀が投入した金額は，その後，何倍にも膨れ上がる高馬力の貨幣だという意味で，一般に**ハイパワードマネー**と表現される。さらに，ハイパワードマネーの係数部分，すなわち信用創造を

[8] これは，(7-1) 式の数列が無限数列の場合に限られる。途中で数列が終了する有限数列の場合は，この式通りの値にはならない。

もたらした(1/0.1 = 10)倍の部分を信用乗数といい，この値を定めている0.1は，言うまでもなく支払準備率だから，(7-2) 式は，次のようにも書き改められる。

$$\text{マネーストック(貨幣供給量)} = \frac{1}{\text{支払準備率}} \times \text{ハイパワードマネー} \qquad (7\text{-}3)$$[9]

あるいは，記号で表現すれば，

$$M = kH \qquad (7\text{-}3)'$$

ここで M はマネーストック，k は信用乗数，H がハイパワードマネーである。

確認問題 7-2　ハイパワードマネーが1億円，支払準備率が20パーセントである場合，マネーストックはいくらになるか。その場合の信用乗数の大きさはいくらか。

7-3　流動性選好説

貨幣需要の種類　以上を準備として，いよいよ流動性選好利子論の本体に入ることにしよう。流動性選好説は，貯蓄形態の一種として，貨幣を積極的に選好することがあり得るという認識の上に立つものである。そこで，まず，貨幣需要の種類について確認しておこう。

① 消費，投資を含めて，財を買うためにはお金を用意しなくてはならない。このように，取引目的のために貨幣が求められる場合，これを貨幣に対する取引需要と表現する。一般に財の取引は，景気が良いときに活発化するであろう。すなわち，所得水準が高くなると，それだけ貨幣への取引需要も多くなるだろう。この推論が正しいとすれば，取引需要は所得の増加関数になると考えてい

[9] 実際の信用乗数はもう少し複雑な式になるが，ここでは深入りしない。その場合でも，支払準備率がカギを握ることに変わりはない。

いだろう。これを，L_1 を取引需要として，

$$L_1 = L_1(Y) \tag{7-4}$$

と表そう。当面，L_1 は所得 Y の単純な増加関数（線型関数）と考えていいだろう。

② 取引需要は，フローの経済取引から生じる貨幣需要と言ってよい。したがって，これは新古典派経済学においても等しく認められる貨幣需要である。これに対して，ケインズは貯蓄もしくは資産目的の貨幣需要を，新たに加えたのだった。これは利子率を目安に形成されるものなので，L_1 とは区別して，次のように表すのがいいだろう。

$$L_2 = L_2(i) \tag{7-5}$$

L_2 で示される貨幣需要を投機的需要と表現しよう。その関数形はまだ未知のものであって，それを解明するのが，ここからの課題である。

③ L_1，L_2 に含まれないその他の貨幣需要は，まとめて予備的需要といっておこう。これには在庫維持費のような，現実的にはなかなか重要なものも含まれるが，ここでは深入りしないことにし，当面，無視して差し支えないだろう。

トピア君の迷い　そうすると，②の投機的需要に基づく貨幣需要と利子率の関係を知ることが，当面の課題になる。そこで，ここも例を用いて考えてみることにしよう。いま，トピア君が 1,000 円の貯金を，利子のつくもので行うか，貨幣のまま手元に残すかで迷っているものとしよう。貨幣のままタンス預金していたのでは，利子は 1 円もつかないわけだから，このようなことで迷うことは不合理であると，一見，思われるかもしれない。現に，ケインズ以前の経済学では，そのように考えていた。しかし，じつはこれが案外，不合理でないことを以下に示そう。

利子のつく貯蓄の仕方を，ここでは「債券」で代表させることにしよう。これは額面 1,000 円の債券で，購入時点では，この額面金額で買うことができるものとしよう。そしてこの債券は，額面に対して確定金利 10 パーセントの約

束で発行されるものとしよう。つまり，この債券を買うと，額面1,000円の10パーセント，すなわち，100円の利息がかならず支払われると約束される。これが，この債券の発行条件である。なお，いま現在の市場利子率も，同じ10パーセントであったものとしよう。

しかしながら，いったん発行された債券は，債券市場でいつでも売買することができる。ただし，その場合には，その時々の市場価格で取引されることになる。市場価格は額面価格とは関係なく，その債券に人気があって，需要が高まれば1,000円以上で取引されることになるだろうし，人気がなければ1,000円以下で取引されることになるだろう。

債券価格と利子率の関係　ここで1つ注意しなければならないのが，この市場価格と市場利子率の関係である。市場価格が自由に変動するように，市場利子率も自由に変動する。ただし，債券価格と市場利子率はかならず逆方向に変動する。というのは，この債券の利息は額面1,000円に対する確定金利10パーセント，すなわち，100円と定められている。もし，債券の市場価格が1,000円以下に下がった場合は，確定金利よりも高い利子率でないと，約束の100円を払えなくなる。逆に，市場価格が1,000円よりも高くなるような状況であれば，確定金利よりも低い利子率で100円を払うことができる。つまり，債券の市場価格をB，市場利子率をiとすると，基本的に，次のような関係になる[10]。

---

[10] ここは少し補足が必要だろう。ここでは，ケインズに従い，イギリスで実際に発行された，償還期限が無限大の永久債（コンソル公債）を前提している。この場合，現在から将来にわたり，年々C円の利息が確定している債券の現在価値Bは，利子率をiとするとき，第6章の（6-7）式に従い，次のように求めることができる。

$$B = \frac{C}{1+i} + \frac{C}{(1+i)^2} + \frac{C}{(1+i)^3} + \cdots \qquad (1)$$

これは，初項が$C/(1+i)$，公比が$1/(1+i)$の等比数列の和なので，乗数を求めたときと同じ公式を使って計算できる。そうすると，

$$B = \frac{1}{1 - \frac{1}{1+i}} \times \frac{C}{1+i} = \frac{1}{\frac{1+i-1}{1+i}} \times \frac{C}{1+i} = \frac{1+i}{i} \times \frac{C}{1+i} = \frac{C}{i} \qquad (2)$$

この式そのものはコンソル公債でないと当てはまらないが，債券価格と利子率の基本的な関係は，これで示されるものと言ってよい（（7-6）式では$C = 100$円）。なお，償還期限が定められている有期の債券については，満期まで保有すれば，元本＋利子を確実に回収することができる（その間に物価が上昇（下落）していれば，償還された金額の実質価値は減少（増加）することになる）。満期以前に資金を回収する場合に，額面と市場価格との差が問題になる。

$$B \times i = 100 \quad \rightarrow \quad B = \frac{100}{i} \tag{7-6}$$

このように，債券の市場価格と市場利子率は，かならず逆方向に変化するのである。話が少し逸れるが，現在の日本の財政危機で一番恐れられているのも，この関係である。すなわち，国債その他の「国の借金」がGDPの2倍を超える状況が今後も続いた場合，怖いのは，日本が破産することではない。そうではなくて，公債の償還（政府による借金の返済）に債券市場が懸念を抱くようになると，何らかの拍子に（それは，公債償還に関する公式発表とは限らず，一部の銀行が手持ちの国債を処分し始めたり，あるいは，処分するのではないかといううわさが流れたりするだけでも，場合によっては十分である），公債が大量に売りに出され，その結果，公債価格が低下（Bが低下）すると，逆に利子率iが高騰することになる。代表的な国債金利は長期金利だから，これは設備投資資金への融資金利にもすぐさま波及することが予想される。そうなると，利子率iが高騰する結果，投資がいっせいに収縮してしまい，経済はその乗数倍の所得減少を被って，場合によっては，大量の非自発的失業を発生させかねない。こうした事態がやがて起こらないとも限らないために，財政再建が急がれるのである。

不確定性と不確実性　それはともかく，(7-6) 式のような関係は，当然，トピア君も心得ている。さて，トピア君が現金のまま1,000円を1年間保持したら，1年後のトピア君の貯蓄は，利子がまったくつかないので1,000円のままである（物価変動などは，いま考慮しないことにしよう）。他方で，この債券を買えば，100円の利息が確実にもらえる。ここまではよい。しかし，1年後の市場利子率は，いまの利子率10パーセントと同じという保証はどこにもない。いや，まず間違いなく，市場利子率はいまとは違う値になるだろう。

1年後の利子率など，誰にも正確にわかるはずがない。これは，たとえば利子率が11パーセントになる確率が何パーセントで，9パーセントになる確率が何パーセントと，確率的に計算できる対象でもない。わからないものは，わからないのである。これはじつは大きな違いである。一口に未来のことはわからないといっても，それには大きく分けて2種類ある。すなわち，天気予報のように，起こるとすれば，晴れか，雨か，曇りかであるというように，起こる出来事の顔ぶれはだいたいわかっていて，そのどれが起こるかがわからない，あるいは確率的にしかわからないという場合と，何が起こるかそもそも見当がつかないという場合では，未来への備え方が違ってくるだろう。

確率計算が可能であれば，それに応じて，何ほどか合理的な選択（たとえば，雨の降る確率が60パーセントだから，傘を持って行くなど）もできるだろうが，何が起こるかわからないというのでは，具体的な対処策はとりようがないから，何が起こっても大丈夫なように，一番無難な選択をするしかないだろう。ケインズは，確率計算ができるようなケースを**不確定性**と言い，何が起こるかわからないようなケースを**不確実性**と言って区別した。利子率などは，何の影響を受けるかわからないから，1年後の利子率などは，まったく不確実性のなかにあるといってよい。そうなると，貯蓄についても，一番無難な選択というものが，にわかに重要性を帯びてくる。何にでも交換できるという特殊な機能（これを経済学では**流動性**と表現する。このことから，流動性と貨幣は，ほぼ同義として扱われることが多い）を持った貨幣という存在が，すこぶる重要性を持ち始めるのもそのためなのだが，もう少し事例に即して考えてみよう。

債券を買う場合　トピア君は，なかば当てずっぽうではあるが，いろいろな人の話を総合するに，1年後の金利は，9パーセントにまで下がるのではないかと予想したものとしよう（再び，予想が出てきたことに注意せよ）。そうすると，もしこの債券を買った場合，いまは1,000円の価値を持っているが，1年後にはいったいどれほどの価値を持つことになるのだろうか。ここで(7-6)式を使うのである。1年後の金利が9パーセントになるとしたら，この債券は，10パーセントではなく，9パーセントで100円の利息を生み出す債券に変わることになる。つまり（7-6）式にiに0.09を代入すれば，$100/0.09 \cong 1{,}111$円（≅は，ほぼ等しいという意味）の価値を持つ債券に変わるわけである。これに，利息100円が加わることになるから，この債券を買えば，トピア君は1年後，合計1,211円分の価値を持つことになるだろう。このように予想するのであれば，トピア君は，この債券を買った方が得だと判断するだろう。

ところが，不確実性が相手となれば，皆が皆，同じ予想をするとは限らない。たとえばアガソさんは，まったく同じ情報の下で，市場利子率は11.1パーセントにまで上昇すると予想したものとしよう。この場合，トピア君と同様の計算をすると，アガソさんは，1年後の債券価値を$100/0.111 \cong 900$と予想したことになり，これに利息100円を加えると，ちょうど1,000円になって，現金のまま手元に置いた場合と，何も変わらないことになる。したがって，アガソさんは，債券を買うか現金のままにしておくか，判断がつかないと考えるだろう。

現金を選択する場合　ところがさらに，なかにはブレド氏のような人もいて，この人は，利子率はもっと上がって，12パーセントになるだろうと予想したものとしよう。ということは，ブレド氏は，1年後の債券価値を100/0.12≅833円になると予想したことになる。だとすると，これに利息100円を加えても，合計933円にしかならないから，この場合には，債券を買うとかえって損をしてしまうことになる。したがって，ブレド氏は債券を買わずに，現金のまま手元に残しておこうとするだろう。あるいは，すでにこの債券を持っているのであれば，いまのうちに現金に換えておこうとするだろう。このように，ブレド氏のような予想を立てた場合には，利子がつかないにも関わらず，現金のままにしておく方が得になる。言い換えれば，貯蓄形態として，利子のつかない現金を敢えて選択することが，積極的な合理性を持つようになるのである。

なぜ，ブレド氏のような選択が合理的であり得るのか。それは，貨幣には利子こそ生み出さないけれども，その代わり価値がずっと安定しているという，個性的特徴があるからである。逆に言えば，債券や株式といった利子生み資産は，利子を生み出しはするものの，資産価値そのものも変動してしまう。債券や株式に投資する目的が，利子や配当だけにあるのなら，そのようなことは気にしなくてもよいが，現在の投資家はむしろ逆で，利子・配当には目もくれず，市場価値の変動の裏をかいて，安く買い，高く売って利ざやを得ようとする，そうした投機的行動がほとんどになっている。ケインズの冷徹な目線は，こうした現代の証券市場の動向を見据えて，このような議論を展開しているのである[11]。貨幣には価値変動のリスクがないこと，これが，貨幣を独特の資産にしているのである[12]。

さてそうすると，ここまでの議論は，次のように整理できるだろう。図7-4

[11] ちなみに，ケインズ自身も名うての投機家であった。彼のギャンブル好きは，ケンブリッジ大学の資産を大きく増やすことに貢献したけれども，彼自身は一回破産しかけたこともある。

[12] 強いインフレが予想されるときには，貨幣の購買力がどんどん落ちてしまうから，そういう場合には，貨幣を手放そうとする人が増えるだろう。

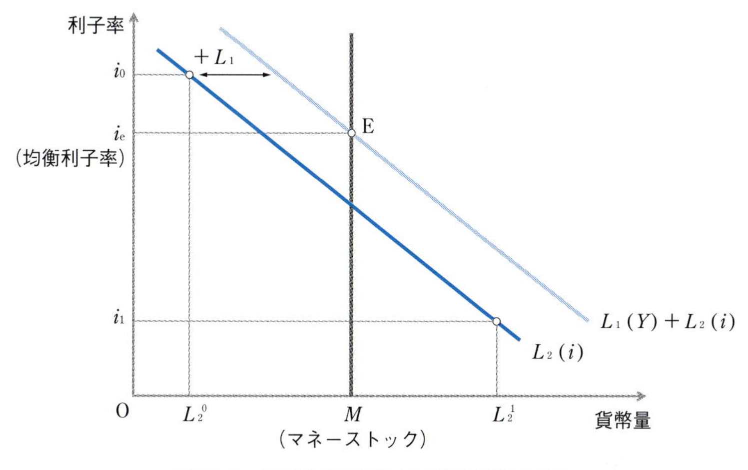

図 7-4　流動性選好説による利子率の決定

を見てほしい。この図で，縦軸は利子率を測り，横軸は貨幣に対する需要量を測っている。いま，現行利子率がすでに，i_0 のような高い水準にあるものとしよう。このとき，1 年後の金利は，いまより高くなるだろうと予想する人と，いまより低くなるだろうと予想する人と，どちらが多くなるだろうか。言い換えれば，現行利子率がすでに高水準だという認識があるとき，トピア君のように金利の低下を予想する人と，ブレド氏のように金利の上昇を予想する人とでは，どちらが相対的に多くなるだろうか。おそらく，トピア君のように金利の低下を予想する人が多くなるのではなかろうか。だとしたら，トピア君は債券を買おうという人なのだから，その代金としての貨幣は，手放してもいいと考えていることになる。つまり，貨幣需要は全体的に少なくなるはずである。したがって，図 7-4 では，高い利子率には少ない貨幣需要 L_2^0 が対応している。

逆に，現行利子率が i_1 のように非常に低い場合にはどうなるだろうか。来年にかけて，利子率が上がると予想する人と，下がると予想する人とでは，どちらが多くなるだろうか。現行利子率がすでに相当低いと実感されているときには，金利の上昇を予想する人が，つまり，ブレド氏のような人が多くなるのではなかろうか。だとすれば，彼は債券を買わない人，あるいは売ろうという人なのだから，その代わりに貨幣を求めようとするだろう。すなわち，貨幣需要は増大するだろう。ゆえに，低い利子率には大きな貨幣需要 L_2^1 が対応している。

ケインズの利子理論　これらを結びつければ，図 7-4 にあるように，利子率に対して右下がりの貨幣需要関数を描くことができる。これが，投機的需要に基づく貨幣需要関数 L_2 である。これに取引需要の貨幣需要関数 L_1 を加えることで，経済全体の貨幣需要関数を求めることができる。取引需要は所得の関数であって，利子率の関数ではないから，差し当たり一定と想定していいだろう。したがって，L_2 に一定の L_1 を加えて，貨幣需要関数 $L_1 + L_2$ を得る。さらにこの図に，前節で得た貨幣供給量を表すグラフを加えよう。貨幣供給量は，利子率の影響を受けるものとは考えていないので，これも一定と考えよう。そうすると，貨幣需要関数と貨幣供給関数は E 点で交わることが見てとれる。この交点に対応する利子率 i_e こそが，貨幣の投機的需要を考慮に入れたうえで求められた，すなわち，ストックの世界にまで視野を広げたうえで求められたところの均衡利子率である。旺盛な資産運用が繰り広げられる現代経済においては，利子率はこのようにして決まる。これがケインズの考え方であり，現代資本主義の実態を反映させた利子理論である。

以上で，われわれは，有効需要を構成するすべての変数について，それぞれの決定原理を手に入れた。次章では，これらを結合させて，有効需要の原理の全貌を明らかにすることにしよう。

確認問題 7-3　額面 1,000 円，確定金利 5 パーセントで債券が発行されるものとする。1 年後の市場利子率が 5.25 パーセントと予想されるとき，この債券を購入することは合理的な判断と言えるだろうか。

第７章　練習問題

問題Ⅰ　次の文章の空欄に，適当な語句を入れなさい。

1. 投資資金をめぐる需要と供給の関係で利子率が決まるとする考え方を（　　　）という。
2. ケインズによって唱えられた，資産形態の選択のなかで利子率が決まるとする考え方を（　　　）という。
3. マネーストック統計において，もっとも標準的な概念とされるのは（　　　）である。
4. マネーストックが，ハイパワードマネーの何倍にも拡大することを（　　　）という。
5. 今日，一般的に貨幣の機能といえば，価値尺度，支払手段，（　　　）の３つである。
6. 流動性選好利子論で中心的な役割を果たす貨幣需要は，貨幣の（　　　）である。
7. 利子率が上昇するとすれば，債券の価格は（　　　）する。
8. 国債価格の暴落は，長期金利の（　　　）を招く危険性が高い。
9. 将来，起こるとすればこれとこれだが，そのうちのどれが起こるかは，確率的にしかわからない。このような状況を（　　　）という。
10. 将来，何が起こるかわからないという，漠然とした不安心理の下に置かれている状況を（　　　）という。

問題Ⅱ　次の文章が正しければ○，誤りであれば×をつけよ。

1. 貸付資金需給説とは，利子率をストックの次元で捉えようとするものである。
2. マネーストック統計のM_2には，定期性預金が含まれている。
3. マネーストック統計のM_3には，ゆうちょ銀行の定期性預金が含まれている。
4. 流動性選好説はフローの貨幣需要を考慮していない。

問題Ⅲ　景気の将来見通しが，かなり悲観的なものになったとしよう。このとき，次の問いに答えなさい。

1. 貨幣の投機的需要関数がシフトするとすれば，どのようにシフトするか。理由とともに述べなさい。
2. その結果，利子率はどのように変化するか。債券価格の動き方を視野に含めて説明しなさい。

3. これは，景気にどのような影響を及ぼすか。これは，予想が的中したのか，それとも，予想した現実が作り出されたと見るべきか。あなたの見解を述べなさい（後者のような事例を，予言の自己成就という。経済現象においては，しばしば見受けられる現象である）。

第8章

国民所得の決定（6）
－*IS-LM* 分析－

利子率決定の理論を獲得したわれわれは，ついに，有効需要の原理を構成する，すべてのパーツを手に入れたことになる。しかし，パーツはあくまでパーツ。それらがすべて，1つに統合されたとき，われわれは初めて，マクロ経済を描く1つの理論を手にしたことになる。マクロ経済学が，いよいよその全貌を明らかにする。

8-1　ケインズ体系

3つの市場を結合する　われわれは，非自発的失業の原因を求めて，マクロ経済学の旅に出た。すなわち，失業が発生するのは労働市場だから，失業の原因も労働市場のなかにあるはずだという素朴な発想を脱し，雇用量を決定するのは財市場における総生産量であり，総生産量は経済全体の需要，すなわち，有効需要の大きさによって決定されることを突き止めた。では，有効需要は財市場のなかだけで決定されるかといえばそうではなく，われわれは，そのさらに上流に，金融市場が控えていることを発見した。すなわち，マクロ経済とは，風船のように膨らむ単一の実体ではなく，市場経済を構成する3つの市場が，ある法則の下で結び合わされた1つの結合体なのである。

しかし，われわれはまだ，3つの市場を個々別々に検討する段階にとどまっている。これをいかにして結合させれば，統一的な結合体としての，マクロ経済の原理を理解することができるか。われわれはついに，この段階の作業に進まなければならない。われわれの旅も，いよいよ佳境に入りつつあるわけである。

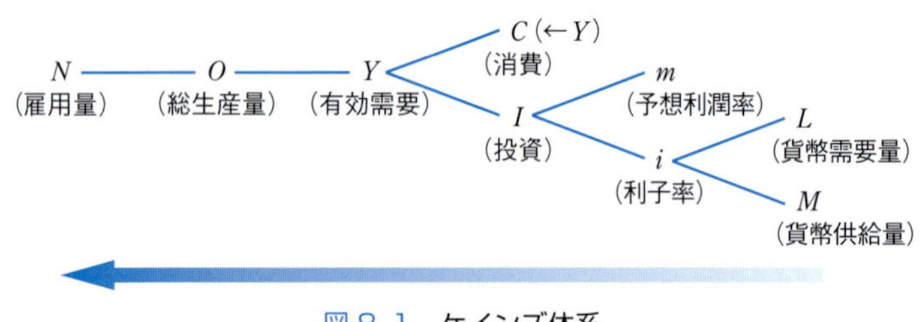

図 8-1　ケインズ体系

ところが，この結合のさせ方について，ケインズ本人と，その後の標準的なマクロ経済学とでは，理解の仕方が少し違うのである。もちろん，われわれはいま，経済学史の研究を行っているわけではないから，われわれが精通するべきは，現在の標準的な理解である。本章も，その大半は，標準的なマクロ経済学の解説に充てる。しかし，ケインズ本人の考え方も決して間違ったものではなく，それをあらかじめ知っておくことは，後日の研究に，おそらく大いに役立つに違いない。そこでまず，ケインズ自身によるマクロ経済の捉え方について，少し紙幅をとって検討してみよう。

ケインズ体系にある因果関係　ケインズ体系と，標準体系の基本的な違いは，ケインズが，マクロの経済現象を3つの市場の因果関係の下で理解しようとしたのに対し，標準体系は，3つの市場の相互依存関係のなかで，マクロ経済を捉えようとしている点にある。

ケインズ体系を図 8-1 に整理してみよう。この図は，左側が「結果」を，右側がその「原因」を示すように描かれている。Nは雇用量，Oは総生産量，Yは総需要量もしくは有効需要量，Cは消費需要，Iは投資需要，mは予想利潤率，iは利子率，Lは貨幣需要量，Mは貨幣供給量（マネーストック）を，それぞれ表している。

この図は，われわれのこれまでの検討に，ほぼ沿った形の展開を示している。すなわち，雇用量は（賃金率の高低によってではなく），経済全体の総生産量によって決定される。労働力は，生産活動に必要な分だけ雇用されるのだから，総生産量が大きければ，それだけ多くの労働者が雇用され，総生産量が小さければ，雇用量も縮小される。現実の雇用量が完全雇用に届けばそれでよいが，届かなくても経済はそこで均衡し，現実の雇用量と完全雇用の差は，現行賃金率で働くことを希望していながら，ついに仕事を見つけられない人々，すなわち，非自発的失業者となって現れる。非自発的失業の発生は，経済全体のメカニズムの結果であって，失業者個人の責任によるものではない。ゆえに，雇用量を制約する総生産量の大きさを決める原理，すなわち，有効需要の原理が決定的に重要になるのである。

総生産量の大きさは，経済全体における財・サービスへの需要量，すなわち，有効需要の大きさによって決定される。有効需要は（単純閉鎖体系の下では）消費需要と投資需要で構成されるが，消費需要は有効需要（所得水準）と相互依存の関係にあるから，有効需要の大きさをちょくせつ左右するのは，投資需要になる。

投資需要は，企業経営者が抱く予想利潤率と，金融市場で決まる利子率が等しくなるところで決定される。同じ利子率の下でも，予想利潤率が全体的に高ければ（すなわち，企業が強気のときには）投資は大きくなり，同じ利子率の下でも，予想利潤率が低ければ（企業が弱気になれば）投資は小さくなる。予想がおおむね安定しているとすれば，投資の大きさは利子率によって決定されることになる。

利子率は，基本的に経済全体における貨幣需要と貨幣供給の均衡によって決定されるが，この貨幣需要には，取引需要だけでなく投機的需要も含まれている点に注意する必要がある。一方，貨幣供給には信用創造が含まれている。信用創造は，企業等がどれだけ融資を希望するかに影響を受けるから，貨幣供給もまた，その一部は有効需要の影響下にあることになるが，おおもとの貨幣量，すなわち，ハイパワードマネーの大きさは中央銀行が決定するから，貨幣供給の基礎は外生的なものと言える[1]。このように構成される金融市場で，利子率が決定されるのである。

このように，非自発的失業という「最後の結果」をもたらす「最初の原因」を求めて，われわれは，マクロ経済の原理を探求してきた。それは，非自発的失業という一番川下の出来事の由来を求めて，労働市場から財市場へ，財市場から金融市場へと，川下から川上へ，さらには川の源流へと，川の流れを遡っ

[1] 「外生（変数）」とは，ある変数が経済メカニズムによらずに，その外部で決定されることをいい，「内生（変数）」とは，ある変数が文字通り，経済メカニズムによって決定されることをいう。

ていく旅に似ている。その結果，われわれが川の源流に見出したものは，投機的な金融取引が大きな比重を占めるに至った金融市場の姿であった。マネーゲームともいわれる，投機的資産運用の実態とメカニズムこそが，巡りめぐって非自発的失業を作り出していたのだ。そういう仕組みが，われわれの気がつかない間に出来上がっていたということ，これをいわば告発してみせたのが，ケインズ革命だったのである。

ケインズ革命の論理　このことを確認するために，いま一度，今度は，原因から結果に至る論理を辿り直してみよう。まず，金融市場において利子率が形成される。利子率は，主として貯蓄形成，もしくは資産運用のための，投機的なお金のやり取りのなかで形成されるものであって，そのやり取りに参加できるのは（特に，ケインズの時代のイギリスにおいては），先祖代々から莫大な遺産を継承し，自らは事業を経営することなく，利子収入で生活しながら，さらなる資産形成を求めていくような，いわゆる金利生活者たちであった。ケインズの時代のイギリスには，そうした人々が一定の階級をなして，現に存在していたのである。

利子率が決まると，予想利潤率との関係から投資水準が決定される。この意思決定を行うのは企業経営者であって，金利生活者ではない。彼らは基本的に別個の存在である。投資が決まると，乗数効果によって，その乗数倍の所得が形成される。この過程で消費水準も同時に決定される。所得が形成されると，それが有効需要になって，それと同額の総生産物が生産される。その模様を描いたのが 45 度線分析である。総生産量が決まると，その生産に必要な人数だけ労働者が雇用される。それが完全雇用に届くかどうかは，やってみなければわからない。仮に，完全雇用に届かなかったとしても，経済は非自発的失業を後に残して，そのまま均衡してしまう。この結果に対して，労働者たちがいくら不平を訴えてみても，その声だけで，有効需要の大きさが変わることはない。

したがって，経済をこのまま放置する限り，雇用が改善する見込みはない。金融市場の参加者は，金融市場が均衡している以上，それはそれで満足しているはずであり，何か外から変化が加えられない限り，失業が発生していようがいまいが，自らの行動を変えようとはしないだろう。というよりもむしろ，彼ら・彼女らは，自分たちの投機的行動が，見ず知らずの人々を失業させているかもしれないなどと，夢にも思うことはないだろう。

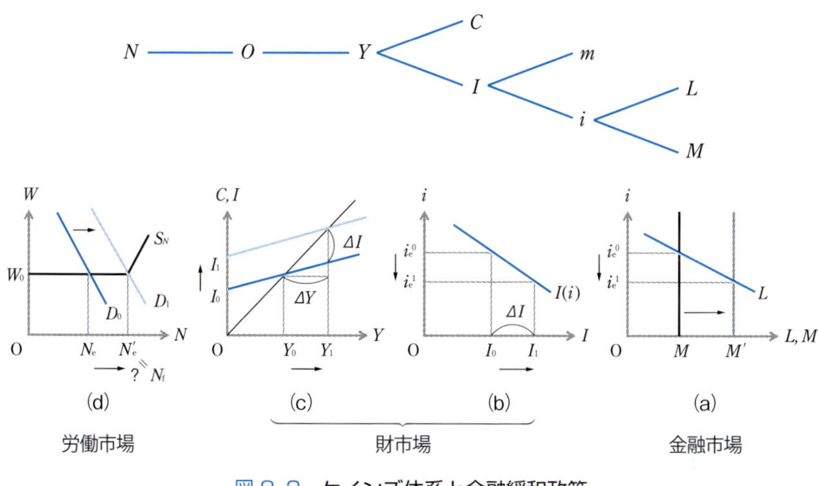

図 8-2　ケインズ体系と金融緩和政策

したがって，こうした状況を打開するには，経済政策という外からの介入が，どうしても必要になる。それはまず，川の源流にある市場への介入として，すなわち，金融政策として始められるものになるだろう。この場合の政策対象は，貨幣需要か，あるいは貨幣供給ということになるが，貨幣需要は人々の心理に依存する部分が大きいから，これを政策的にコントロールすることは難しいだろう。他方で，貨幣供給の場合には，先ほども触れたように内生的な部分もあるが，そのおおもとは外生的に決定される。そこで，中央銀行が，公開市場操作などによって，おおもとのハイパワードマネーを変化させる。ハイパワードマネーが増加すると，信用創造を通じて，信用乗数倍された貨幣供給量（マネーストック）が経済にもたらされる。これを図 8-2 に示そう。

図 8-2 は，図 8-1 に合わせて，各市場のメカニズムを再掲している。貨幣供給量の増加は，図 8-2 の (a) におけるマネーストック M の増加，すなわち，貨幣供給関数の右シフトとして示される。その結果，貨幣需要関数の位置が変わらなければ，均衡利子率は i_e^0 から i_e^1 へと低下するだろう。利子率が低下すると，財市場の投資関数がそれを受け取り，投資水準を I_0 から I_1 へ ΔI だけ増加させる (b)。投資が増加すると，財市場を表す 45 度線分析における $C+I$

線もΔIだけシフトする。投資水準がΔI増加すれば，乗数効果を間に挟んで，所得水準は$1/(1-\alpha) \times \Delta I = \Delta Y$だけ増加する（c)。$\Delta Y$と同額の生産増加によって労働力への需要が増大し，労働需要関数が右へシフトして，最終的に雇用量が改善される（d)。これによって，完全雇用が回復するかどうかは，やってみなければわからない。もし達成できない場合は，金融市場に再び立ち戻り，貨幣供給量をさらに増加させる必要がある。

あるいは，金融政策に加えて，財政政策が発動される場合もある。その場合，政府支出Gが加えられるのは，金融市場ではなく財市場だから，これは（煩雑になるので，図には書き込まないが）Yを構成するCとIの上に，もう1つ新たにGを加えて，Yの大きさをちょくせつ大きくする。それによって，生産量を拡大し，雇用量を増加させるのである。

背景にあるイギリスの社会構造　このような形で，経済全体を3つの市場の因果関係のなかで捉えようとしたのが，ケインズである。なぜ，彼がこうした構図を選んだかというと，そこにはいくつかの理由があるのだが，1つの大きな理由は，この因果構造が，1930年代当時のイギリスの社会構造に，そのまま重なるということがあっただろう。

すなわち，原因部分にあたる一番右側の金融市場を動かしていたのは，先ほども触れたように，莫大な資産運用を業とする金利生活者階級，ケインズの言葉で言えば投資家階級であった。これは裕福な貴族や，成功した実業家として引退した人々などで構成される，ほんの一握りの人々であった。彼らはもっぱら，自らの財産をもっと増やすことを目的に投機的な金融取引を行う人々であって，末端の労働者の生活などが脳裏をかすめることは，まずなかったと言っていいだろう。

次に，金融市場の1つ下流にあって，投資の規模を決定する人たち。これは，まさしく企業経営を行う実業家たちであって，ケインズは彼らを企業家階級と表現し，投資家階級とははっきりと区別した。ということは，ケインズの世界においては，俗にいう資本家階級が，投資家階級と企業家階級の2つに分裂しているということである。

資本家階級が，投資家階級と企業家階級の2つに分裂した背景には，株式会社の普及があったと言ってよい。株式会社において，株式を保有する人，すなわち株主は，会社に対する出資者であり，所有者と見なされるが[2]，株主がちょくせつ会社の経営にあたることは稀である。特に，会社の規模が大きくなるに従い，会社の経営は，専門の経営者に託されるようになる。つまり，企業経営者とは本来，株主に雇われた雇用者なのであって，仮に経営の全権限を掌握していたとしても，経営者自身は会社の所有者ではないのである。こうした現象を所有と経営の分離という。これは，株式会社時代に固有の現象であると言ってよい。つまり，ケインズ経済学とは，すぐれて株式会社時代の経済学なのであり，この点が，個人企業や合名会社といった，古典的企業を暗黙の前提にしていた新古典派経済学との，ある意味で決定的な違いなのである。

そして，最後の末端部分に位置するのが，労働市場である。その担い手は，言うまでもなく労働者階級である。労働市場の位置づけは，資本主義経済の階級構造を如実に反映している。ケインズ経済学は，近代経済学においては稀有と言えるほどに，資本主義における階級分裂の実態を，その理論構造の基礎に置いているのである。その労働者階級の生活を，最終的に決定しているのはしかし，彼らの存在をチラとでも思い出すことのない，投資家階級たちのバクチにも近い投機行動である。株や債券を運用すれば，儲かる場合もあれば，失敗する場合もあるだろう。それはそれこそ，彼ら・彼女らの自己責任に属する事柄である。しかし，そうしたやり取りのなかで，たまたま利子率が高くなったら，それによって投資は抑制され，有効需要が縮小し，あげくの果てには，資産運用に縁もゆかりもない，末端の労働者の生活が奪われるかもしれないのである。ケインズは，こうした経済の構造に，とてつもない不合理を感じたのである。

これを金利生活者個人の，道徳的罪に帰することには，ほとんど意味がないだろう。金利生活者は金利生活者で，ある意味で，自らの生活をかけた行動をしているのにすぎない。問題は，それが巡りめぐって，労働者の雇用にしわ寄せされる経済の構造にある。誰も悪意を持って行動しているわけではないのに，それが経済・社会の全体に集計されるとき，もっとも弱い立場にある人々に不運と不幸を押しつける結果を招いているとしたら，糾すべきは個人の心情ではなく，その経済・社会の仕組みと構造だろう。ケインズが，失業の発生を一連の因果関係の下で捉えようとしたのはこのためであり，経済全体における政策

---

[2] 株主を会社の所有者と見る見方は，今日では以前ほど自明視されてはいない。しかし，ここではケインズの時代の慣習に沿って考える。

的介入を必要と考えたのも，失業問題が金利生活者や企業経営者の心がけひとつで，解決されるような問題ではないと考えたからなのである。

確認問題 8-1　日本は，イギリスのような階級社会ではない。では，図 8-1 のような構造的因果性は，現在の日本社会とまったく無縁だろうか。考えてみよ。

8-2　*IS–LM* 分析

ケインズ経済学の継承　ケインズのような経済把握の仕方は，経済のメカニズムだけでなく，われわれが住む社会の形にも気づかせてくれる。このように，社会構造と経済メカニズムを，相互に深く関わり合うものとして捉える姿勢は，実践的な社会科学のあり方として，今日においてもなお，学ぶに値するものを備えている。しかしながら，それはある意味で，経済のメカニズムをある時代，ある社会に特有のものとして捉えようとする姿勢でもある。そのため，第 2 次大戦以後のマクロ経済学は，ケインズ経済学を，1930 年代のイギリス経済に特有の条件に制約されない形で継承しようとした。これを可能にしたのが，現在の標準的なマクロ理論である，*IS–LM* 分析である[3]。今日，マクロ経済学を学ぶ者は，少なくとも，この *IS–LM* 分析を身につける必要がある。

因果関係から相互依存関係へ　先にも触れたように，ケインズ本人のマクロ体系が因果関係的なものだったとすれば，*IS–LM* 分析は相互依存的なもの，すなわち，金融市場が原因で労働市場が結果になる，という捉え方をするのではなく，3 つの市場は基本的に同格の関係にあって，原因—結果の関係は，その時々の条件によって，いろいろな可能性があり得るものと考える。このことを，図を使って示してみよう。

IS–LM 分析においても，各パーツの中身は同じである。ただし，*IS–LM* 分析は，これをケインズとは異なり，次のように位置づける。

[3] このように，経済理論を，どの時代の，どの地域にも適用できるように変えていくことが，果たして経済学の普遍的な科学化を意味するのか，それとも社会科学としての本質を失わせることになるのかについては，今日でもいろいろな意見があって，どちらかに決着がついたわけではない。これから経済学を学ぼうとする人は，先入見に囚われることなく，絶えずこの問題について，考えていく必要がある。

まず，マクロ経済学の体系を整理すると，次のようになる。

$$
\begin{array}{ll}
① & Y = C + I \ \rightarrow \ S = I \\
② & C = A + \alpha Y \ \rightarrow \ S = -A + (1-\alpha)Y \\
③ & I = I(i) \\
④ & L_1 = L_1(Y) \\
⑤ & L_2 = L_2(i) \\
⑥ & L = L_1 + L_2 \\
⑦ & M = kH
\end{array}
\qquad (8\text{-}1)
$$

各式の記号は，これまで使ってきたものと同じである。(8-1) 式の①から③までが，財市場の均衡条件を表し，④から⑦までが金融市場の均衡条件を表す。ただし，後の作図の関係で，①は$S = I$の形に，また②の消費関数は貯蓄関数に，それぞれ直して書くものとする。(8-1) 式は，この2つの均衡条件が同時に成立することを求める，一種の連立方程式である。すなわち，財市場と金融市場の同時均衡をもって，マクロ経済全体の均衡と考えるのである[4]。

①から③までの，財市場の均衡条件を1枚の図で表したものが図 8-3 である。まず第2象限（左上）に，第6章で得た投資関数を，左右を逆にして描く。すなわち，縦軸に利子率を測り，横軸には，中心の原点から左方向へ向かって，投資の規模を測る。数学の通常の作図では，中心原点よりも左側は負の値として描かれるが，ここでは，左方向へ進めば進むほど，正の値として大きくなるように描かれている。

第3象限（左下）に描かれているのが，①の財市場の均衡条件である。$S = I$という条件は，45度線で示すことができる。投資に等しい貯蓄が形成されたときに，財市場が均衡することを，45度線でもって示すわけである。貯蓄はしたがって，中心原点から下方向へ向かって測られる。これも，もちろん正の値である。

第4象限（右下）に描かれているのは，貯蓄関数に直した形の消費関数であ

[4] (8-1) 式には，労働市場が描かれていないが，所得水準Yが決まれば，同時に，労働市場で均衡雇用量も決定されるので，金融市場と財市場が同時均衡するときは，労働市場も同時に均衡するものと考える。したがって，金融市場と財市場の同時均衡は，労働市場の同時均衡を含むので，(8-1) 式の成立によって，3つの市場の同時均衡，すなわち，マクロ経済の均衡が得られると考えるのである。

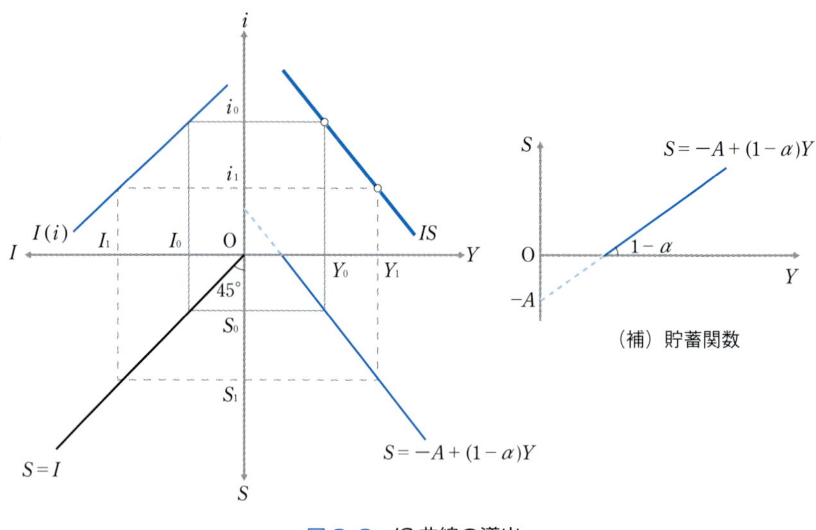

図 8-3　*IS* 曲線の導出

る。すなわち，横軸に所得水準を測り，縦軸に下方向に向かって貯蓄を測る。一見見慣れない印象があると思うが，図 8-3（補）として描いた貯蓄関数を，座標軸に合うように移しかえればよい。

財市場の均衡条件　図 8-3 は，次のようにして読む。いま，ある利子率 i_0 が与えられたものとしよう。利子率が与えられると，③の投資関数によって，投資水準 I_0 が決定される。財市場が均衡するためには，これと等しい貯蓄水準 S_0 が形成される必要がある。第 3 象限は，その I_0 と等しい S_0 が，下向きの縦軸の，どこに現れるかを示している。

この S_0 をもたらすのが，第 4 象限に描かれた貯蓄関数である。すなわち，所得水準が Y_0 であると，そこから S_0 という貯蓄が現れ，投資 I_0 と等しくなって，財市場が均衡するわけである。

したがって，利子率が i_0 として与えられたとき，財市場が均衡するためには，所得は Y_0 でなければならない。利子率と所得がこの組み合わせにあるとき，利子率からもたらされる投資と，所得からもたらされる貯蓄がちょうど等しくなって，財市場が均衡できるのである。もし利子率が i_0 のとき，所得が Y_0 以外の値になると，投資と貯蓄が不一致になって，財市場は均衡できない。ゆえに，i_0 と Y_0 は，財市場を均衡させるのに必要な，利子率と所得の1つの組み合わせということになる。この組み合わせを，第1象限（右上）に記すことにしよう。

財市場を均衡させる利子率と所得水準は，この組み合わせ1つとは限らないだろう。たとえば，利子率が何らかの事情で，i_0 よりも低い i_1 になったものとしよう。利子率が低下すると，投資水準は以前よりも大きい I_1 になる（この図では，I_1 は I_0 よりも左側に描かれる)。投資が大きくなれば，それと同じ大きさだけ，貯蓄も大きくなる必要がある。すなわち，財市場が均衡を保つためには，貯蓄は S_1 になる必要がある。貯蓄 S_1 をもたらすためには，所得も以前より大きい Y_1 になる必要がある。すなわち，利子率が低下したときには，所得が大きくならないと，財市場の均衡は保てなくなるのである。したがって，この利子率 i_1 と所得 Y_1 も，財市場を均衡させる利子率と所得の1つの組み合わせということになる。この組み合わせも，先ほどと同じく，第1象限に記すことにしよう。

このようにして，財市場を均衡させる利子率と所得水準の組み合わせを，第1象限に次々と記していき，それらを1本の曲線でつなげれば，それは図8–3にあるような，右下がりの曲線で示されるものになるだろう。これを *IS* 曲線と定義する。すなわち，*IS* 曲線とは，財市場を均衡させるのに必要な，利子率と所得水準の組み合わせを，1本の曲線で表現したものである。*IS* 曲線上の利子率と所得水準の組み合わせであれば，どの組み合わせであっても，財市場については，均衡させることができるのである。

金融市場の均衡条件　次に，④から⑦までについて見てみよう。こちらは，金融市場の均衡条件を表すものである。これを図8–4に示してみよう。

基本的な作図の仕方は，*IS* 曲線の場合と同様である。まず第2象限に，⑤の貨幣の投機的需要関数を描く。これも，先ほどの投資関数と同様，第7章で得た図を左右を逆に描いている。すなわち，縦軸に利子率を測り，横軸には，中心原点から左方向へ向かって，貨幣の投機的需要の大きさを測る。

第3象限には，⑥と⑦を合わせた図が描かれている。まず，中心原点から左方向へ，貨幣供給量 M を測る。これは本来，ハイパワードマネー H と，信用乗数 k の2つのパラメータから影響を受けるものだが，信用乗数の値を一定と

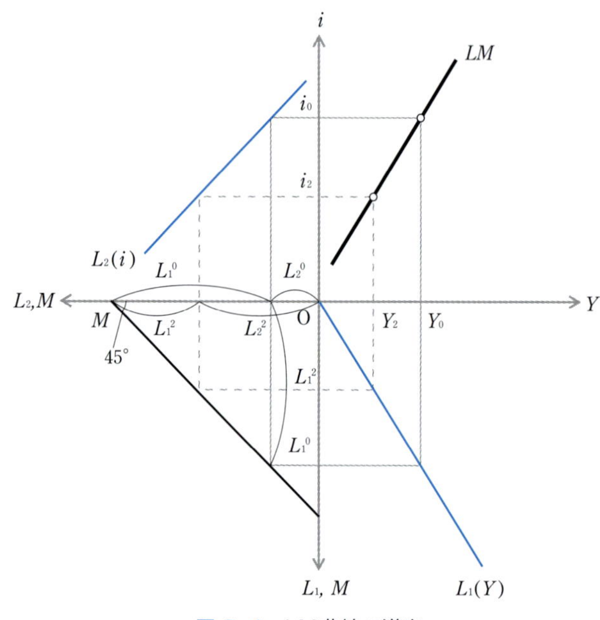

図 8-4　*LM* 曲線の導出

仮定すれば，M の大きさはハイパワードマネーによって決定されるものとなり，ハイパワードマネーの供給量は，中央銀行が自ら決定できることから[5]，この仮定の下では，貨幣供給量全体が外生変数ということになる。ここでは当面，この仮定をとることにする。第 3 象限では，この M から 45 度線を縦軸に向かって引いている。このことの意味は，この後すぐに述べる。

そして，第 4 象限に，残された④，すなわち，貨幣の取引需要関数を描く。横軸には所得，縦軸には（原点から下方向へ向かって）貨幣の取引需要の大きさが測られている。

さて，この図の読み方はこうである。ここでもまず，ある利子率 i_0 が与えられたものとしよう。そうすると，貨幣の投機的需要関数に従って，投機的需要 L_2^0 の大きさが決まる。貨幣供給量は M として与えられているから，M と L_2^0 の差がちょうど L_1^0 に等しくならないと，金融市場は均衡できない。その

[5] 専門家の間では，この点についても見解が分かれているが，ここでは深入りしない。

ことを示しているのが，第2象限の横軸である。かくして，必要となるL_1の大きさが決まるが，これを第3象限の縦軸に移す役割を，Mを起点とする45度線が果たしているのである。

L_1は取引需要であるから，その大きさは所得水準によって決定される。その関係を示しているのが第4象限の取引需要関数である。この関数を逆に読むことによって，L_1^0をもたらすのに必要な所得水準はY_0であることがわかる。かくしてここに，金融市場を均衡させるのに必要な，利子率と所得水準の組み合わせ，i_0とY_0が求められる。この組み合わせを，やはり縦軸に利子率，横軸に所得水準をとった，第1象限に記すことにしよう。

金融市場を均衡させる利子率と所得水準の組み合わせも，1通りとは限らない。何らかの事情によって，利子率がi_0からi_2に低下すると，まず，貨幣の投機的需要がL_2^0からL_2^2へ増加する。貨幣供給量Mは一定のままだから，金融市場が均衡を維持するためには，貨幣の取引需要L_1は，L_1^0からL_1^2にまで，減少しなければならない。ということは，所得水準も減少しなければならず，利子率i_2の下で金融市場が均衡するためには，所得はY_0よりも小さいY_2にならなければならないことがわかる。この利子率i_2と所得Y_2の組み合わせも，第1象限に記すことにしよう。

このようにしていけば，財市場の場合と同様に，金融市場を均衡させるのに必要な，利子率と所得水準の組み合わせをすべて，第1象限に記すことができるだろう。それを1本の曲線でつなげれば，それははじめの2点を含む，右上がりの曲線で示されるだろう。これを*LM*曲線と定義する。*LM*曲線とは，金融市場を均衡させるのに必要な，利子率と所得水準の組み合わせを，1本の曲線で表現したものである。*LM*曲線上の利子率と所得水準の組み合わせであれば，どの組み合わせであっても，金融市場を均衡させることができるのである。

IS-LM分析　かくして，*IS*曲線と*LM*曲線を，それぞれ求めることができた。そこで，図8-3と図8-4の第1象限だけを切り取り，これを図8-5で重ね合わせてみることにしよう。そうすると，*IS*曲線と*LM*曲線は，どこかでかならず交わるはずである。その交点をE点としよう。E点は，2本の曲線の交点であるから，これは*IS*曲線上の点であると同時に，*LM*曲線上の点でもある。すなわち，E点が示す利子率と所得水準の組み合わせは，財市場と金融市場の両方を，同時に均衡させることができるわけである。

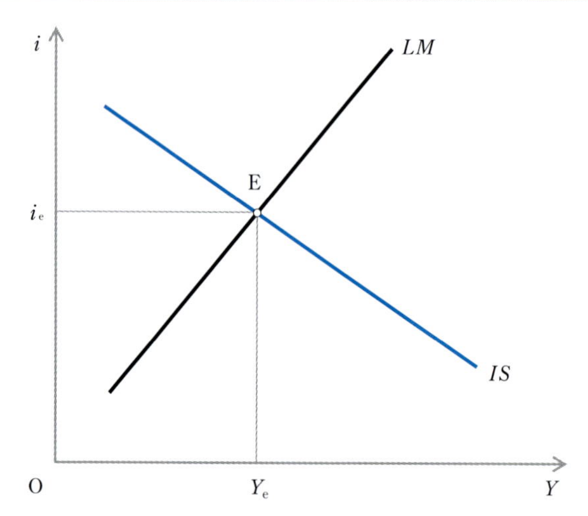

図 8-5　*IS*-*LM* 分析による均衡所得と均衡利子率の決定

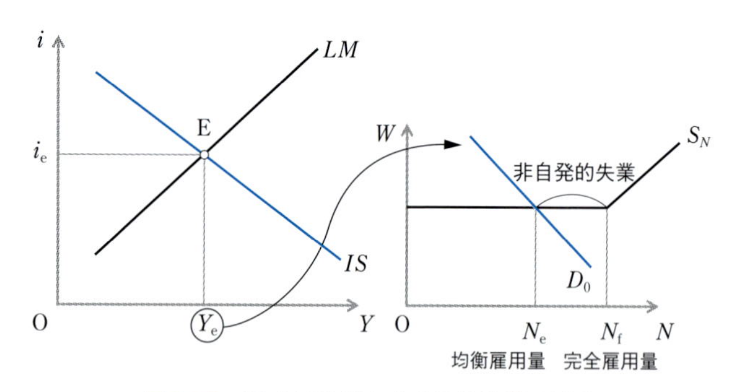

図 8-6　*IS*-*LM* 均衡と非自発的失業の発生

財市場と金融市場が均衡すれば，そのとき同時に，労働市場も均衡する。これを表したものが図 8-6 である。すなわち，図 8-5 で 2 つの市場を同時に均衡させる所得水準 Y_e が決まれば，これを受けて，労働需要関数の位置が定まり，均衡雇用量 N_e が決定されるのである。かくしてここに，財市場，金融市場，労働市場の同時均衡が実現する。すなわち，*IS* 曲線と *LM* 曲線の交点において，マクロ経済全体が均衡するわけである。このようにしてマクロ経済の姿を描き，分析を加えていく方法を *IS*-*LM* 分析という。

IS-*LM* 分析が，今日のマクロ経済学の標準的な方法である。言い方を換え

れば，このような形に翻案することを通じて，現代の経済学は，ケインズ経済学を継承したのである。それがケインズ理解として正しかったかどうかをめぐっては，この図が提唱された1930年代当時から，さまざまな議論があった。その議論をフォローすることは，マクロ経済学の歴史そのものを辿るのにも等しい，大変だが，実り多い研究になるだろう[6]。

しかし，*IS–LM*分析においても，マクロの均衡状態が完全雇用をもたらすとは限らないことを，図8-6が明瞭に示している。では，*IS–LM*分析では，マクロ経済政策はどのように分析されることになるのか。そこには，*IS–LM*分析ならではの，新しい発見があるのかどうか。次章では，*IS–LM*分析の意味をさらに深めながら，*IS–LM*分析を用いたマクロ経済政策論について検討してみよう。

確認問題 8-2　次のような変化があったとき，*IS–LM*の交点がどうなるかについて，検討してみよ。

① 予想利潤率が全般的に上昇した。

② 限界消費性向が上昇した。

③ 貨幣供給量が増加した。

6　*IS–LM*分析を考案したのは，イギリスの経済学者J.R. ヒックスである。彼は，このアイデアを『一般理論』が刊行された翌年の1937年に発表した。当時彼は，今日のミクロ経済学の範型ともいうべき『価値と資本』（1939年）に取り組んでいたから，その同じ手法，すなわち，ローザンヌ学派流の一般均衡理論を応用して，ケインズ経済学を解釈した。*IS–LM*分析が，経済を一般均衡論に似た，相互依存型の連立方程式で表現しているのはそのためである。*IS–LM*分析は，難解な『一般理論』のエッセンスを，たった1枚の図で表現したものとして，文字通り，世界中の経済学者を唖然とさせた。マクロ経済学は実質的に，*IS–LM*分析とともにその歴史を歩んできたと言ってよく，もしこれが存在しなかったら，マクロ経済学が今日のように普及することはなかったかもしれない。しかしながら，ヒックス自身は，後年になるに従い，自ら考案した*IS–LM*分析に対して，懐疑的な見解を述べるようになる。そして，1982年に，かなり様変わりした形の，いわば「*IS–LM* 2nd バージョン」とも言える議論を提起するのだが，経済学界はこれをほとんど無視した。ヒックスの真意はどこにあったのか。それについてはなお，今後の研究に委ねられている。この問題については，井上義朗『「後期」ヒックス研究』（1991年，日本評論社）で，若干の私見を述べた。

第８章　練習問題

問題Ⅰ　次の文章の空欄に，適当な語句を入れなさい。

1. *IS* 曲線は，（　　　）の均衡条件を，１本の曲線で表現している。
2. *LM* 曲線は，（　　　）の均衡条件を，１本の曲線で表現している。
3. *IS* 曲線，*LM* 曲線は，それぞれの市場を均衡させる（　　　）と（　　　）の組み合わせを表している。
4. 予想利潤率の上昇は，まず（　　　）曲線に影響を及ぼす。
5. 貨幣供給量の上昇は，まず（　　　）曲線に影響を及ぼす。
6. 限界消費性向の上昇は，まず（　　　）曲線に影響を及ぼす。
7. 貨幣の投機的需要の全般的な現象は，まず（　　　）曲線に影響を及ぼす。
8. ケインズは，マクロ経済を因果関係として捉えたが，*IS-LM* 分析は，マクロ経済を（　　　）として捉えている。

問題Ⅱ　ある国のマクロ経済が次のように表されるとき，下記の問いに答えなさい。

$Y = C + I + G$

$C = 30 + 0.8Y$

$I = 20 - 2i$

$G = 50$

$M = L$

$L = Y - 2i$

$M = 470$

ここで Y は国民所得，C は消費，I は投資，G は政府支出，i は利子率（単位％），L は貨幣需要量，M は貨幣供給量（マネーストック）

1. *IS* 曲線を表す式を求めなさい。
2. *LM* 曲線を表す式を求めなさい。
3. 均衡国民所得と均衡利子率を求めなさい。
4. 金融政策によってマネーストックの量が 18 増えたとき，3. の値はそれぞれどうなるか。

第9章

国民所得の決定（7）
－*IS*–*LM* 分析とマクロ経済政策－

IS–*LM* 分析は，国民所得の決定理論を，1 枚の図で表す。*IS*–*LM* 分析は，マクロ経済学のさまざまな問題に，広く活用される。なかでもマクロ経済政策への応用は，*IS*–*LM* 分析のもっとも得意とするところである。マクロ経済学の実践力が，いよいよ発揮される。

9–1　マクロ経済の安定性

IS–LM 分析の活用　*IS*–*LM* 分析は，これまで検討してきた国民所得の決定理論を，たった 1 枚の図で表現することを可能にした。*IS*–*LM* 分析が導入されたことによって，マクロ経済学の応用範囲は，飛躍的に拡大した。その最たる例が，前章の図 8–6 に表されている。すなわち，これまで何度も検討してきたように，マクロ経済の均衡は，完全雇用の実現をかならずしも保証しない。したがって，完全雇用を実現するためには，経済政策による，国民所得水準の調整が必要になる。この問題，すなわち，マクロ経済政策の検討に，*IS*–*LM* 分析はどのように活用できるか。これが本章のテーマである。

本題に入る前に，マクロ経済の安定性という問題について，検討しておこう。以前，45 度線分析を検討した際，われわれは，不均衡所得は早晩，均衡所得に引き戻されることを見た。ゆえに，雇用量を増加させるには，一時的な不均衡所得に頼るのではなく，均衡所得水準そのものを増大させる必要があり，それを可能にするものとして，金融政策・財政政策を中心とする，マクロ経済政策が存在することを見た。

IS–LM 分析においても，均衡国民所得は，やはり安定的な性質を持つと言えるだろうか。しかも，財市場だけを扱う 45 度線分析とは違い，*IS–LM* 分析は金融市場も同時に視野に収めている。したがって，均衡するのは，国民所得だけではなく，利子率もまた，均衡利子率として同時に出現することを，*IS–LM* 分析は示している。この均衡利子率も，同じように安定的な性質を持っているのだろうか。このことが確認されて初めて，非自発的失業の解消には，均衡所得水準そのものの増大が必要になることを，われわれは確信することができる。だが，そのとき利子率は，どのような動きを見せるだろうか。

IS 曲線における不均衡の発生　そこで，図 9–1 に，*IS* 曲線だけ取り出して描いてみよう。*IS* 曲線上の A 点や C 点は，財市場を均衡させる利子率と所得水準の組み合わせを示している。言い換えれば，財市場が A 点や C 点にあるときは，財市場に超過需要や超過供給は発生しない。問題は，*IS* 曲線上にない点，たとえば B 点や D 点である。利子率と所得水準が，何らかの理由で，B 点や D 点のような組み合わせになったとき，経済はどのような反応を見せるだろうか。

B 点とは，所得水準は A 点と同じ Y_0 でありながら，利子率の方は A 点より低い i_1 になっている点である。このような組み合わせのとき，財市場では何が起きるだろうか。A 点が示しているように，財市場が均衡するためには，所得水準が Y_0 のとき，利子率は i_0 である必要がある。これは，所得水準 Y_0 から生じる消費需要と，利子率 i_0 の下で生じる投資需要を合わせた有効需要が，**総供給水準としての** Y_0 に等しくなっていることを意味する。しかるに，B 点は，所得水準が Y_0 であるにも関わらず，利子率は i_0 よりも低い。ということは，B 点では，消費需要は A 点と同じになる一方，利子率が低いことから，投資需要は A 点よりも大きくなるだろう。したがって，その合計額は，総供給水準としての Y_0 を超過するはずである。すなわち，B 点における総需要は，総供給を超過するはずなのである。かくして，財市場は超過需要の状態に置かれることになる。これが B 点の意味するところである。

超過需要の発生は，生産の増加をもたらすはずだから，その結果，総供給額＝総所得 Y は右方向に向かって増加を始めるだろう。その間，利子率が i_1 のままであるとすれば，経済はやがて，この利子率の下で財市場を均衡させる C 点に到達するだろう。C 点に到達すれば，利子率 i_1 と所得水準 Y_1 は，再び財

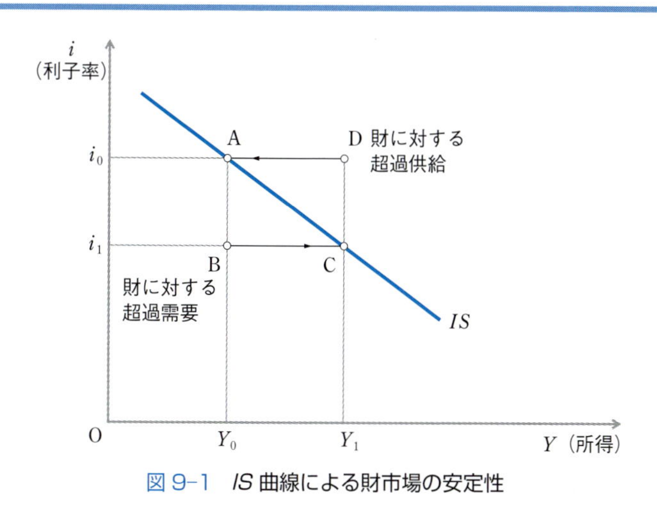

図 9-1　*IS* 曲線による財市場の安定性

市場を均衡させる組み合わせになるので，そこで，所得の拡大は停止するだろう。

以上を整理すれば，B 点のような，*IS* 曲線よりも下側にある点においては，財市場に超過需要が発生することになる。そして，財市場における不均衡の解消は，生産量の調整によって行われるから，B 点のような超過需要状態は，図上を水平に移動することによって，不均衡を解消しようとする。すなわち，B 点は C 点に移動することで，*IS* 曲線に戻っていくのである。

D 点の場合は，事態がちょうど逆になる。D 点は C 点と同じ所得水準でありながら，利子率の方は C 点よりも高い。したがって，D 点と C 点は同じ消費需要を生み出す一方，投資需要については，D 点は C 点よりも小さくなる。したがって，この場合，D 点の消費需要と投資需要の合計額は，総供給水準としての Y_1 よりも小さくなる。すなわち，総需要が総供給に及ばない超過供給の状態になるわけである。その結果，総供給は縮小する方向へ，すなわち，左方向へ向かって移動していく。そして，利子率 i_0 の下での均衡点，すなわち，A 点に戻ったところで均衡を回復するのである。

以上を整理すれば，D 点のような，*IS* 曲線よりも上側にある点においては，財市場に超過供給が発生することになり，やはり，図上を水平方向に移動する

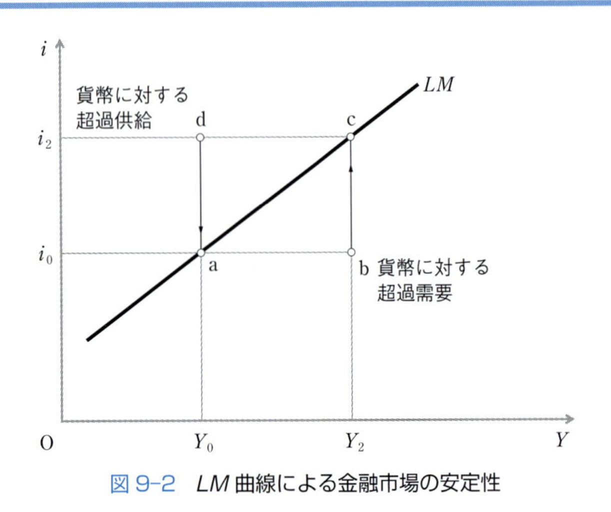

図 9-2　*LM* 曲線による金融市場の安定性

ことによって不均衡を解消する，すなわち，D 点は A 点に移動することで，*IS* 曲線に戻っていくのである。

LM 曲線における不均衡の発生　では，金融市場の場合はどうか。今度は，図 9-2 として，*LM* 曲線だけを描いてみよう。a 点，c 点は，いずれも *LM* 曲線上の点であり，それぞれの利子率と所得水準の組み合わせにおいて，金融市場は均衡している。さて，図 9-2 には，*LM* 曲線に乗っていない b 点，d 点が描かれている。経済がたまたまこのような点にあるとき，金融市場はどのような反応を見せるだろうか。

b 点では，利子率は a 点と同じ i_0 だが，所得水準は，a 点の Y_0 よりも大きい Y_2 になっている。このような場合，貨幣をめぐる需要と供給はどうなるだろうか。利子率が同じである以上，投機的需要については，a 点も b 点も同じ大きさを示すだろう。問題は，取引需要の方である。b 点は，a 点よりも所得水準が大きいわけだから，取引に必要となる貨幣量もそれだけ多くなる。すなわち，取引需要は，b 点の方が a 点よりも大きくなるのである。したがって，取引需要と投機的需要を合わせた貨幣需要は，b 点の方が，a 点よりも大きくなる。

しかし，貨幣供給量はいま一定だから，a 点よりも大きい貨幣需要量が現れれば，それは，貨幣に対する超過需要をもたらすだろう。すなわち，b 点のよ

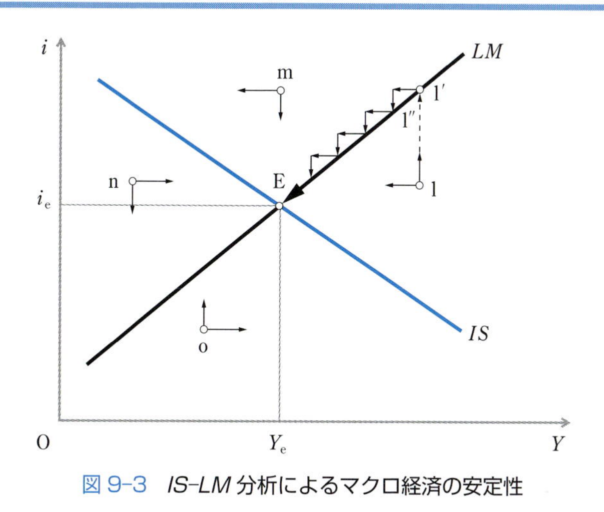

図 9-3　*IS*–*LM* 分析によるマクロ経済の安定性

うな，*LM* 曲線よりも下側の領域においては，貨幣に対する超過需要が発生するのである。

貨幣に対する超過需要は，利子率を上昇させるだろう[1]。すなわち，b 点は上方へ向かって移動することになるだろう。そうして c 点に達したとき，金融市場は再び均衡状態を回復するのである。*LM* 曲線における不均衡は，*IS* 曲線の場合とは異なり，図上を上下方向に移動することによって，解消されるのである。では，d 点のような場合は，金融市場に発生するのは，貨幣に対する超過需要であろうか，超過供給であろうか。そして，その不均衡はいかなる過程を経て，解消されるのだろうか。これを読者は，確認問題 9-1 として検討してほしい。

2 つの市場における不均衡解消　再び，*IS* 曲線と *LM* 曲線を，1 枚の図に重ねてみよう。図 9-3 には，不均衡状態を表す点として，l，m，n，o，の 4 つの点が記されている。こうした不均衡状態は，この後どうなるだろうか。もしこれらが，ことごとく，*IS*–*LM* の均衡点すなわち，E 点に収束する傾向を

[1] 取引需要は，フローとしての貨幣需要であることに注意する必要がある。すなわち，*IS*–*LM* 分析は，貸付資金需給説のような，フローの次元における利子率決定を，ひそかに復活させているのである。こうした辺りにも，ケインズ理論との微妙な差異が現れている。

持つのであれば，われわれは，45度線分析よりも広い範囲で，すなわち，財市場に金融市場を加えたマクロ経済全体において，所得と利子率の両方に，安定性が備わっていることを確認できるだろう。

そうすると，たとえば1点というのは，どのような点かというと，これは*IS*曲線よりも上側にあり，*LM*曲線よりは下側にある点であることが見てとれる。*IS*曲線よりも上側の領域は図9-1のD点によって，そして，*LM*曲線よりも下側の領域は図9-2のb点によって代表されることを，われわれは知っている。したがって，図9-3の1点は，このD点とb点の両方の性質を持つ点であると考えていいだろう。

ということは，D点は財市場における超過供給を表し，b点は金融市場における超過需要を表す点であったわけだから，その両方の性質を持つ1点は，財市場においては超過供給を発生させ，金融市場においては超過需要を発生させる点になるだろう。したがって，不均衡の解消も，財市場と金融市場の両方で生じることになるだろう。

理論的には，この場合の不均衡解消は，次のように進むものと考えられる。すなわち，財市場における調整は，生産調整を含むものになるから，これはかなり時間を要する過程になるだろう。それに比べて，金融市場の調整は，提示される利子率が変わるだけだから，ほとんど瞬時の調整が可能である。したがって，1点からの調整は，まず*LM*曲線側の調整から開始されるだろう。経済は*LM*曲線上に（ほぼ瞬間的に）立ち戻り，まずは金融市場の不均衡が解消される（1′点）。しかし，1′点は，金融市場は均衡させても，*IS*曲線上の点ではないから，財市場は相変わらず不均衡のままであり，これを解消するために，所得水準が左方向へ（超過供給を解消する方向へ）移動しようとする。ところが，1′点からわずかでも左方向へ移動すると，経済は再び*LM*曲線からも離れることになり，しかも今度は，m点と同じ領域に入ることになる。m点は，*LM*曲線よりも上側，ということは，貨幣の超過供給状態を表す領域だから，今度は，利子率は下方に動くだろう。その結果，経済は*LM*曲線上の1″点へ（これもほぼ瞬時に）移動する。そこから，再び，所得の減少が始まりかけると，経済は再びm点の領域に入るので，いまと同じ過程が繰り返されることになるだろう。

かくして，経済は事実上，*LM*曲線の上を滑るような感じで，E点へ向けて，収束していくことになるだろう。現実の経済が，ここまで機械的な反応を見せるかどうかはわからないが，理論的には，このような過程を経て，マクロ経済は結果的に，自らの安定性を維持していると考えていいだろう。

確認問題 9-1　① 図 9-2 の d 点が，*LM* 曲線に戻る過程を描写せよ。
② 図 9-3 の残りの 3 点（m, n, o）のなかから 1 点を選び，それが E 点に収束していく過程を描写せよ。

9-2　*IS–LM* 分析とマクロ経済政策

マクロ経済政策の再検討　このように，*IS–LM* 分析は，財市場，金融市場ともに含めた範囲で，経済の安定性を確認する。したがって，雇用量の拡大は，やはり一時的な所得増加に頼るのではなく，均衡所得そのものの拡大，すなわち，*IS–LM* の均衡点そのものの移動によって，はかられなければならない。それを行うのが，マクロ経済政策である。

第 4 章で，われわれは，45 度線分析を使って，マクロ経済政策の基礎を学んだ。しかし，45 度線分析は，基本的に財市場に視野を限定したものであって，金融市場はまだ描かれていない。だが，われわれは，*IS–LM* 分析を得たことによって，金融市場についても明示的に扱うことができるようになっている。したがって，マクロ政策についても，この視野の下で，いま一度検討し直す必要がある。

(1) 金融政策

そこで，改めて，金融政策を検討してみよう。ここでは，先と同様，雇用拡大のために，金融緩和政策がとられるものと仮定しよう。金融緩和政策は，いまのところ，公開市場操作による買いオペ（資金供給オペレーション）にほぼ限定されているので，ここでもその前提で，議論を進めよう。

金融緩和政策の効果　第 6 章でも述べたように，買いオペとは，中央銀行が国債に代表される債券を市場から買い取り，その代金を経済に投入することで，経済全体の貨幣供給量を増やそうとする政策である。中央銀行から経済にちょくせつ投入される貨幣を，われわれはハイパワードマネーと呼んだ。すなわち，第7章の（7-3）′式，あるいは第8章の（8-1）式の$M = kH$における，Hの値を大きくすることで，経済全体の貨幣供給量Mを大きくしようとするのが，金融緩和政策である[2]。

この政策がいま，実行されたと仮定しよう。したがって，その影響はまず金融市場，すなわち，*LM*曲線の側に現れる。図9-4でいえば，その第3象限（左下）において，Mの値を増加させるのが，金融緩和政策である。ここでは，その増加幅をΔMとして表すことにしよう。他の条件を一定と仮定すると[3]，このとき，*LM*曲線にはどのような変化が生じるだろうか。そして，その変化は経済全体にどのような影響を及ぼすだろうか。

Mの増加は，第3象限の45度線を，全体的に左下方へシフトさせるだろう。利子率はすでに，*IS-LM*の均衡点としてi_e^0に与えられている。Mの増加が貨幣の投機的需要関数に影響を及ぼさないとすれば，投機的需要はL_2^0のまま維持される[4]。ということは，増加したMはすべて，取引需要L_1に吸収されなければならない。すなわち，L_1はL_1^0からL_1^1に増加しなければならない。L_1が増加するためには，所得水準が増加しなければならない。すなわち，所得水準は，Y_e^0ではなくY_1にならなければならない。つまり，ΔMが投入されると，利子率i_e^0に対して，所得水準がY_1にならないと，金融市場は均衡できなくなるのである。

2　これまで同様，信用乗数kの値は一定と仮定する。

3　これは，セテリス・パリブス（*ceteris paribus*）の仮定といって，経済学では頻繁に用いられる仮定である。ある変数Aが変化した場合の結果を正確に捉えるために，関数形をはじめ，他の与件条件はすべて一定に保たれると仮定するのである。この仮定は，科学の実験になぞらえたもので（ある薬品を加えた効果を見極めるためには，それ以外の条件を一定に保たなければならないだろう），これによって，近代経済学は，自然科学に一番近い社会科学になることができたと言ってもよい。ただ問題は，一定と仮定した条件のなかに，本当は，Aの影響を受けるはずのものが含まれていないかどうかである。そうした部分は，Aの変化から始まる一連の過程のなかに含ませておかなければいけないのであって，これを「他の条件」として一定にしてしまったのでは，Aの変化を理解したことにはならない。数学的な言い方をすれば，これは，内生変数（一緒に変化する変数）を，外生変数（外から与えられる値）と勘違いするという誤りである。経済学を正しく理解しているかどうかが，もっとも試される場面と言える。

4　これも，セテリス・パリブスの仮定による。しかし，中央銀行が景気向上を目的とする政策に踏み切ったことを知りながら，人々の投機的行動に何の変化も生じないという仮定が，本当に妥当な仮定と言えるかどうかは，本来，一考の余地があるだろう。ただし，投機的需要関数が変化することを認める場合には，その変化の方向や大きさを理論的に確定しない限り，結論が曖昧になる可能性がある。投機的需要関数に影響が出るとしたら，その後，経済はどうなるだろうか。考えてみよう。

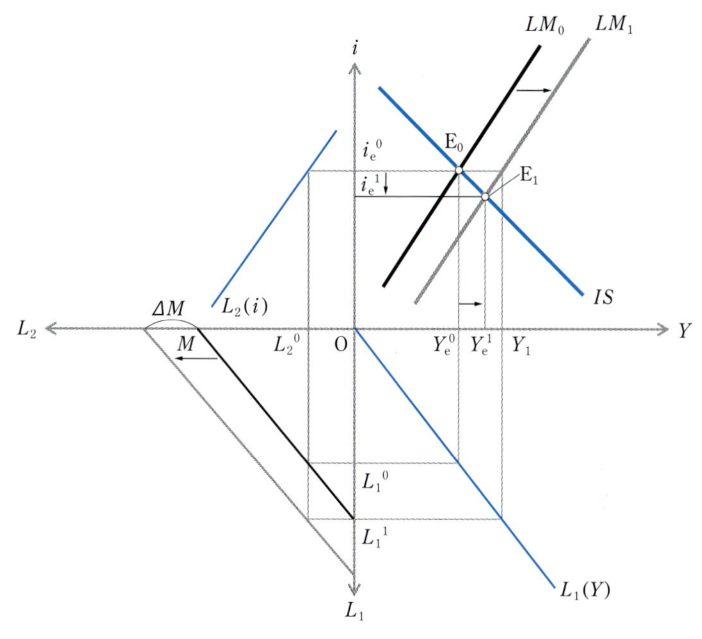

図 9-4　金融緩和政策の効果

同様のことは，どの利子率に対しても言えるから，ここから，金融緩和政策を行うと，あるいは，貨幣供給量ΔMを追加すると，*LM* 曲線は全体的に右方向へシフトすることがわかる。図 9-4 でいえば，金融緩和政策が行われると，*LM* 曲線は，LM_0 から LM_1 へとシフトするのである。この過程で *IS* 曲線に変化がないとすれば，均衡点は E_0 から E_1 へシフトすることになる。すなわち，均衡利子率が i_e^0 から i_e^1 へ低下する一方，均衡所得水準は Y_e^0 から Y_e^1 へ増加するのである。

この Y_e^1 は，*IS* 曲線と新しい *LM* 曲線 LM_1 との交点である。したがって，これは均衡所得水準そのものの増加である点に注意する必要がある。これを受けて，労働市場では労働需要関数が，右方向へシフトするだろう。その結果，うまくすれば，完全雇用を実現することができるかもしれない。

新しい均衡点において，利子率は低下していることに注意する必要がある。ここに，金融緩和の効果が現れている。このように，均衡点の移動が，所得水準のみならず，利子率にも影響を及ぼす過程を分析できることが，45度線分析にはなかった，*IS–LM* 分析の大きな利点の1つである。そしてこのことが，じつは金融政策と財政政策の，大きな違いを明らかにすることにつながるのである。

確認問題 9–2（1）　金融引締め政策（資金吸収オペレーション(売りオペ)）は，*IS–LM* 分析ではどのように示されるか。

(2) 財政政策

IS–LM 分析において，財政政策はどのように表現されるか。公共投資政策，すなわち，政府支出 ΔG の効果を例にとって考えてみよう。

公共投資政策の効果　公共投資政策とは，政府がちょくせつ，社会資本形成として設備投資を行うことを意味する。したがって，これは財市場に影響を及ぼすことになる。すなわち，図 9–5 において，公共投資政策は，民間設備投資の投資関数に，公共投資 ΔG を上乗せする形で描かれる[5]。

さて，当初の均衡点は，*IS–LM* の交点 E_0 で与えられ，均衡利子率は i_e^0 になっている。この利子率の下で，民間投資は I_0 になっているが，ここにさらに，財政政策として ΔG を加えるのである。したがって，経済全体の投資額は，民間投資 I_0 に公共投資 ΔG を加えた $I_0 + \Delta G$ になる。財市場が均衡するためには，この $I_0 + \Delta G$ と貯蓄が等しくならなければならない[6]。すなわち，I_0 と等しい貯蓄を S_0 とすれば，ΔG が加わったことによって，貯蓄も $S_0 + \Delta G$ という大きさになる必要があり，それは図 9–5 第3象限の（下方向へ測った）縦軸上の値で示されている。

$S_0 + \Delta G$ をもたらす Y の大きさは，第4象限の貯蓄関数を逆向きに読むことによって，Y_2 であることがわかる。したがって，利子率 i_e^0 に対応すべき所得水準は，当初の均衡所得 Y_e^0 ではもはやなく，Y_2 でなければならない。すべての利子率について，同様のことが言えるから，ここから，財政政策が行われ

[5] 先の第4章では，すでにいくらかの G が実行されていたところへ，さらに ΔG を追加する場面を描いていたが，ここでは，最初の G を民間投資に加える場面を考えることにしよう。この場合でも，政府支出ゼロの状態から ΔG を加えると考えればよいから，公共投資は ΔG で表現できる。

[6] これは，$Y = C + I + \Delta G \rightarrow Y - C = I + \Delta G \rightarrow S = I + \Delta G$ となることからも確かめられる。

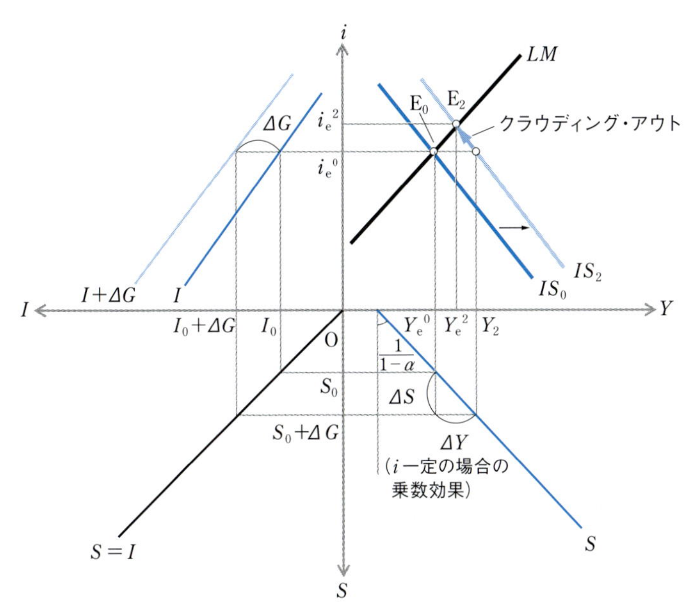

図 9-5　財政政策（公共投資政策）の効果

ると，*IS* 曲線は全体的に右方向へシフトするという結論を得ることができる。

IS 曲線がシフトした結果，新しい均衡点は E_2 になる。均衡所得水準は Y_e^0 から Y_e^2 へ増大し，均衡利子率は i_e^0 から i_e^2 へと上昇する。所得水準の変化の方向は，金融政策と同じ（増大）だが，利子率の変化の方向は，金融政策の場合と，逆になっている点に注意する必要がある。これは，財政政策を行うために，政府が新たな資金需要を持ち込んだのに対し，目下の想定では，貨幣供給量は一定だから，一定の貨幣供給量に対して貨幣需要量が増加する結果，利子率が上昇するのである[7]。

このことから，財政政策には，金融政策では見られない，ある 1 つの特徴が備わることになる。すなわち，公共投資 ΔG が民間投資 I_0 に加えられた当初，

[7] この議論が成り立つためには，①信用創造はすでにめいっぱい行われていること，②中央銀行はハイパワードマネーの追加供給を行わないこと，その結果，③利子率がフロー貨幣の需給関係で動くこと，がそれぞれ仮定される必要がある。

所得は Y_e^0 から Y_2 にまで増加している。これは，文字通り，乗数効果が発揮された結果である。ところが，新しい均衡所得水準は Y_e^2 であって，これは Y_2 よりも小さな値である。つまり，所得水準は，これまでわれわれが考えてきたものよりも，小さな増加しか示していないのである。

これはなぜだろうか。そこで，いまの過程を，もう少し詳しく辿り直してみよう。財政政策によって加えられた公共投資の大きさは ΔG である。これは，発注主体こそ政府になるが，投資には変わりないので，ΔI と同様，乗数効果を発揮する。したがって，乗数倍された所得増額の大きさは，$\Delta Y = \Delta G/(1-\alpha)$ になるはずである。

じつは，図 9-5 は，この乗数効果について，ひそかに描いているのである。第 4 象限の貯蓄関数を見てほしい。貯蓄関数の傾き（$1-\alpha$）は $\Delta S/\Delta Y$ を意味し，これは本来，Y を横軸として測られるものである。しかしながら，図 9-5 の第 4 象限のように，S を横軸と見なして貯蓄関数の傾きを見た場合には，その傾きは $\Delta Y/\Delta S$ になる。すなわち，本来の傾きの逆数，$1/(1-\alpha)$ になる。ということは，この傾きそのものが乗数を表すことになるわけである。

ゆえに，ΔG の乗数倍の所得が形成されたのであれば，所得は Y_e^0 から Y_2 にまで増大しなければおかしいのである。しかるに，均衡所得は Y_e^2 にまでしか増えていない。これはなぜなのかを，われわれは，ぜひ理解しなければならないのである。

クラウディング・アウト　ここで関係してくるのが，先ほど確認した，均衡利子率の上昇なのである。財政政策においては，一定の貨幣供給量の下で，貨幣需要量が増加する結果，利子率が上昇してしまう。これまで見てきた乗数理論においては，このような事態，すなわち，途中で利子率が上昇し始めるような事態は想定していない。しかし，利子率が実際に上昇するとすれば，民間企業の設備投資は，それによって，いくらか減退せざるを得ないだろう。すなわち，公共投資 ΔG が満額実行される一方で，民間投資 I は，利子率の上昇に伴い，その一部が抑制されてしまうのである。その抑制分の（乗数倍された）所得減少の部分が，この Y_e^2 と Y_2 の差額部分に現れている，あるいは言い方を換えれば，Y_2 から Y_e^2 へ向けての後退部分に現れているのである。これは，ある意味で，公共投資が金融市場を逼迫させた結果，民間投資の一部を追い出した格好にも見えるので，マクロ経済学では，こうした現象をクラウディング・

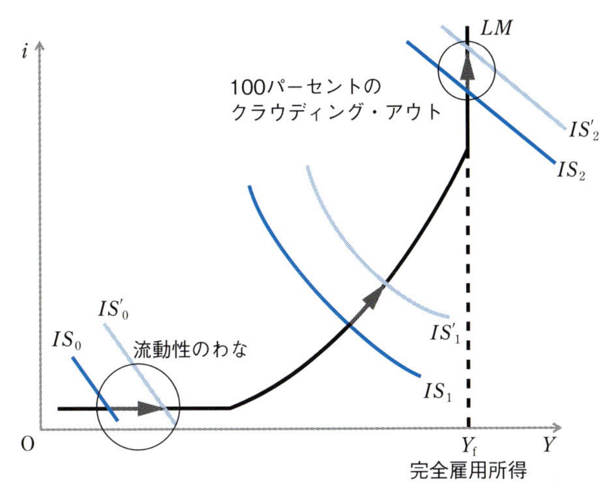

図 9-6　クラウディング・アウトと流動性のわな

アウトと表現する[8]。

クラウディング・アウトは，*LM* 曲線の傾き具合に依存する現象である。すなわち，*LM* 曲線が緩やかな傾きをしているときは，クラウディング・アウトはそれほど現れないが，傾きが急になるに従い，均衡利子率の上昇幅も大きくなるので，それだけクラウディング・アウトも大きくなる。そして，ひとつの極端なケースとして，図 9-6 のように，*LM* 曲線が垂直になっているときには，公共投資を追加しても，所得水準はまったく増加しない。これは，*IS* 曲線のシフトが利子率を極端に上昇させる結果，公共投資と同額だけ民間投資が排除されてしまうケース，すなわち，100 パーセントのクラウディング・アウトが生じるケースである。

LM 曲線が垂直になるというのは，それ以上，所得が拡大できない状態，すなわち，経済が完全雇用に達している状態を意味する。したがって，そこに追加的な公共投資を加えても，所得はもはや拡大できず，過剰な投資水準が民間投資の削減によって相殺される形になるのである。完全雇用前提は，新古典派

[8] クラウディング・アウト（Crowding Out）とは本来，人が混み合った結果，誰かを閉めだしてしまうような事態をいう。

の前提でもあるので，以前は，ここが新古典派経済学の該当する領域だと考えられた。経済がこの領域にあるとすれば，政府支出の拡大は民間投資を圧迫するだけである。かつての新古典派が，政府介入を原則的に不要と考えたのは，そのためである。

流動性のわな　逆に，*LM* 曲線が水平の場合には，利子率はまったく上昇しないので，クラウディング・アウトもまったく発生しない。すなわち，乗数効果通りの所得拡大が見込める状態になる。ケインズ経済学が文字通り成立するのは，このような場合であると考えることもできる[9]。*LM* 曲線が水平というのは，利子率が，これ以下には下がらなくなった状態と解釈することもできる。利子率があまりに低くなると，ということはすなわち，債券価格があまりに高くなると，あとはもう下がるしかないだろうという予想になり，第 8 章の例でいえば，皆が皆，ブレド氏と同じような判断をすることになって，債券を売って現金を取り戻そうとする。つまりは，無限大の（水平の）投機的需要が発生することになり，その結果，*LM* 曲線の形も水平になるのである。このような事態を，ケインズは流動性のわなと表現した。金利が長らくゼロ金利で安定している日本経済は，あるいは，この状態に相当すると言えるかもしれない。この場合には，金融緩和政策を行っても，図 9-6 の点線の *LM* 曲線が示すように，水平部分への影響は基本的にないことになるから，所得水準は拡大しない。すなわち，経済が流動性のわなにあるときは，金融政策は効果を発揮しないのである。したがって，ケインズのように，財政政策（*IS* 曲線のシフト）が必要になるという判断になる。

いずれにしても，これらは理論上の想定であって，現実の *LM* 曲線は，おおむねその中間の，右上がりの曲線になっているものと想定していいだろう。このように，*IS–LM* 分析は，45 度線分析よりも，はるかに精緻に，かつ広範に，経済政策を分析することができる。*IS–LM* のグラフだけ見ていても，なかなか使い方が見えてこなければ，その都度，前章の図 8-3，図 8-4 まで立ち戻って，どの市場にどのような政策介入が行われるかを書き込み，その結果，*IS* 曲線，*LM* 曲線の位置や傾きに，どのような変化が生じるかを辿ればよい。そのようにして *IS–LM* 分析を使いこなせるようになったら，読者は，またとない味方を得たことになるだろう。

[9]　もちろん，これは *IS–LM* 分析のなかでの解釈である。

以上で，マクロ経済学の基礎部分は終了である。次章以降は，ここまでに得た基礎理論をもとに，やや応用的な課題に入っていこう。もちろん，そのいずれの課題も，われわれが日常的に遭遇する問題ばかりである。そうした，日々の実践的課題に，マクロ経済学の基礎理論がどのように活用されていくか。ここからが，旅の本番である。

確認問題 9-2（2） 公共投資政策と金融緩和政策が同時に行われたとしたら，クラウディング・アウトはどうなるか。分析せよ。

第9章　練習問題

問題Ⅰ　次の文章の空欄に，適当な語句を入れなさい。

1. *IS* 曲線よりも下側にある点では，均衡所得に対して利子率が低いか，均衡利子率に対して所得が（　　　）状態となっている。
2. *IS* 曲線よりも下側にある領域において，財市場では（　　　）が発生する。
3. *LM* 曲線よりも上側にある点では，均衡所得に対して利子率が（　　　）か，均衡利子率に対して所得が小さい状態となっている。
4. *LM* 曲線よりも上側にある領域において，金融市場では（　　　）が発生する。
5. 金融緩和政策が行われると，（　　　）が右方向へシフトする。その結果，均衡所得は増大し，均衡利子率は（　　　）する。
6. 公共支出政策が行われると，（　　　）が右方向へシフトする。その結果，均衡所得は増大し，均衡利子率は（　　　）する。
7. 財政政策によって，民間投資が圧迫を受けるような現象を（　　　）という。
8. 利子率が下がらなくなり，金融緩和政策の効果が損なわれる現象を（　　　）という。

問題Ⅱ　限界消費性向の上昇は，*IS–LM* 均衡に，どのような影響を及ぼすか。前章の図 8-3，図 8-4，図 8-5 から書き起こして，詳しく分析せよ。

問題Ⅲ　*IS–LM* 分析に所得税を導入し，減税政策の効果を，問題Ⅱと同じようにして分析せよ。

問題Ⅳ　ある国のマクロ経済が次のように表されるとき，下記の問いに答えなさい。

$$Y = C + I + G$$
$$C = 100 + 0.6Y$$
$$I = 60 - 2i$$
$$G = 32$$
$$M = L$$
$$L = 2Y - 20i$$
$$M = 900$$

ここで Y は国民所得，C は消費，I は投資，G は政府支出，i は利子率（単位%），L は貨幣需要量，M はマネーストック

1. この経済の均衡国民所得と均衡利子率をそれぞれ求めなさい。
2. 政府支出を G から 12 増加させ，その財源を市中消化の国債（マネーストック一定の下での国債発行）に求めるとすると，国民所得はいくら増加または減少するか。計算して求めなさい。
3. 2. において，クラウディング・アウトによって減少した所得はいくらか。計算して求めなさい。

第 10 章

オープンマクロ経済学の基礎

IS–LM 分析を学んだことによって，われわれは，マクロ経済学の基礎理論を，一通り身につけたことになる。しかし *IS–LM* 分析には，まだ，海外との経済取引が含まれていない。海外との経済取引は，どの国においても，これまで以上に，重要性を増していくだろう。海外部門を視野に収めることで，マクロ経済学はさらに一歩，現実に近づくことになる。

10–1　国際収支統計

海外部門の存在　　われわれは，第 2 章で，マクロ経済学の体系が，基本的に次の式で表されることを見た。

$$Y = C + I + G + (EX - IM) \quad (2\text{-}1)$$

IS–LM 分析によって，われわれは，$Y = C + I + G$ までの経済については，検討できるようになった。しかしながら，*IS–LM* 分析は，*EX*（輸出）や *IM*（輸入）については，まだ視野の外に置いている。このように，海外との経済取引を，いったんないものと仮定して議論を進める姿勢を，**閉鎖体系**の経済学という。

しかし，現実の経済は，当然のことながら，海外との経済取引を活発に行っている。特に，資源のほぼ 100 パーセントを輸入している日本経済の場合，海外との経済取引なしに，経済活動を続けることはできない。したがって，現実的なマクロ経済学を求めようとすれば，海外との経済取引を，はっきり視野に収める必要がある。このように，海外部門の存在を明確に前提して展開される

表 10-1　国際収支総括表

（暦年。単位　億円）

	2017	2018	2019	2020
経常収支	227,779	195,047	192,732	175,347
貿易・サービス収支	42,206	1,052	−9,318	−7,250
貿易収支	49,113	11,265	1,503	30,106
輸出	772,535	812,263	757,753	673,701
輸入	723,422	800,998	756,250	643,595
サービス収支	−6,907	−10,213	−10,821	−37,357
第1次所得収支	206,843	214,026	215,749	208,090
第2次所得収支	−21,271	−20,031	−13,700	−25,492
資本移転等収支	−2,800	−2,105	−4,131	−1,842
金融収支	188,113	201,361	248,843	153,955
直接投資	174,118	149,093	238,810	112,593
証券投資	−56,513	100,528	93,666	42,339
金融派生商品	34,523	1,239	3,700	8,662
その他投資	9,467	−76,127	−115,372	−21,618
外貨準備	26,518	26,628	28,039	11,980
誤差脱漏	−36,866	8,419	60,242	−19,551

データ出所：財務省「国際収支状況」(2021年７月20日閲覧)

マクロ経済学を，オープンマクロ経済学もしくは開放体系の経済学という。

オープンマクロ経済学は，それだけで，優に1科目を要する分野であって，ここでそのすべての話題を扱うことはとうていできない。そこで本章では，開放経済の実情を伝える国際収支統計についてまず概説し，次に，オープンマクロ経済学の，ある意味で主役とも言える為替レートの見方と意味について検討する。次に，為替レートの決定理論と，特に短期の為替レートがマクロ経済に及ぼす影響について，*IS–LM* 分析を応用しながら，検討していくことにする。

海外との経済取引の統計：国際収支統計　国際収支統計とは，日本と海外との経済取引を表す統計である。現在の国際収支統計は，表 10-1 にあるように，経常収支，金融収支，資本移転等収支の大きく3つの項目に分けられる[1]。

[1] 国際収支統計は，2014 年 1 月公表分より，IMF の国際収支マニュアル（第 6 版）に合わせるため，大幅に変更された。読者のみなさんが，これ以前に刊行されたテキストを参照する場合には，この点，十分注意してほしい。

(1) 経常収支

経常収支は，海外との財・サービスの取引を表す貿易・サービス収支，海外からの利子・配当の受け取りから，海外への利子・配当の支払いを差し引いた第１次所得収支（以前の所得収支に該当），官民の無償資金協力や寄付・贈与の受け払いを表す第２次所得収支（以前の経常移転収支に該当）からなる[2]。

貿易・サービス収支はさらに，モノの貿易を対象にする貿易収支と，モノの形を伴わないサービスを対象にするサービス収支に分けられる。貿易収支は，一般の貿易のイメージにもっとも近い，物品の輸出・輸入額を計測した部分である。これに対してサービス収支とは，貨物や旅客の運賃や輸送費，海外旅行の宿泊費や飲食費，証券売買の手数料，特許や著作の使用に伴う知的財産権等使用料などからなる。

近年，日本の貿易・サービス収支は赤字が続いている。特に，近年の貿易収支は，原油の輸入価格に左右される部分が大きく，後に述べる為替レートの影響を強く受ける。その一方で，日本製品の国際競争力の低下が，輸出の伸び悩みを通じて，貿易収支を悪化させているという指摘もある。サービス収支も赤字ではあるものの，その赤字幅は近年大きく縮小している。その原因としてよく指摘されるのが，外国人旅行客の大幅増であるが，それに加え，特許料に代表される知的財産権等使用料の著しい増加にも注目する必要がある。

第１次所得収支とは主に，海外からの利子・配当収入から，海外への利子・配当支払いを差し引いたものである。貿易・サービス収支が減少・赤字の傾向を示しているのに対し，第１次所得収支は，リーマンショックのときに，一時的に減少を見せたものの，その前後を通じて，一貫して増加の傾向を示している。その額は，貿易・サービス収支の赤字を優に凌駕するものであり，その結果，日本の経常収支は黒字を続け，しかもその黒字幅は，年々拡大の傾向にある。数字的に見る限り，貿易の赤字を投資の黒字で埋める形になっているわけだが，第１次所得収支には，日本企業の海外子会社，海外現地法人からの送金部分（直接投資）も含まれるので，この傾向をもって，いわゆる証券投資（間接投資）に経済の軸足が移ったと断定するのは早計だろう[3]。

2　これに限らず，国際収支は「収支」統計であるから，各項目とも，収入と支出の差額を計上している。

3　ただし，この直接投資の増加が，モノづくりの拠点を日本の国内から失わせる，いわゆる産業空洞化として懸念されていることも，あわせて理解しておく必要がある。

(2) 金融収支・資本移転等収支・誤差脱漏

金融収支は，以前の投資収支と外貨準備増減を統合したもので，日本人や日本企業（合わせて，居住者という）と，外国の人や企業（合わせて，非居住者という）の間での，（第1次所得収支に含まれるもの以外の）金融資産に関わるやり取りを計測したものである。

以前の国際収支の考え方では，項目や目的に関わらず，日本へお金が入ってくれば黒字，日本からお金が出ていけば赤字として勘定した。たとえば，輸出よりも輸入が多くなると，海外からのお金の受け取りよりも，海外へのお金の支払いが増えるから，これは当然，赤字として勘定されるが，日本企業が海外に子会社を作った場合も，そのための資金は日本から海外へ出ていくことになるから，これもまた赤字として勘定された。しかし，前者は，（たとえば輸入代金を作るために，海外にある資産を処分したりすれば）海外資産の減少を意味する一方，後者は，海外に会社を新たに作るわけだから，これは海外資産の増加を意味する。にも関わらず，以前の国際収支では，両方とも「赤字」として計上されていた。

これに対し，新しい金融収支では，お金の出入りで黒字・赤字を決めるのではなく，資産の増減で黒字・赤字を決める考え方をとる。すなわち，貿易赤字の場合は，輸入代金を調達するために，海外資産を減らすことになるから，やはりマイナスとして計上されるが，海外子会社の場合は，海外資産を増やすことになるから，今度はこれをプラスとして計上するようになった。端的に言えば，以前の国際収支が資金のフローに注目するものであったのに対し，新しい国際収支は資産，すなわち，ストックの増減に注目するものになったと言えるだろう。

そのため，たとえば貿易が黒字になると，これは一方で経常収支を増加させるが，その黒字分が海外預金等の資産を増加させることを通じて，同時に金融収支も増加させることになる。したがって，経常収支と金融収支は同時に増減するものになるので，原則的には，差し引きするとゼロになる。ただし，現実にはこれ以外にも，対価を伴わない固定資産の提供や債務免除などを含む資本移転等収支が存在し，また，さまざまな計測上の誤差も生じることから誤差脱漏という項目が設けられており，厳密には，次のような関係になる。

経常収支＋資本移転等収支－金融収支＋誤差脱漏＝0　　(10-1)

これは，常にかならず成り立つ恒等式である[4]。

確認問題 10-1　表 10-1 の各年度において，(10-1) 式が成り立つことを確認せよ。

10-2　為替レートとJカーブ効果

為替レートという要因　ここで (2-1) 式に戻ろう。オープンマクロ経済学の基本的な課題は，この式の *EX*（輸出）－*IM*（輸入），すなわち，*NX*（純輸出）の規模やその変化が，1国のマクロ経済に及ぼす影響について分析することである。したがって，何が原因で，輸出や輸入が変化するか，それを考えることが，オープンマクロ経済学の基本になる。それには経済の構造や生産性など，さまざまな要因が考えられるが，今日，ある意味でもっとも大きな変動（場合によっては，かく乱）要因になっているのが為替レートである。

為替レートとは，一言で言えば，各国通貨の交換比率である。日本でアメリカの商品を輸入しようと思ったら，その代金は円ではなくドルで支払わなければならない。したがって，円をドルに換える必要があるわけだが，その際の交換比率が，為替レートである。

固定為替レート　戦後の国際通貨体制は，1971 年のニクソン=ショックに至るまで，ずっと固定相場制，すなわち，固定為替レートの下で運営されていた。これは，1944 年のブレトン=ウッズ協定に基づき，金 1 オンス＝35 ドルと定め，これを基に通貨間の為替レートを決め，そのレートが動かないように，さまざまな調整を行うものであった[5]。日本は戦後，この体制に加わり，円とドルの交換レートは 1 ドル＝360 円と定められた。これは戦後すぐの，日米の経済力の

---

[4] 以前は，経常収支＋資本収支＋外貨準備増減＋誤差脱漏＝0 という関係だった。資本収支とは，以前の投資収支を含む上位項目だが，新しい国際収支統計では廃止された。

[5] これは一種の金本位制のようにも見えるが，アメリカは国内においては，管理通貨制を維持していたから，金本位制の復活を意味するものではない。一方で，ブレトン=ウッズ体制では，ドルも金も同じような役割を果たしたので，金・ドル本位制などともいわれた。

差からすれば，妥当な水準と考えられた。しかし，その後，1950年代後半からの高度経済成長を経て，日本の工業生産力が飛躍的な発展を遂げるようになると，価格は同じでも品質の高い商品を供給できるようになった。そうすると，アメリカからすれば，それだけ高い品質を持つようになった商品には，いままでより高い価格がつけられてもおかしくなく，またそうならないと，アメリカ国内の競合企業が不利になってしまうわけだが，固定為替レートの下では，日本で360円の商品は，相変わらず1ドルとして販売された。

その結果，日本からアメリカへの輸出がどんどん増え，アメリカの貿易収支は年々悪化していった。同様の関係は，日本以外の国々との間でも生じており，それに加えてアメリカは1960年代後半から，悪性のインフレーションに見舞われ，インフレーションは，その国の貨幣価値を下げる働きをするから（だから，反対にモノの価格が上がるのだから），アメリカは固定為替レートを維持することが難しくなり，ついに1971年，ニクソン大統領の下で，金とドルの交換停止，すなわち，事実上の固定為替レート放棄を宣言するに至った。これが，いわゆる**ニクソン=ショック**である。

変動相場制　ニクソン=ショックの後，スミソニアン合意によって一時的な調整がはかられたものの[6]，1973年には，なし崩しに近い形で，国際金融体制は，今日の変動相場制に移行した。変動相場制の下では，為替レートは各通貨に対する需要と供給の関係で決まることになる。たとえば何らかの理由で，いま，円よりもドルを必要とする人が増えれば，外国為替市場でドルが求められ，その代わりに円が提供されることになる。これを一般に，ドルが買われ，円が売られると表現する。これは，ドルに対する需要が高まり，円の供給が増えることを意味するから，ドルが高くなって，円が安くなる。つまり，ドルの交換レートが高くなるのである。

たとえば，これまで1ドル＝100円であったところ，ドルが買われ，円が売られる事態が続くと，1ドル＝120円のように，円の数字が大きくなる方向へ為替レートが変化する。これは，いままで1ドルが100円の価値を持っていたのに対し，今度は同じ1ドルが120円分の価値を持つようになることを意味す

[6] これによって，円・ドルレートは，1ドル＝308円に調整された。これは，日本で360円の商品を，アメリカではもはや1ドルで買えなくなったことを意味するから，ドルの価値の下落，または円の価値の上昇を意味する。これをドルの**切り下げ**，円の**切り上げ**と表現する。

るから，これはドルの価値が上がって，円の価値が下がったことを意味する。いわゆる円安・ドル高である。このように，為替レートが，各国通貨に対する，その時々の需給関係で形成されるシステムのことを，変動相場制という。

貿易不均衡の解消の働き　変動相場制は，各国通貨の対外価値が，それこそ毎時毎分変わっていくシステムだから，一見，不安定な印象を与えるだろう。それにも関わらず，なぜこのようなシステムが求められたかというと，その印象とは裏腹に，このシステムには，貿易不均衡を是正する働きがあるからである。たとえば，いましがた例としてあげた，ドル需要が高まり，円需要が低下するのは，アメリカの対日貿易が黒字，あるいは同じことだが，日本の対米貿易が赤字になっているような場合である。日本側から見れば，アメリカへの輸出よりも，アメリカからの輸入が多くなっており，それだけ多くのドル資金が必要になっているのである。そのため，外国為替市場で，円を売ってドルを買う動きが強まり，結果として1ドル＝100円から1ドル＝120円のような，円安・ドル高の傾向が現れるのである。

円安・ドル高になると，日本の消費者は，これまで1ドルの商品を100円で買うことができたのに，今度は，同じ商品に120円支払わなければならなくなる。これは日本の消費者からすれば，アメリカ商品が値上がりしたのと同じことになるので，アメリカ商品への需要を減らそうとするだろう。他方で，アメリカの消費者からすれば，いままでは100円の商品を1ドルで購入していたところ，今度は120円の商品を1ドルで買うことができるようになるわけだから，これは日本の商品が値下げをしたのと同じことになる。

かくして，アメリカから日本への輸出が減少する一方，アメリカの日本からの輸入（日本からアメリカへの輸出）は増加することになるので，アメリカの対日黒字，日本の対米赤字はともに減少し，最終的には，両国の輸出と輸入が均等する貿易均衡の状態に，導かれることになるだろう。このように，変動相場制には，貿易不均衡を自動的に解消する機能が，本来的には備わっているはずなのである。

Jカーブ効果　もちろん，現実の貿易は，ここまで単純ではない。というのは，為替レートは，それこそ瞬間的に変化できるが，輸出入の契約は，そう簡単に変えられるものではない。アメリカの企業が，日本の企業から，商品を1,000個輸入するという契約をいったん結んだならば，それは原則的に履行

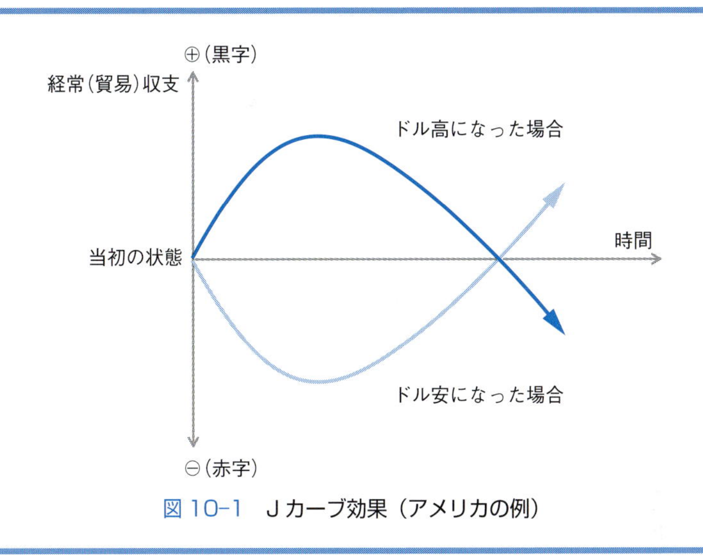

図 10-1　J カーブ効果（アメリカの例）

されなければならない。その場合の価格について，契約時の為替レートに固定する契約を結んでいれば問題ないが，多くの契約では，商品の引き渡し時の為替レートで，最終的な価格が決められることが多い。そうすると，たとえば，円安・ドル高になった場合，すでに契約された分の変更ができないとすれば，円安・ドル高の結果，アメリカから日本への支払金額はさらに減少することになり，アメリカの対日黒字はさらに増加することになるだろう。

同じことを日本から見れば，アメリカからの輸入数量が変わらないまま，円安・ドル高になれば，アメリカへの支払金額はさらに多くなるから，貿易収支はさらに赤字化するだろう。もちろん，時間が経つに従い，日本は割高になったアメリカ商品の輸入量を減らし，アメリカは割安になった日本商品の輸入量を増やすだろうから，長期的に見れば，貿易収支は均衡へ向かうだろう。これを図で示せば，おおよそ図 10-1 のようになるだろう。このプロセスは，グラフの形にちなんで，J カーブ効果と呼ばれる。

ただ，J カーブ効果は，為替レートの変化（価格の変化）に対して，契約の変更（数量の変化）が間に合わないという，言ってみればタイムラグ（時間差）の問題にすぎないが，今日の変動相場制は，じつはもっと大きな問題を抱えている。そもそも今日，外国通貨をめぐる取引は，貿易の代金をめぐるものが主流ではなく，為替レートの上下変動を前提に，安く買って高く売るという，投機的な資金移動の方が圧倒的に大きくなっている。したがって，残念ながら，今日の変動相場制に，貿易不均衡の是正を，大きく期待することはできないと言わざるを得ない。そして，投機的な為替レートは，これとは別種の影響を，各国のマクロ経済に及ぼす可能性がある。すなわち，投機的な為替レートの変化は，それぞれの国で行われる財政金融政策の効力に，思わぬ制約を及ぼす可能性があるのである。

確認問題 10-2　1 ドル＝100 円から，1 ドル＝80 円への変化は，円高を意味するか，円安を意味するか。また，どうしてそのように言えるのか。解答せよ。

10-3　購買力平価説

為替レートはどのようにして決まるか　貿易をはじめ，各国のマクロ経済に大きな影響を及ぼす為替レートは，そもそもどのようにして決まるものなのか。この問題を考えるためには，短期の為替レートと中長期の為替レートを分けて考える必要がある。

短期の為替レートは，文字通りの市場メカニズムによって決定されるとしか，差し当たり言いようがない。しかも，この場合の需要関数，供給関数は，ミクロ経済学における効用理論や費用理論のような，はっきりとした理論・法則を背景に持つものではかならずしもなく，人々の予想，思惑，勘，そしてときにはパニックといったような，極めて心理的な要素に思いきり左右されるものと言ってよい。ある通貨のレートが上がりそうだと予想されれば，その根拠が何であれ，投機家はみな，安いうちに買っておこうと行動を起こし，逆に，そろそろレートが下がりそうだという雰囲気を感じたら，高いうちに売っておこうと，投機家はみな，われ先に行動しようとする。このような行動の仕方を，一般に，投機的行動と表現する。

投機が行われるとき，その通貨の交換レートが，本当に高くなる，あるいは本当に低くなる理由があるかどうかは，ほとんど問題にされない。何らかのきっかけによって，ある国の通貨が買われそうだと予想されたら，レートが上がる前にその通貨を買っておいて，実際にレートが上がったときに売却すれば，大きな利ざやを獲得することができる。そのため，国際金融ファンドをはじめとするプロの投機筋は，このきっかけの段階でいっせいに「買い」に出ようとする。その結果，実際にレートが上昇するのである。一言で言えば，俗に予言の自己成就といわれるような現象が，短期の為替レートを舞台に，繰り広げられているわけである。

したがって，そのきっかけは何であってもよい。たとえば，中央銀行の総裁が，自国の経済見通しについて悲観的な発言をすれば，本当に景気が悪くなるかどうかはさておき，その国の通貨は早々と外国為替市場で売られ，為替レートは下落するだろう。あるいは，この後の議論を先取りすることになるが，中央銀行が，近い将来の金利引き上げを示唆すれば，それだけでその国の通貨は買われ，為替レートは上昇するだろう。先にも見た通り，為替レートの上昇は純輸出 *NX* を減少させる傾向があるから，それによる景気の悪化が懸念されれば，そこに投資の抑制を加えかねない金利の引き上げは，見送られざるを得なくなるかもしれない。それで景気を維持できるのなら，マクロ的には問題ないようにも一瞬思えるが，引き上げるべき金利を引き上げなかったことは，ミクロレベルでの資源配分に，何らかの支障を残すかもしれない。このように，投機的行動は，決して市場メカニズムの代わりには，ならないのである。

では，中長期の為替レートに関してはどうか。確かに，中長期といえども短期の連続にすぎないと考えれば，短期の現実と異なる中長期の現実なるものが，やがてどこからか現れると考えるのはおかしなことだろう[7]。しかし，一見，メチャクチャに見える短期の動きも，中長期的な趨勢で見てみると，そこには，ある種の法則性や中心値のようなものがあって，短期は，その周辺を（不規則的に）飛び回っているだけ，ということもあるかもしれない。あるいは，その法則や中心

[7] やや余談になるが，この短期と長期の関係をめぐる理解は，経済思想を理解するうえでも重要な論点になる。端的に言えば，短期は不規則であっても，長期的には，あらかじめ決められていた法則に沿った現実が現れる，と考えるのが古典派・新古典派である。これに対して，長期とは短期の連続にすぎないのだから，実際に現れるのは，どの時点をとってみても，そのときの短期でしかないと考えるのがケインズである。新古典派の発想は，ものごとの本質は現実以前に定まっていて，それがやがて自らを顕現するに至ると考えるもので，典型的な西欧形而上学の発想と言えるだろう。ケインズはこの点，前期と後期で微妙に変わるところがあるのだが，本質なるものの先験性に疑問を呈したという点では，形而上学批判の系譜，たとえばプラグマティズムの哲学や，現代のポスト・モダニズムにも連なる発想を，ある程度持っていたと言えるかもしれない。

値が，文字通り現実に現れることはないとしても，本来であれば，その法則や中心値に沿った動きをするべきだったという意味で，一種の規範的な趨勢や値といったものを，理論的に考えることはできるかもしれない。この規範性は，短期の動きがそこからあまりに離れそうな場合には，何らかの政策的介入を行う根拠になるだろう。こうした複数の意味合いを持つ，中長期の為替レートということになると，理論的な考察がある程度可能になってくる。その理論にも何通りかのものがあるが，まず知っておくべきなのが，**購買力平価説**である。

購買力平価説とは　購買力平価説の考え方は，いたってシンプルなものである。たとえば，日本で1台10万円のパソコンが，アメリカでは1台1,000ドルで売られているとしたら，アメリカの1,000ドルは，日本の10万円に相当すると考えて，ここから1ドル＝100円という関係，すなわち，為替レートを導き出すのである。これは，同一財の比較を前提にするから，購買力平価の対象になるのは，貿易可能な財に限定され，サービスなどは含まれない。また，実際に購買力平価を算定する場合には，1つや2つの品目で決めるのではなく，非常に多くの種類の財をまとめて，それらを購入するのにアメリカでは何ドル，日本では何円必要になるかを基本に，複雑な計算を行って算定する。これは，投機的な思惑とは関係がなく，毎時毎分の為替レートをちょくせつ説明するものではないから，為替レートとしては中長期的な値として受け止める必要がある。また，同じ商品であれば，国が変わっても同じ価値を持つべきだとする，規範的な発想がその基礎にあるので，その意味でも，中長期的で規範的な為替レートの説明理論と考えるべきだろう。

ただし，では購買力平価説は，現実の為替レートの解釈に何も役立たないかといえば，そうではない。為替レートの動向に対する判断や，場合によっては国際交渉の舞台において，購買力平価説は，しばしば使われている。たとえば先の例で，アメリカの経済はそのままだが，日本では強いインフレーションが起こり，その結果，日本の物価がいっせいに2倍になったものと仮定しよう。すなわち，先のパソコンが，アメリカでは1台1,000ドルのままだが，同じパソコンが，日本では1台20万円になったものと仮定しよう。この場合，円とドルの為替レートには，どのような影響が出るだろうか[8]。

[8] 以下の2つの事例については，吉川洋『マクロ経済学（第3版）』（岩波書店，2009年）などを参考にした。

購買力平価説に基づけば，その答えは明らかである。同一のパソコンが日本では20万円，アメリカでは1,000ドルで売られているのだから，今度は，20万円と1,000ドルが等しいことになって，1ドル＝200円という為替レートが妥当という判断になる。これは，いままで100円の価値を持っていた1ドルが，今度は200円分の価値を持つようになることを意味するから，価値を高めたのはドルであり，逆に，価値を低めたのは円である。すなわち，円安・ドル高になったわけである。先にも触れたように，インフレとは通貨の価値が低下する現象なので，インフレになった円の価値は下がり，その結果，相対的にドルの価値が上がったわけである。ここから一般的に，インフレになった国の為替レートは，下落する傾向を持つということができる。

あるいは，次のようなケースも考えられる。今度は，日本の状況は何も変わらず，アメリカのパソコン生産における生産性が2倍になって，1台当たりの価格が半額，すなわち，500ドルで済むようになったと仮定しよう。この場合，為替レートはどのように変化するべきだろうか。

これについても，購買力平価説による解答は明らかである。いままで10万円＝1,000ドルであったものが，今度は10万円＝500ドルに変わるわけだから，今度は1ドル＝200円という為替レートになるべきだと判断される。したがって，この場合も結果的には，上の例と同じく円安・ドル高になるわけだが，理由は先のものとは異なる。生産性が上昇し，生産物の数が増える一方で，貨幣の量が変わらないとすれば，相対的には貨幣の価値は上昇することになるだろう。にも関わらず，1台のパソコンはあくまで1台のパソコンとして，いままでと同じ価値を持つと考えれば，それより価値を高めたドルは，価値の変わらない円よりも，相対的に価値を高めることになる。ゆえに，円安・ドル高になるのである。ここから一般的に，生産性上昇率の高い国の為替レートは，上昇する傾向があると言うことができる。

確認問題10-3　1台のパソコンが日本では10万円，アメリカでは1,000ドルで売られているものとし，①　日本の状況は変わらず，アメリカの物価が2倍になったとき，②　日本のパソコンが半額になったとき，購買力平価説に従うと，円とドルの為替レートはそれぞれどのような値になるべきか。解答せよ。

10-4　マンデル=フレミングモデル

内外の利子率の差の影響　購買力平価説は，中長期の為替レートを基本的に規定する要因を明らかにするものとして，現実的な意味合いを十分に持つものである。しかし，毎日の実際の為替レートは，もっと短期的な要因に大きく左右される。そして，短期の為替レートにすこぶる大きな影響を与えるのが，じつは**利子率**なのである。もう少し正確に言えば，国内と海外との利子率の差が，短期の為替レートに大きな影響を与え，しかもそれは為替レートの変化にとどまらず，各国のマクロ経済の状態，さらには，マクロ経済政策の効果に対しても，大きな影響を及ぼす可能性があるのである。

***IS–LM* 分析による検討**　この問題は，*IS–LM* 分析を用いて検討することができる。図 10-2 に *IS–LM* 分析を再掲しよう。マクロ経済の均衡は E 点で与えられ，均衡所得水準は Y_e，均衡利子率は i_e でそれぞれ与えられている。しかし，いまわれわれは，開放体系の下で，マクロ経済を考えようとしている。そこで，国内の均衡利子率 i_e とは別に，海外の代表的な利子率を i_e^* として，ここに新たに導入することにしよう。ある程度，具体的な場面をイメージしながら議論を進めるために，この *IS–LM* 均衡は，現在の日本の状況を表すものとし，海外の利子率とはすなわち，アメリカの利子率を表すものとして，話を進めよう。

いま，議論の出発点として，日本の利子率とアメリカの利子率が同じ値であったとしよう。すなわち，$i_e = i_e^*$ である。しかし，この所得水準 Y_e では，日本に非自発的失業が発生するため，政策当局が財政・金融政策の実行を検討しているものとしよう。これまでの議論では，財政政策も金融政策も，所得拡大効果の面では，特に大きな違いはなかった。ところが，開放体系の下では，この結論に大きな修正が求められる可能性があるのである。

というのは，こうである。まず，財政政策から見てみよう。雇用拡大を目標に，公共投資政策などが実行されれば，*IS* 曲線が右方向へシフトすることは，前章までの議論で見てきた通りである。図 10-2 は，この *IS* 曲線のシフトについても描かれており，財政政策の結果，*IS* 曲線は *IS′* 曲線にシフトし，均衡所得は Y_e'，均衡利子率は i_e' にそれぞれ変化している。ここまでは，これまで

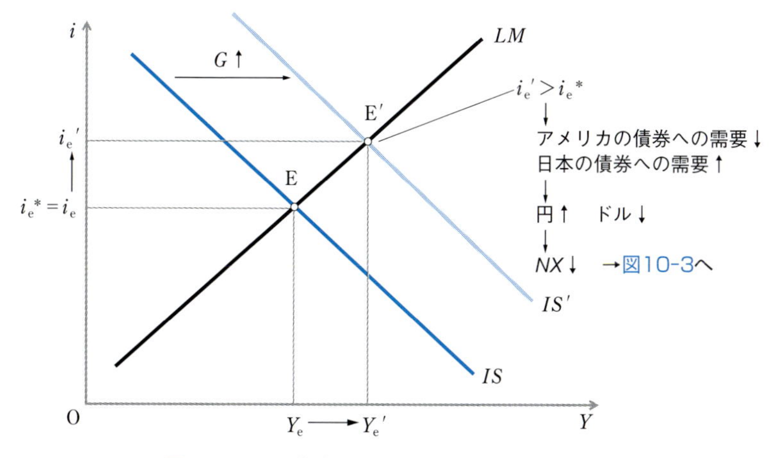

図 10-2　*IS* 曲線の右シフトと内外金利差の発生

の議論と変わりない。

問題はここからである。*IS* 曲線がシフトしたことによって，いま，日本の均衡利子率は i_e から i_e' に上昇した。しかし，日本の財政政策によって，アメリカの利子率がちょくせつ影響を受けることはないから，アメリカの利子率は i_e^* のままである。ということは，この政策の結果，日本の利子率は，アメリカの利子率よりも，高くなったわけである。

この事態を受けて，世界の投資家たちは，次のような行動に出ることが予想される。すなわち，一定の資金をアメリカの債券[9]に投資すると，i_e^* という金利が得られるが，同じ資金を日本の債券に投資すれば，それよりも高い i_e' という金利を得ることができる。ならば，日本の債券を買った方が得になるが，日本の債券を買うには，日本の通貨，すなわち「円」が必要になる。そこで，世界の投資家たちは，外国為替市場でドルと円を交換する，すなわち，ドルを売って円を買おうとする。その結果，ドルの価値は下がり，円の価値が上がる。すなわち，円高・ドル安の方向に，為替レートが変化することになるのである。

円高になれば，当然，日本の輸出は抑制され，輸入の方は促進されるだろう。

[9] 国債（アメリカの場合は財務省証券）がいちばんイメージしやすいが，国債のみに限定される話ではないので，やや曖昧な表現ではあるが，ここでは「債券」と言っておく。

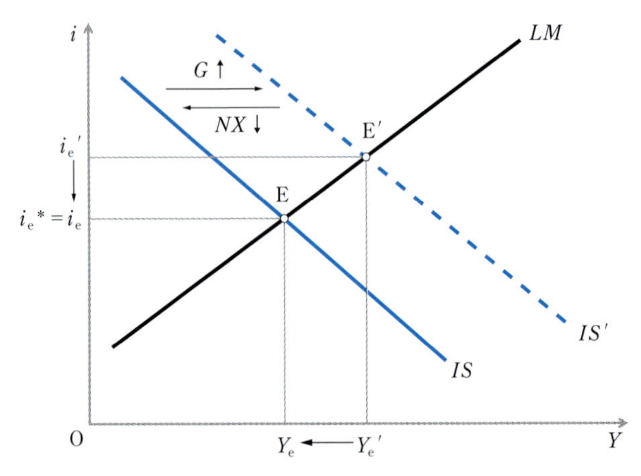

図 10-3　マンデル=フレミング・モデル（1）（開放体系下の財政政策）

すなわち，純輸出 *NX* は，この為替レートの変化の結果，減少する（場合によってはマイナスになる）だろう。これは，*IS–LM* 分析ではどのように表現されるだろうか。純輸出は外国相手の財の取引が中心だから，これは *IS* 曲線に関係する。有効需要を増加させるものは，*G* の追加と同じく *IS* 曲線を右方向へシフトさせ，有効需要を減少させるものは，*IS* 曲線を左方向へシフトさせる。そうすると，いま起きつつあるのは，純輸出の減少だから，これは *IS* 曲線を左方向へシフトさせるはずである。すなわち，*G*（財政政策）の追加によって，いま右へシフトしたばかりの *IS* 曲線が，たちどころに逆方向（左方向）へ，引き戻されるような事態が生じるのである。

財政政策の効果は打ち消される　*IS* 曲線は，どこまで引き戻されるだろうか。*IS* 曲線の左シフトは，日本とアメリカの利子率に差が生じたことが原因だったから，2 国間に利子率の差がある限り，*IS* 曲線の左シフトは続くことになるだろう。では，2 国間の利子率の差がなくなるのは，どのようなときかといえば，それは図 10-3 にあるように，*IS′* 曲線が，元の *IS* 曲線の位置に戻ったときである。*IS′* 曲線が *IS* 曲線の位置にまで戻れば，再び，$i_e = i_e{}^*$ となって，ドル売り・円買いの必要がなくなり，為替レートも変化しなくなって，純輸出の減少も止まるのである。すなわち，日本経済は再び，均衡を取り戻すわけである。

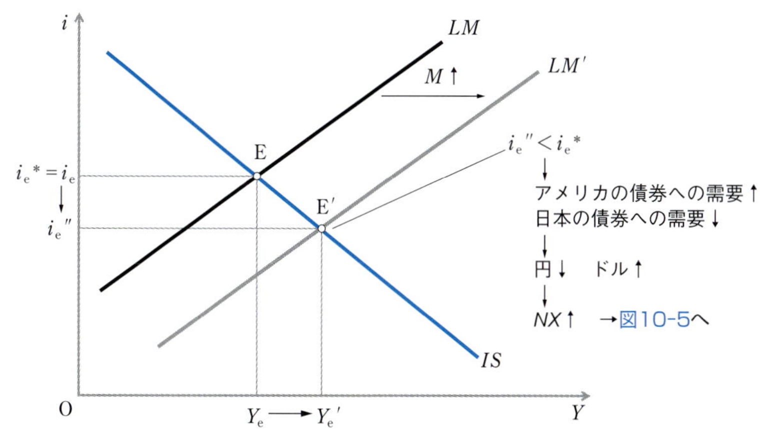

図 10-4　*LM* 曲線のシフトと内外金利差の発生

しかし，これはいささか驚くべき結果である。この議論が正しいとすれば，**財政政策は，開放体系の下では，為替レートの変化を通じて，最終的にはその効果を打ち消されてしまう**ことになる。では，金融政策の方はどうであろうか。金融政策も，開放体系の下ではその効果を打ち消されてしまうのだろうか。

金融政策の効果は強まる　　金融政策を使って，雇用の拡大をはかる場合には，金融緩和政策によって *LM* 曲線を右方向へシフトさせるはずである。図10-4 が，その様子を示している。*LM* 曲線の右シフトによって，均衡所得はやはり Y_e' に拡大し，均衡利子率は i_e'' に低下する。ここで注意するべきは，この利子率の変化の方向である。財政政策の場合とは対照的に，金融緩和政策の場合は，日本の新しい均衡利子率は，以前よりも，低下するのである。

したがって，以後の展開は次のようになるだろう。日本の利子率が低下したことによって，今度は相対的に，アメリカの利子率 i_e^* の方が高くなる。そこで，世界の投資家たちは，今度はこぞってアメリカの債券を求めようとするだろう。そのためには先に，「ドル」を用意する必要がある。そこで，先ほどは逆に，外国為替市場では，円を売ってドルを買う動きが出てくる。その結果，円の価値が下がり，ドルの価値が上がることになって，今度は，円安・ドル高の傾向が出てくる。円安は，日本の輸出を増やし，輸入を抑える働きをするから，純

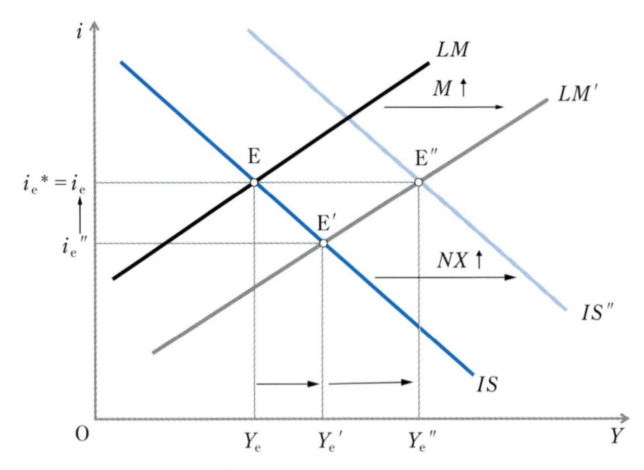

図 10-5　マンデル=フレミング・モデル（2）（開放体系下の金融政策）

輸出 *NX* は増加することになるだろう。すなわち，金融緩和政策は，財政政策とは逆に，*IS* 曲線を右方向へシフトさせることになる。その結果を図 10-5 に示そう。

図 10-5 には，図 10-4 とある意味で対照的な結果が描かれている。*IS* 曲線は，*NX* の増加の結果，右方向へシフトするが，どこまでシフトするかといえば，それは日本とアメリカの利子率に差が生じなくなるまでである。ということは，*IS* 曲線が *IS*″ 曲線の位置にまでシフトし，*LM*′ 曲線との交点 E″ において，新しい均衡利子率が元の利子率 i_e に等しくなり，その結果，アメリカの利子率 i_e^* との差がなくなったとき，日本経済は新たな均衡状態を得るのである。

その過程で，均衡所得水準は Y_e' から Y_e'' に，さらに拡大することになるだろう。財政政策の効果が，開放体系の下では打ち消されたのとは対照的に，金融政策の場合は，為替レートの変化によって，政策の効果はより強化されるのである。このように，開放体系の下では，財政政策と金融政策の効果に，対照的な差異が生じる可能性があるのである。このことを示したこの議論を，マンデル=フレミングモデルという[10]。

[10] R. マンデルは，金融論を専門とするカナダの経済学者。J.M. フレミングは，国際経済学を専門とするアメリカの経済学者。

マンデル=フレミングモデルの意義　マンデル=フレミングモデルは，為替レートが変化しても，海外の均衡利子率が変化しないことや，投機的資金移動を誘発するのは短期利子率のはずだが，*IS-LM* の縦軸に測られているのは（設備投資の目安になる以上）長期利子率であることなど，さまざまな制約があって，これがそのまま現実の姿になるとは考えにくい。現に，財政政策の効果が，為替レートの変化のみによって打ち消されたという話は聞いたことがない。しかし，開放体系においては，閉鎖体系の場合とは異なり，海外との相互影響をあらかじめ視野に収めた政策論議が必要になることは確かであり，特に，国際的な投機的資金移動のこわさを知らしめたことの意義は大きかったと言えるだろう。マンデル=フレミングモデルのような議論をさらに発展させて，巨額の投機的資金を見据えたマクロ経済学を構築していくことが，現代経済学の喫緊の課題であると言っていいだろう。

確認問題 10-4　マンデル=フレミングモデルを前提にするとき，① 公共投資の削減が行われたとき，② 金融引締め（マネーストックの減少）政策が行われたとき，それぞれの結果はどうなるか。解答せよ。

第 10 章　練習問題

問題Ⅰ　次の文章の空欄に，適当な語句を入れなさい。

1. 国際収支統計は，経常収支，（　　　），資本移転等収支に分けられる。
2. 経常収支は，（　　　），第 1 次所得収支，第 2 次所得収支に分けられる。
3. 近年，サービス収支の赤字幅を減少させている大きな要因は，旅行収支の黒字と（　　　）の黒字によるところが大きい。
4. （正しい方に○）日本が貿易赤字になると，金融収支は（プラス　マイナス）の方向に変化する。
5. （正しい方に○）日本企業が海外子会社を閉鎖して，資本を日本国内に取り戻した場合，金融収支は（プラス　マイナス）の方向に変化する。
6. 経常収支＋（　　　）－（　　　）＋誤差脱漏＝0
7. 円安になっても，日本の貿易収支がすぐには改善されず，一時的に赤字を増やしてから，均衡に向かう現象を（　　　）という。
8. 中長期の為替レート決定論として，同一の貿易財の相互比較から，為替レートを算定しようとする考え方を（　　　）という。
9. 購買力平価説に従うと，物価上昇率の高い国の為替レートは（　　　）する。
10. 購買力平価説に従うと，生産性上昇率の高い国の為替レートは（　　　）する。

問題Ⅱ　日本経済が図 10-2 のような状態にあるとき，海外利子率（アメリカの利子率で代表する）が，i_e^*からi_e^{**}へ引き上げられたものとしよう。これによって，日本経済は，どのような影響を受けることが予想されるか。図を使って解答せよ。

問題Ⅲ　第 9 章の問題Ⅳと同じマクロモデルを前提に，次の問いに答えよ。

1. 当初の海外利子率が，このモデルの均衡利子率と同じであったと仮定して，公共投資を 20 増加させた場合，マンデル=フレミングモデルを前提にすると，均衡国民所得はいくら増加するか。
2. 当初の海外利子率が，このモデルの均衡利子率と同じであったと仮定して，マネーストックを 40 増加させた場合，マンデル=フレミングモデルを前提にすると，均衡国民所得はいくら増加するか。

第11章

経済成長論（1）
—ハロッド=ドーマーモデル—

経済成長は，雇用とならんで，人々の強い関心を集める経済問題である。われわれは普段，常識的に，経済成長率が高い経済を「良い」経済といい，成長率の低い経済を「良くない」経済という。しかし，この常識は，本当に正しいのだろうか。経済成長の意味を，その原点に立ち返って考えること。経済成長論の真の課題は，ここにある。

11-1　経済成長は必要か

相反する2つの見方　経済成長は，およそ数ある経済問題のなかでも，もっとも多くの関心を集める問題と言っていいだろう。メディアを流れる経済論議では，経済成長率が高いときの経済を「好景気」と表現し，経済成長率が低いときの経済を「不況」とか「不景気」と表現して，成長率を高めることを，無条件に是認するものが多い。あるいは，経済成長率を高める方策を考え出すことこそ，経済学の役割だと，心底信じている人も多いに違いない。

他方で，経済成長こそが，社会不安の元凶であるかのように，口を極めて批判する人もいる。経済成長は物質主義を象徴するものであり，物質的に豊かになることが，人間の幸福であるかのように思い込ませてきたことで，人々の心情が貧困になり，人と人とのつながりが希薄化し，ひいては，自然環境の破壊をもたらした。したがって，経済成長主義から脱却すること，経済成長率をゼロにすることが，来るべき時代の福音として説かれるようになる。

このどちらの姿勢が正しいのか。じつのところ，われわれはみな，このどちらもが正しいことを言っていると思う。経済成長がすべてでないことは，直観的にも理解できる。しかし，成長を止めるべきだという議論には，いまの経済水準は維持してもよいという含みも感じられる。ではなぜ，いまの経済水準は許されるのか。自然環境への負荷を考えたら，いまの経済水準でも，すでに大きすぎるのではないか。しかし，やみくもな経済水準の引き下げは，かならずや，多くの失業者，多くの貧困者を生み出すに違いない。そうした事態を避けたいからこそ，経済成長を求めてきたのではなかったか…と，議論は結局，振り出しに戻ってしまう。こうした循環論から抜け出すための手立てを，これらの議論は，果たして提供しているだろうか。

そこで，われわれはいま一度，経済学に戻ってみよう。経済学では，経済成長という現象を，そもそも，どのようなものとして捉えていたか。経済成長率の高いことを「良い経済」だとする根拠を，経済学は与えていただろうか。あるいは，経済成長に頼らない経済と，経済成長率がゼロの経済を，経済学は同じものとして捉えていただろうか。

時間の経過という要素　経済成長論は，国民所得決定論とならぶ，マクロ経済学の２本柱の１つと言ってよい。これまでわれわれが検討してきた国民所得決定論は，ある１つの国民所得水準，あるいはある１年間における，経済の活動水準を決める原理を明らかにしたものである。これに対して，経済成長論は，国民所得水準が年々，どのように変化していくかを考えようとするものである。この違いを明瞭にするために，所得水準や価格水準の決定を論じる議論を**経済静学**，所得や価格の変化を論じる議論を**経済動学**と表現することもある[1]。

経済学が，経済成長を必要と考える理由は何だろうか。それは，物質的に豊かになりたいという人々の願望を満たすことが目的なのだろうか。それとも，一種の価値観に由来するものなのだろうか。そこで，これまで見てきた有効需要の原理に，いままで明示的には扱ってこなかった，時間の経過という要素を，入れてみることにしよう。

時点０での均衡　図 11-1 を見てほしい。そこにはまず，総需要と総供給が均衡している，ある年の経済が示されている。便宜的に，これを「時点０」

[1] もちろん，時間を通じた所得水準の変化には，所得水準の拡大だけでなく，縮小する場合も含まれる。したがって，経済動学とは本来，経済成長を含む，動態現象一般を研究するものである。

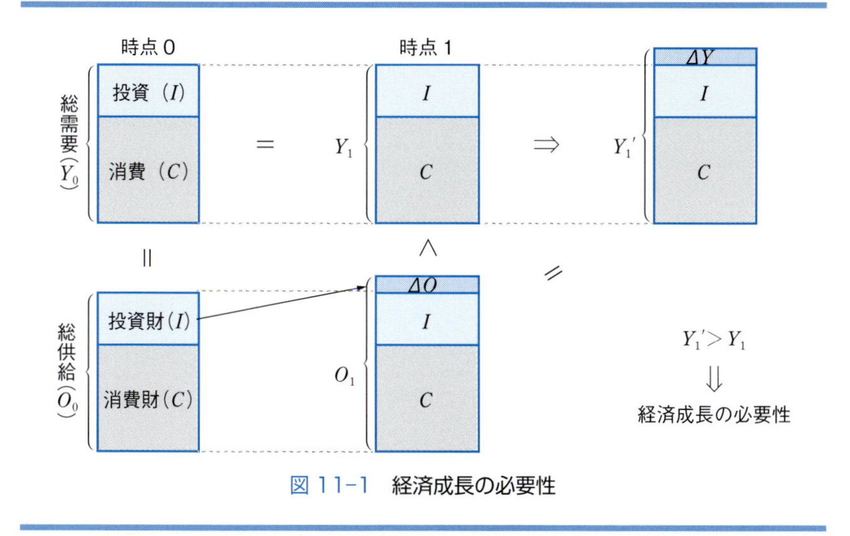

図 11-1　経済成長の必要性

の経済としよう。時点0では，総需要と総供給が均衡しているから，売れ残りも，品不足も発生しない。われわれがこれまで考えてきたのは，すべてこの「時点0」内での出来事であった。

しかし，現実の世界には，かならず「時間」の流れがある。つまり，やがてかならず「翌年」という時点が訪れる。これをここでは「時点1」と表現しよう。時点1でも，これまで通り，人々の経済活動は続けられる。その結果，時点0と同じだけの有効需要が形成されたものと仮定しよう。したがって，時点1でも，時点0と同額の総供給が可能になる。では，時点1における経済の総供給「力」も，時点0と同じものと考えていいだろうか。すなわち，時点1における経済の生産能力と，時点0における生産能力は，同じものだと考えていいだろうか。そうであるなら，何も問題はない。時点1の経済は，時点0の単なる繰り返しであって，以後，同様に，金太郎あめのような経済が続いていけばよい。

新たな生産能力の追加　しかしながら，ここでもう一度，時点0の経済を見てほしい。時点0では，そのときの総需要に等しい総供給が行われたわけだが，このとき作られた生産物には，消費財（C）の他に，設備投資の対象となった投資財（I），すなわち，各種の機械設備が含まれている。これらは，時点0においては，まだ製造途中のものにすぎなかったわけだが，年度末には完成し，それぞれ発注元の企業に納入されたことだろう[2]。そして，これらの機械設備は，翌年には，すなわち，時点1においては，自らの生産力を発揮するようになるだろう。つまり，時点1においては，時点0の時点では存在しなかった，新たな生産能力が追加されることになるのである。

図11-1の「時点1」の生産能力は，この「時点0」に製造された機械設備による，追加的な生産力（ΔO）が上乗せされる形で描かれている。ただし，この図は，時点0の生産能力も，すべてそのまま損なわれることなく，時点1に引き継がれることを前提している。ゆえに，時点0で製造された機械設備からの生産力を，単純に上乗せする形で描けるのである。しかし実際には，時点0でちょうど寿命が来て，廃棄された機械もあるだろう。その分の生産力は，時点1の生産力をいくらか減少させるはずだから，時点1の正しい生産能力は，新たに追加された部分と，廃棄によって失われた部分の，差し引き分だけ増加するはずである。これは，実証的な分析を行う際には，非常に重要なポイントになるが，いまは，この廃棄分については考えないことにしよう（後でもう一度戻ることにする）。

不均衡の発生　この生産能力の追加という観点は，これまでの議論に，重大な変更をもたらすことになる。時点1が時点0と同じ総需要を維持していれば，有効需要も一定に保たれるから，一見，経済はそのまま安定を保てそうに思われる。ところが，そうはいかないのである。なぜなら，時点1の生産能力には，時点0で作られた新しい生産能力が追加されているから，時点1の生産能力は，時点0の生産能力よりも大きくなる。したがって，時点0と同じ総需要のままでは，経済には確実に，超過供給が発生することになる。それが経済のどの部門に現れるかはわからないが，超過供給がマクロの規模で発生すれば，それは多くの企業の収益を悪化させ，企業の利潤を圧迫するだけでなく，雇用にも悪影響を及ぼすようになるだろう。時点0と同じ総需要を維持するだけでは，時点1において，かならず不均衡が発生してしまうのである。

議論をもう一度整理しよう。時点0において経済は均衡していたのである。そして，時点1においても，それと同じ大きさの有効需要を，そのまま維持したのである。にも関わらず，時点1においては，経済は不均衡に転じてしまう

---

[2] 投資需要Iは，機械設備などの製造に対する需要である。そのために労働力が必要になるから，雇用量が増えるのである。

のである。

総需要の増加　こうした事態を避けるには，差し当たり手立ては1つしかない。すなわち，時点1の総需要を，時点1に追加された生産能力を吸収できるところまで，増加させるのである。それができれば（というより，それができて初めて），再び，総需要と総供給が等しくなって，時点0と同様に，時点1も均衡状態を得ることができる。したがって，時点1でも，均衡状態を維持していくためには，時点1の総需要は時点0の水準よりも，いくらか大きくならなければならない。すなわち，時点1の所得水準 Y_1 は，時点0の所得水準 Y_0 よりも大きい，所得水準 Y_1' にならなければならない。こうして生じる所得水準の拡大を，経済成長と呼ぶのである。

経済成長とは，このような，ある意味で単純な，客観的な事情から要請されるものであって，人間の欲深さとか，豊かさへの誤解といった，主観的な要因にちょくせつ由来する現象ではないのである。したがって，人々の価値観や幸福感が変わるだけでは，残念ながら，経済成長の必要性からは解放されない。経済学を学ぶ者は，まずはこの冷徹な論理を，しっかりと理解する必要がある。

生産能力の追加がない場合　ただし，「したがって，経済成長に頼る以外に，われわれには選択肢がない」と，断定するのはまだ早い。たとえば，次のように考えることはできる。すなわち，経済成長の必要性が，時点1における生産能力の純増にあるとするなら，逆に，そうした純増分をなくすことができれば，経済成長はかならずしも必要でないことになる。「そんなことが，できるわけがない」と一蹴するのは簡単だが，思考実験として考えるならば，まずは設備投資をなくすことができれば，生産能力の追加は当然起こらない。たとえば，人々が，現行の経済水準の維持だけを求めるようになって，新たな設備投資を一切求めないとすれば，理屈のうえでは，生産能力の追加は起こらない。

しかし，設備投資を一切行わないということは，時点0で廃棄される設備の置換・更新も行わないことを意味するから，これでは，時点1は時点0よりも生産能力を落とすことになって，経済水準の維持はできなくなる。したがって，最小限度の設備投資は行わざるを得ないわけだが，それが時点0の廃棄分をちょうど相殺する規模にとどまるならば，やはり時点1において生産能力の純増は起こらない[3]。新製品や，それに伴う新設備を一切諦め，あくまで生産量の

3　これを「粗投資はあっても，純投資がない状態」という。

更新だけを行うことにすれば，これは物理的には不可能なことではない。

しかし，人が新たなものを求めたり，新たな技術によって自然への負荷を減らすことを放棄しないならば，設備投資は，量的更新だけにとどまらなくなる。つまり，新製品や新種の設備が導入されれば，まだ寿命の来ていない設備との間で，競合や競争が生じるだろう。それによって，新たに廃棄される設備が出てきても，なお総供給量が一定に保たれるとしたら，それは，競争の結果を，競争の開始以前に，知っていなければならないことになる。それは現実的に，と言うよりもむしろ，論理的に言って奇妙な条件になるだろう。

経済成長論の意義　このように，経済成長をなしで済ます，もっと言えば，経済成長率をゼロにするというのは，実際には，極めて難しい事柄であることがわかると思う。ただし，経済成長率をゼロにできないからといって，経済成長に頼らない経済を作ることができないとは限らない。この違いをはっきりさせることも，経済成長論の重要な課題である。そして，この問題を検討するためには，いよいよ具体的な経済成長モデルの検討に入る必要がある。

11-2　ハロッド=ドーマーモデル

ケインズ型成長モデル　経済成長論は，まずケインズ経済学の発展として始められた。すなわち，有効需要の原理を土台に，そこに前節で検討したような，時間を通じての生産能力の追加という要素を入れたときに，どのような改変が必要になるかを考えることから始められた。しかしながら，このケインズ型の経済成長モデルは，ほどなくして，厳しい批判にさらされることになる。それは，1960 年代以降，アメリカを中心に復興してくる新古典派経済学から出された批判であり，今日では，この新古典派に基礎を置く経済成長論が，標準的な成長モデルになっている。そのため，今日のマクロ経済学の教科書では，ケインズ型成長モデルを，もはや扱わなくなっているものが多い。

しかし，ケインズ型成長モデルと，新古典派成長モデルは，それぞれ経済成長の異なる局面を捉えたものと言ってよく，本来，どちらが正しく，どちらが誤りと断定できるものではない。つまり，ケインズ型モデルには，新古典派モデルにはない今日的な意義が，なお残されているものと考えられるのである。

そこで本章では，やや異例ながら，ケインズ型成長モデルについて少し詳しめに扱い，次に章を改めて，新古典派成長モデルを検討することにしたい。

ケインズ型成長モデルは，ケインズの友人でもあったR.F. ハロッドと，ロシア生まれのアメリカの経済学者E.D. ドーマーの2人によって，ほぼ同時に提起された[4]。この2人のモデルは，着想的にも，内容的にも，すこぶるよく似ていたので，ハロッド=ドーマーモデルと称されることが多い。

投資の二面効果　以下では，主にドーマーのモデルに沿って話を進めよう。前節で見たように，経済成長論の基本は，総需要と総供給のバランスを，時間の流れのなかで捉えることである。その場合重要になるのは，年々の有効需要が一定なら総需要も一定だが，年々の有効需要が一定でも，総供給は増加していくという事実をおさえることである。もう少し丁寧に言うと，この場合のカギを握るのも投資であって，年々の投資が一定であれば，その乗数倍の所得水準，すなわち，総需要の大きさも一定だが，年々の投資が一定でも，総供給の方は，前年の（さらにはそれ以前からの）投資で作られた機械設備の生産能力が加わることで，増加するわけである。これを，ドーマーは投資の二面効果と呼んでいる。

われわれは，投資の二面効果のうち需要創出効果，すなわち，有効需要の形成に関する部分については，すでに乗数理論として理解している。問題は，もう一方の供給に関わる部分，すなわち，投資の生産力効果に関する部分である。こちらについては，われわれはまだ，何も検討していない。そこで，ここをまず簡単な形で定式化してみよう。

投資の生産性　繰り返しになるが，投資が一定なら，需要も一定である。したがって，需要が増加するには，投資の増加が必要である。それを表したものが，乗数理論であった。それをいま一度再掲しよう（α は限界消費性向，s

[4] R.F. ハロッドは，オックスフォードの経済学者なので，ケンブリッジ学派と称するには多少問題があるが，ある意味で，ケインズ経済学のもっとも忠実な後継者と言ってもいい存在である。ケインズがもっとも信頼を寄せていた人物でもあり，ケインズの死後，ケインズ家の依頼によって，彼の最初の伝記『ケインズ伝』（塩野谷九十九訳，東洋経済新報社，1967年）を執筆している。ミクロ経済学で学ぶ不完全競争論を，最初に編み出したのもハロッドである。E.D. ドーマーはロシアに生まれ，後にアメリカに亡命し，ハーバード大学に籍をおいた。経済成長論の業績がもっとも有名だが，その他にも，財政赤字の限界についての研究や，独特の企業理論などを展開し，それらはいまなお，検討に十分値する内容を持っている。ハロッドの経済成長論については，ハロッド『経済動学』（宮崎耕一訳，丸善，1976年），ドーマーの成長論については，ドーマー『経済成長の理論』（宇野健吾訳，東洋経済新報社，1955年）を参照せよ。

は限界貯蓄性向をそれぞれ表す)。

$$\Delta Y = \frac{1}{1-\alpha}\Delta I = \frac{1}{s}\Delta I \qquad \text{投資の需要創出効果} \qquad (11\text{-}1)$$

その一方で，生産能力の増加は，投資それ自体からもたらされるものである。投資が増えなくても，投資が行われれば，それだけで，翌年の生産能力は増加するのである。このことを，次のように表すことにしよう。

$$\Delta O = \sigma I \qquad \text{投資の生産力効果} \qquad (11\text{-}2)$$

このσ（シグマと読む）を，ドーマーは投資の社会的・平均的・潜在的生産性と呼んでいるが[5]，要するに，投資がどれだけの追加的生産能力をもたらすかを示す，投資の生産性を表すものと考えればいいだろう。

最適成長率の導出　当初，総需要と総供給は均衡していたものとしよう。そのうえで，以後もずっと，総需要と総供給が均衡を維持していくためには，ΔOを吸収できるだけのΔYが年々作られる必要がある。すなわち，$\Delta O = \Delta Y$となる必要がある（図 11-1 参照)。だとすると，次のようになるだろう。

$$\begin{aligned}
\Delta O &= \Delta Y \\
\sigma I &= \frac{1}{s}\Delta I \\
\sigma \cdot s &= \frac{\Delta I}{I} \qquad (11\text{-}3)
\end{aligned}$$

この$\Delta I/I$は，（若干の誤差は残るものの）$\Delta Y/Y$にほぼ等しいので，ここから，次のような結果を得ることができる。

$$\sigma \cdot s = \frac{\Delta Y}{Y} \qquad (11\text{-}4)$$

5 「社会的」とは「マクロ」ということ。「平均的」とは「限界的」ではないということだから，追加的な（つまり限界的な）生産能力だけではなく，前節でも見た，廃棄される生産能力との差し引きで考えているということ。「潜在的」とは文字通り，潜在的な生産能力であって，それが実現するには，それに見合う有効需要が必要になることを意味している。一見，ただの定義にすぎないようにも思えるが，後に見るように，こうした概念の定義こそが，ハロッド=ドーマーモデルの今日的実践性につながるのである。

すなわち，投資の生産力効果を考慮に入れたうえで，総需要と総供給が，時間を通じて均衡を維持していくためには，(11-4) 式が満たされる必要がある。$\Delta Y/Y$ は所得の成長率を表すから，これがいわゆる経済成長率を表す。ということは，経済が時間を通じて均衡を維持するためには，経済は年々，ちょうど $\sigma \cdot s$ の率で，すなわち，(投資の生産性×限界貯蓄性向) という率で，成長する必要があるということなのである。この成長率を，ドーマーは最適成長率と呼んでいる。たとえば，投資の生産性が30パーセント，限界貯蓄性向が10パーセントとすれば，最適成長率は $0.3 \times 0.1 = 0.03$ となって3パーセントということになる。生産性と限界貯蓄性向がこのような値になっているときは，人々の価値観や欲望とは関わりなく，経済は年々3パーセントで成長する必要があるのである。そうしないと，経済にはかならず超過供給か，超過需要が発生して，人々の生活を脅かすものになるだろう。

確認問題 11-2　$\sigma = 0.2$，$C=10 + 0.8Y$ という下では，最適成長率は何パーセントになるか。

11-3　不安定性原理

最適成長率と現実成長率との関係　以上の議論で，経済が通時的に均衡を維持するためには，最適成長率での成長が必要であることがわかった。次の問題は，この最適成長率をどうやって実現させるかである。現実の経済成長率は，最適成長率と一致するものなのだろうか。あるいは，現実成長率が最適成長率と異なる場合，現実成長率は，おのずと最適成長率に近づいていくのだろうか。もし，そうであるなら何も心配することはない。市場メカニズムと同じように，マクロ経済においても，基本的には，経済のメカニズムに委ねるだけで，経済問題はおのずと解決されることになるだろう。

しかしながら，ハロッドとドーマーがもたらした結論は，そのようなものではなかった。この成長モデルは，ここからが本番と言ってよく，その結論は，市場経済の本質に対して，決して楽観的な期待を与えるものではなかった。

数値例による検討　これについては，数値例で示すのがいいだろう。表

表 11-1 ハロッド=ドーマーの不安定性原理

I	102	103	104
ΔI	2	3	4
ΔY	20	30	40
ΔO	30	30	30
需給バランス	$D<S$	$D=S$	$D>S$

$I=100$ 億円
$\sigma=0.3$
$s=0.1$

11-1 を見てほしい。昨年，投資が 100 億円行われ，今年は，それがいくらか増加するものとしよう。投資の生産性（σ）は先と同じく 30 パーセント，限界貯蓄性向（s）は 10 パーセントと仮定しよう。

表 11-1 には，投資が 102 億円，103 億円，104 億円になった場合を，それぞれ記している。投資が 102 億円になった場合，投資の増加額（ΔI）は 2 億円，需要増加額はその乗数倍だから 20 億円（$\Delta Y=(1/s)\Delta I$ の s に 0.1 を代入すれば，乗数は 10 になる），供給増加額（ΔO）は，前年の投資額 100 億円の 30 パーセントだから 30 億円になる[6]。したがって，この場合には明らかに超過供給が発生する。

投資が 103 億円になった場合は，$\Delta I=3$ 億円，$\Delta Y=30$ 億円，$\Delta O=30$ 億円となって，ちょうど需要と供給が均衡する。$\Delta I=3$ 億円は，投資成長率が 3 パーセントの場合なので，(11-3) 式にちょうど当てはまるケースということになる。

投資が 104 億円になった場合は，$\Delta I=4$ 億円，$\Delta Y=40$ 億円，$\Delta O=30$ 億円となるから，この場合には超過需要が発生する。

したがって，経済が通時的に均衡を維持できるのは，投資が 103 億円になった場合だけである。そこで，投資が不足している 102 億円の場合や，投資が過剰である 104 億円の場合に，経済がどのような反応を見せるかを検討してみよ

[6] 投資の生産力効果が同年中に現れるとすれば，供給増加額は今年度の投資額 102 億円の 30 パーセントとなって，30.6 億円ということになる。ドーマーは，こうした考え方をとっていたように思われるが，これまでのわれわれの議論からすれば，前年度の投資による供給増加額が今年度に加わると想定した方が整合的だろう。それによって，以下の議論の本質が変わることはないので，ここではこの想定の下で検討を進めることにする。

う。これが，それぞれ103億円に自ら近づいていくようであれば，われわれは，枕を高くして眠れるわけである。

最適成長率を下回った場合　だが，果たしてそうなるだろうか。たとえば102億円のケースを見てみよう。いまも確認したように，102億円という投資額は，経済を均衡させる投資額103億円に不足している。したがって，ここで必要なのは，投資の増加である。しかしながら，投資額102億円の経済でいま何が発生しているかといえば，それは，超過供給なのである。どの企業も作ったものが売り切れず，倉庫に予定外の在庫がどんどん積み増しされていく，そういう状況にあるのである。このようなときに，投資の増加を決意する企業が果たしてあるだろうか。各企業は，明らかに，作りすぎを実感させられているわけだから，各企業は，合理的な判断として，投資の縮小を決意せざるを得ないのではなかろうか。マクロの投資とは，個別企業の投資を集計したものにすぎないから，各企業が投資の縮小を決意するなら，マクロの投資も縮小するだろう。すなわち，投資は増加するのではなくて，減少してしまうのである。つまり，経済は均衡に向かうのではなく，かえって均衡から，離れていってしまうのである。

不安定性原理　これは，個々の企業の判断ミスによるものではない。過剰在庫に直面した企業が，投資額を減らそうとするのは，極めて真っ当な，いわば当たりまえの判断である。しかし，そうした合理的な判断がマクロに合成されると，経済を均衡から引き離し，むしろ不均衡を拡大するメカニズムに変わってしまうのである。個々の判断としては正しかったものが，全体に集計されると，誤った方向へ経済を導いてしまう。こうした現象を，経済学では，合成の誤謬と表現する。ハロッド=ドーマーモデルは，まさしくこの合成の誤謬の動学版を示した理論であると言っていいだろう。マクロにおいて，そして動学の場面で初めて明らかになるこの性質を，ハロッドは不安定性原理，もしくはナイフ=エッジ定理と表現した。

マクロ経済政策の必要性　不安定性原理は，資本主義経済が，本質的に不安定性を内包するシステムであることを示唆するものである。したがって，経済を自由放任に委ねるだけでは，人々の生活は安定したものにはならない。たまたま現実の成長率が最適成長率と一致していればよいが，そうならなかったとき，たとえば投資の増加額が，最適の増加額に届かなったとき，経済は投資を増加させるのではなく，また，その額にとどまることすらなく，投資をより一層減少させる方向に導いてしまうのである。投資の減少は生産能力も減少させるが，需要の方は乗数倍の減少を見せるので，超過供給は一層助長されるだろう。その結果，投資はますます減少していき，それを放置すれば，経済はとめどもなく，不況の底へと自ら沈んでいくであろう。これを食い止めるには，投資に対して何らかの政策的介入が必要になる。マクロ政策が求められる，もうひとつの理由がここにあるのである

確認問題 11-3　投資が 104 億円の場合に，不安定性原理が生じるかどうかを，数値に即して確認せよ。

11-4　再び，経済成長は必要か

ハロッド=ドーマーモデルの含意　ハロッド=ドーマーモデルの概要は以上だが，章を改める前に，ハロッド=ドーマーモデルの今日的な含意について，若干述べておこう。本章の冒頭で，われわれは，経済成長は必要か，という問いを立てた。それに対して，ハロッド=ドーマーモデルは，少なくとも最適成長率での成長が必要であるという答えを出したものと言える。ということはやはり，経済成長主義が，結局のところ，正解だったということになるのだろうか。実際，ハロッド=ドーマーモデルを，そういう趣旨で受け止めてきた傾向はあった。なぜと言って，不安定性原理は，前節での投資 104 億円のケースのように，いったん最適成長率を上回ってしまえば，あとは放っておいても，自動的にどんどん成長していくことを示しているように見える。だから，ここからいわば，不安定性原理を逆手にとって，これを経済成長主義の聖典に変えることは，比較的容易であったと言っていいだろう。

しかし，ハロッド=ドーマーモデルの含意を，このような解釈に限定する必要はない。そして，これまでの先入見からいったん目線を引いてみると，そこにはむしろ，経済成長に頼ろうとする経済思想への，警鐘とも受け取れそうな含意が見てとれるのである。それは一言で言うと，技術革新の受け止め方をめぐるものである。

現代経済において，企業の競争力を何より決定づけるもの，そして，われわれの生活を何より改善するものは技術革新，すなわち，イノベーションであると考えられている。事実，その通りと言っていいだろう。しかし，イノベーションという，それ自体はミクロ的な取り組みが，マクロに集計された場合，どのような意味合いを持つことになるかについては，案外関心が持たれないか，あるいは次章で検討する新古典派成長モデルの影響もあって，もっぱら成長の促進要因として理解されているきらいがある。実際，新製品の普及には，莫大な設備投資が必要になるから，イノベーションは供給を変えるだけでなく，需要の拡大すなわち，経済成長を自らもたらす要因にもなる。しかし，ハロッド=ドーマーモデルに従ってみると，それとはまったく異なる側面が見えてくるのである。

最適成長率と技術革新　技術革新とは，基本的に生産性を高める機能を持つものである。したがって，これをハロッド=ドーマーモデルに当てはめた場合には，それはσの上昇を意味するはずである[7]。いま，限界貯蓄性向sがそれによって影響を受けないとすれば，これは最適成長率$\sigma \cdot s$の値を高めるものになるだろう。現に，1980年代以降，日本の工業生産性は飛躍的に向上しているから，現在の日本の最適成長率は，相当，高い値になっていてもおかしくない[8]。

ということはしかし，それだけ高い現実成長率を実現させないと，経済は（低い成長率で安定するのではなく）反転して，一気に不況に向かってしまうことになる。しかしながら，現実成長率を，生産性の向上に合わせてどんどん高めていくというのは，現実的には極めて難しい。だとすれば，技術革新にひたすら邁進する経済とは，じつは，不況に転じやすい経済を作ることになるかもしれない。技術革新に頼りすぎることは，経済の体質を弱めてしまうのかもしれないのである。

だからこそ，現実成長率を高めることが何より急務になるのだ，というのが

7　ただし，技術革新には大きく分けて，製造過程の改善を意味するプロセス・イノベーションと，新製品を創造するプロダクト・イノベーションがあって，生産性の向上を意味するのは基本的にプロセス・イノベーションの方である。ただし，プロダクト・イノベーションの場合も，生産性を減退させてしまえば，結局，採算性の観点から採用されなくなるだろうから，実際に採用されるプロダクト・イノベーションは，プロセス・イノベーションを何ほどか含むものが多い。

8　限界貯蓄性向はいま一定と仮定しているけれども，将来の年金不安などから，人々が貯蓄を増やそうとすれば，sの値も上昇する可能性がある。そうなれば，最適成長率はさらに上昇することになる。

一般的な反応だろう。しかし，すでに，相当の消費需要が満たされているなかで，上昇し続ける最適成長率に現実成長率を合わせていくことが，果たして現実的な，また妥当な判断と言えるだろうか。時代に適応すべきなのは，現実成長率ではなく，むしろ，最適成長率の方ではないだろうか。すなわち，σとsの値によって決定される最適成長率を，あっさりと与件視してしまうのではなく，敢えて，この値に手を加える，つまり，最適成長率自体を引き下げることを考えることはできないものだろうか。

社会的生産性への注目　最適成長率を引き下げるには，σを下げるか，sを下げるかの，どちらかが必要になる。後者については，社会保障政策に関わる問題でもあり，本書の範囲を超えるから，ここではσに注目しよう。σを下げるとは生産性を下げることだから，一見，これはもっとも愚かな選択に見えるだろう。確かに，製造業等における物的生産性そのものをいまから低下させるなどという選択は，資源・エネルギーへの負荷や，環境への悪影響等を考えれば，あり得る選択ではないだろう。

しかし，ここでわれわれは，ドーマーが与えていたσの定義を思い出す必要がある。彼は，これを投資の社会的・平均的・潜在的生産性と定義していた。ここで重要になるのは，「社会的生産性」という部分である。つまり，σは社会全体における一種の平均値であって，特定の産業部門の生産性を言うものではないのである。だから，仮に製造業の生産性を向上させても，製造業部門の経済全体に占める割合が小さくなれば，それは社会的な値としてのσを，かならずしも引き上げることにはならないのである。そして，その代わりに比重を増していく部門の物的生産性が，それほど高いものでないならば，資源・エネルギーや自然環境への負荷を増やさずに，σの値を抑えていくことは，決して不可能なことではないのである。

たとえば，福祉，教育，環境といった部門への投資は，（確かに一定の設備投資は伴うものの），製造業のように物的生産性を高めるものではない。σの値が低いのは，これらの部門の本質的な特性であって，何も不効率を意味するわけではない。そして，こうした部門は，少子高齢化という日本社会の絶対条件にとって，むしろ一層必要とされる分野のはずである（言うまでもなく，製造業部門の比重低下はすでに相当進行している）。こうした部門に，人と資本を振り向けていくことは，現実を無視して理想に走ることではなく，それどころか，経済成長論が客観的に要請していることに，素直に応えることなのかもしれないのである。しかも，こうした部門の需要はまだ，ほとんど満たされていないのだから，投資にはまだ十分，拡大の余地があるだろう。だとしたら，先に見た，逆手にとった不安定性原理と同じく，その必要な投資の拡大を通じて，経済はかえって好況になりやすい，その意味で体質の強い経済になるかもしれないのである[9]。

経済成長に頼らない経済にするとは，最適成長率を変えないまま，低い現実成長率に耐えることではなくて，最適成長率自体を低くできるように，人々の創意を結集することではないだろうか。ハロッド=ドーマーモデルのような古典的な理論のなかにも，われわれの問題意識ひとつで，なお今日に通じる知見を見出すことができるのである。

[9] そのためには，福祉・教育といった分野において，民間企業が採算を維持しながら，事業を成立させていく必要がある。もちろん，採算を重視するあまり，こうした分野の企業が営利追求を優先することには，さまざまな弊害が予想される。しかしながら，こうした部門を政府だけが担い，民間の人と資本がそこに移動していかないのであれば，経済構造の全体的な転換にはならない。そういう意味で，福祉・教育・環境事業等の本質を堅持しつつ，自立的な採算を追求しようとする社会的企業等の試みは，事業自体の重要性もさることながら，何より来るべき時代の，マクロ経済的な要請にかなう新しい企業の試みとして，もっと注目されてよいものと思う。

第 11 章　練習問題

問題Ⅰ　次の文章の空欄に，適当な語句を入れなさい。

1. 経済成長とは，（　　　）が前年よりも大きくなることをいう。
2. 経済成長率は，（　　　）として定義される。
3. 投資が一定なら（　　　）も一定だが，投資が一定でも（　　　）は増加する。
4. 投資の二面効果とは，投資の（　　　）と（　　　）の 2 つをいう。
5. ハロッド=ドーマーモデルにおける最適成長率は，（　　　）と（　　　）の積で表される。
6. ハロッド=ドーマーモデルにおける不安定性原理とは，（　　　）と（　　　）の乖離が拡大していくメカニズムのことをいう。
7. （正しい方に○）生産性の向上は，最適成長率を（大きく　小さく）する。
8. （正しい方に○）限界消費性向の上昇は，最適成長率を（大きく　小さく）する。

問題Ⅱ　ハロッド=ドーマーモデルにおいて，限界消費性向の低下は，最適成長率を高めることを意味する。なぜ，消費をしなくなることが，必要な成長率を高めることになるのか。ハロッド=ドーマーモデルの内容に即して，論述せよ。

問題Ⅲ　表 11-1 を，本文の脚注 6 に即して，下表のように改めたとしよう。すなわち，投資の生産力効果が，投資と同年中に現れると仮定して，ΔO の値を修正してみよう（$\Delta O = \sigma I = 0.3 \times I$）。この場合でも，投資が 102 億のときに，経済に超過供給が現れることに変わりはない。

さて，このとき均衡の回復に必要なのは，投資の増加である。しかし，そもそも超過供給のときに投資を増加させることが，なぜ需給均衡の回復につながるのか。下表に即して，その理由を考察せよ。

I	102	103	104
ΔI	2	3	4
ΔY	20	30	40
ΔO	30.6	30.9	31.2
需給バランス	$D < S$	$D \fallingdotseq S$	$D > S$

第12章

経済成長論（2）
−新古典派成長モデル−

今日の経済成長論は，新古典派成長モデルを標準とする。ハロッド=ドーマーモデルは，資本主義経済を，本質的に不安定なものとして捉えたが，新古典派成長モデルは，資本主義経済を本質的に安定的なものとして捉える。この対照的な違いはなぜ生じるのか。そして，その違いが意味するものは何か。相対立する理論を比較することは，経済理論を「読む」眼を，確実に鍛えてくれる。

12-1　資本主義経済は不安定か

マクロ生産関数の導入　ハロッド=ドーマーモデルは，資本主義経済を本質的に不安定なものとして描こうとする。これに対して，今日の標準的成長モデルとされる，新古典派成長モデルは，資本主義を本質的に安定的なものとして描こうとする。この対照的な違いは，どこから来るのか。そして，新古典派成長モデルの本質は何か。本章では，この問題について検討しよう。

新古典派成長モデルは，ソローモデル（あるいはソロー=スワンモデル）ともいわれる[1]。ソローモデルは，通常，図 12-2 のように描かれるが，この図は，多少わかりにくい部分もあるので，まず，ソローモデルの主旨をより直截に示すことのできる図 12-1 を使ってその概要を説明し，そのうえで，図 12-2

[1] R.M. ソローは，ハーバード大学の経済学者。サムエルソンとともに，戦後最大の経済学派である新古典派総合をリードした。経済成長理論の業績で知られるが，後年は，企業組織内での所得分配問題等にも積極的に取り組んだ。T. スワンはスイスの経済学者。ソローとともに，新古典派成長モデルの基礎を築いた。ソローモデルについては，ソロー『成長理論（第2版）』（福岡正夫訳，岩波書店，2000年）などを参照。

に進むことにしよう[2]。

前章でも確認したように，経済成長とは，国民所得の増加を意味する。そこでソローは，国民所得の大きさを表す，マクロ生産関数を導入する。すなわち，

$$Y = f\,(K, L) \qquad (12\text{-}1)$$

Yは国民所得（これは，総生産額に等しい），Kは経済全体で生産活動に使われる総資本額，Lは経済全体の総労働量（これは，雇用量よりも，労働人口をイメージした方がよい。その理由は後で述べる）を表す。(12-1) 式は，経済全体の資本と労働力の量によって，経済全体の総生産額が決まることを示している。この場合，生産活動はもっとも効率的な方法で行われるものと前提する。したがって，同じKとLのまま，Yの値が（たとえば，気合いの入れ直しなどによって）増加するようなことはない。生産量（Y）が増加するとすれば，それは資本（K）か労働力（L）（あるいはその両方）の増加，もしくは，ここにはまだ描かれていないが，技術水準の向上によるしかないことになる。

ソローモデルにおける経済成長率　(12-1) 式をもとにすると，経済成長率$\Delta Y/Y$は，一般に次のように書くことができる。

$$\frac{\Delta Y}{Y} = \theta\frac{\Delta K}{K} + (1 - \theta)\frac{\Delta L}{L} \qquad (12\text{-}2)$$

θ（シータと読む）は，$0 < \theta < 1$の範囲にある値である。この式の詳しい導出過程については，本書では割愛するが，要するに，(12-1) 式を前提にすれば，経済成長のうち，何割かは資本の成長に由来し，残りの何割かは労働力の成長に由来することになる，ということを (12-2) 式は示している[3]。

[2] 図12-1については，宮沢健一『国民所得理論（三訂版）』（筑摩書房，1984年）などを参照した。

[3] 本書の数学範囲を少し超えることになるが，念のため，(12-2) 式の導出過程を簡単に示しておこう。これには，偏微分と全微分，ならびにコブ=ダグラス型関数の知識が必要になる。一般に，$Y = f(K, L)$ の下で，KとLが増加するとき，Yの増加量ΔYは次のように書ける。

$$\Delta Y = \frac{\partial Y}{\partial K}\Delta K + \frac{\partial Y}{\partial L}\Delta L \qquad (1)$$

$\partial Y/\partial K$は偏微分といって，2つの変数（K, L）を持つ関数Yを，Lを一定と仮定したうえで，Kだけで微分したものをいう（$\partial Y/\partial L$はその逆で，Kを一定としてLで微分したものをいう。通常の微分と区別するため，微分には違いないのだが，微分記号は，dではなく∂を使う）。(1) 式は，Yの増加量は，Kだけを1単位増加させたときのYの変化率$\partial Y/\partial K$に，実際のKの増加量をかけた値と，Lについても同じ計算を行った値を，足し合わせた大きさになることを意味している。

次に，この (1) 式の両辺をYで割る。そうすると，次のようになる。

さて，（12-2）式のΔKは，資本の増加分を表しているが，資本を増加させるのは投資だから，$\Delta K = I$と書くことができる。そして，投資は貯蓄に等しいから，貯蓄性向をsとすれば，$\Delta K = I = S = sY$と書くことができる[4]。これを（12-2）式に代入すれば，

$$\frac{\Delta Y}{Y} = \theta \frac{sY}{K} + (1 - \theta) \frac{\Delta L}{L} \qquad (12\text{-}3)$$

を得る。この（12-3）式が，ソローモデルにおいて，経済成長率を表す式になる。（12-3）式が示す内容を，図に描いて検討してみよう。

均斉成長率　図12-1は，横軸にY/Kをとり，縦軸は，それぞれの成長率を，％単位で示している。そうすると，sY/Kは，sを傾きとする直線で示すことができる（sは定義上，$0 < s < 1$の範囲の数値になる）。$\Delta L/L$（労働力の増加率）は，広い意味では経済状態の影響を受ける内生変数だが，Y/Kからちょくせつ影響されるものではないので，ここでは外生的にnパーセントで一定と仮定する。$\Delta Y/Y$は，この2つの値の加重平均値として定義されるから，図では，sY/Kと$\Delta L/L$の内分点の軌跡として描くことができる[5]。

sY/Kと$\Delta L/L$は，どこかでかならず交わるはずだが，その交点をEとすると，

$$\frac{\Delta Y}{Y} = \frac{\partial Y}{\partial K} \cdot \frac{\Delta K}{Y} + \frac{\partial Y}{\partial L} \cdot \frac{\Delta K}{Y} \qquad (2)$$

（2）式はさらに，次のように変形できる。

$$\frac{\Delta Y}{Y} = \frac{\partial Y}{\partial K} \cdot \frac{K}{Y} \cdot \frac{\Delta K}{K} + \frac{\partial Y}{\partial L} \cdot \frac{L}{Y} \cdot \frac{\Delta L}{L} \qquad (3)$$

$\partial Y/\partial K \cdot K/Y$，$\partial Y/\partial L \cdot L/Y$　は，生産の資本弾力性，生産の労働（力）弾力性を表すので（弾力性についてはミクロ経済学の教科書を参照），それぞれをe_K, e_Lとすると，（3）式は次のようになる。

$$\frac{\Delta Y}{Y} = e_K \cdot \frac{\Delta K}{K} + e_L \cdot \frac{\Delta L}{L} \qquad (4)$$

ここで，ソローモデルでは，（12-1）式の生産関数をコブ=ダグラス型関数という，特別な関数形を取るものと仮定しており，その場合には，ある計算を経ることで，$e_K + e_L = 1$となる。そこで改めて，$e_K = \theta$とおけば，$e_L = 1 - \theta$になって，（12-2）式が得られる。

こうした展開を含め，経済学で使う数学については，無数と言っていい教科書があるが，たとえばA.C.チャン･K.ウエインライト『現代経済学の数学基礎（第4版）』（全2巻，小田正雄他訳，シーエーピー出版，2010年）などを参照。

4　これは，所得そのものに占める貯蓄の割合（S/Y）を示す値だから，平均貯蓄性向というべきものであって，これまで使ってきた限界貯蓄性向（所得増分に占める貯蓄増分の割合（$\Delta S/\Delta Y$））とは別物である。にも関わらず同じ記号sを使うのは，本当は適当でないが，以下ではこのままsを使うことにする。

5　加重平均について。$\theta = 0.5$であれば，普通の平均になるが，0.5以外の値のときは，それぞれの変数の重みに若干違いのある平均値になる。このような平均のとり方を，加重平均という。

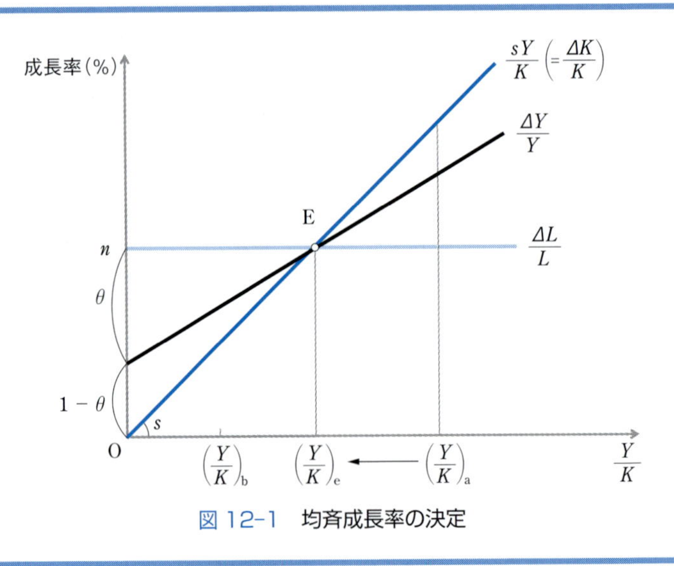

図 12-1　均斉成長率の決定

$\Delta Y/Y$もかならずE点を通るものになる[6]。このE点に対応するY/Kの値を$(Y/K)_e$としよう。このE点においては，3つの成長率，すなわち，経済成長率，資本成長率，労働成長率がすべて等しくなる。言い換えれば，資本だけが過剰になるとか，労働力だけが過剰になって失業が発生するようなことはなく，経済は，均衡を維持したまま成長していくことになる。新古典派成長モデルでは，この成長率を均斉成長率と表現する。

新古典派成長モデルにおける安定性　さて，経済が偶然にも，いきなりE点の上にあればそれでよいが，そうでない場合はどうなるだろう。たとえば，Y/Kの値が$(Y/K)_e$ではなく，これよりも大きい，$(Y/K)_a$のような値にあったとしたら，経済はこの後，どのような反応を見せるだろう。ハロッド=ドーマーモデルでは，そのような場合，経済はE点に復帰せず，むしろ不均衡を拡大させる方向に変化するものとされたが，ソローモデルではどうだろうか。

ソローモデルは，この後の事態を次のように描く。すなわち，$(Y/K)_a$のときの，3つの成長率を，縦軸上の値によって比べてみると，この場合，sY/K(=

6　それは，実際に，$sY/K=\Delta L/L=n$としてみればわかる。(12-3) 式にこの値を代入すれば，$\theta\cdot n+(1-\theta)\cdot n=n=\Delta Y/Y$となって，3つの成長率が一致することがわかる。

$\Delta K/K$）が示す資本成長率がもっとも高く，次に経済成長率$\Delta Y/Y$がきて，労働成長率$\Delta L/L$が一番低い値になっている。ということは，時間とともに，資本が労働力よりも相対的に多くなって，資本の過剰状態，もっと言えば，資本のダブつき状態が現れるだろう。そうすると，資本の価格を表す利子率は下落し，資本に比べて稀少になる労働力については，その価格，すなわち，賃金率が上昇することになるだろう。

こうした事態に対して，企業はどのように反応するだろうか。利潤最大化を求めて，合理的な資源配分を目指している企業家からすれば，相対的に割高になった労働力の使用割合を減らし，その分を，相対的に割安になった資本によって，代替しようとするのではなかろうか[7]。ということは，資本の投入量が増えるわけだから，Y/Kの値は（分母のKが大きくなることによって）小さくなる，すなわち，横軸を左方向へ向かって，移動していくことになるだろう。どこまで移動するかといえば，資本成長率と労働成長率の間に差がなくなるまで移動するはずだから，したがって，$(Y/K)_a$はやがて$(Y/K)_e$に，自ら立ち戻ることになるだろう。

この調整メカニズムを担ったのは，言うまでもなく，市場メカニズムである。資本と労働の相対的な稀少性を価格に反映させる市場メカニズムが適切に機能していれば，それは，ミクロにおける需給均衡を維持するだけでなく，マクロにおける均斉成長も維持するものになる。このことを示したのが，ソローモデルあるいは新古典派成長モデルであったと言っていいだろう。

したがって，ソローモデルにおいては，均斉成長経路から経済が一時的に乖離することはあっても，それはやがて，市場メカニズムに導かれて，均斉成長経路へ自ら立ち戻っていくことになる。その意味で，新古典派成長モデルにおける資本主義経済は，本質的に安定的な性質を持つものになる。ハロッド=ドーマーモデルとは，まさしく対照的な結果が得られたわけである。

---

[7] したがって，ここでは，資本と労働の技術的な代替が，いくらでも自由に行えることを前提する必要がある。そういうことが，実際に可能かどうかをめぐって，これを可能と前提するサムエルソンやソロー等の新古典派総合と，それを不可能（もしくは，技術的な代替にはある特殊な性質が伴い，常識的な想定とは異なる結果がでてくる）と主張するJ.ロビンソン，N.カルドア，P.スラッファといったケンブリッジ学派との間で，熾烈とも言える論争が起こった。この論争をめぐっては，G.C.ハーコート『ケムブリッジ資本論争』（神谷傳造訳，日本経済評論社，1988年）などを参照。

確認問題 12-1　Y/K の値が図 12-1 の $(Y/K)_b$ のようなものであったとき，経済はやはり，$(Y/K)_e$ に戻っていこうとするだろうか。市場メカニズムと，資本と労働の代替性を前提に，そのプロセスを描いてみよ。

12-2　新古典派成長モデル

規模に関して収穫一定の生産関数　以上を踏まえて，図 12-2 を見てみよう。通常，ソローモデルとして描かれるのは，こちらの図である。この図は，縦軸に，1 人当たり生産量（1 人当たり国民所得）Y/L をとり，横軸には，1 人当たり資本 K/L（これを資本・労働比率と呼ぶこともある）をとっている。図 12-2 の意味するところは，基本的に図 12-1 と同じだが，この図は次のようにして描かれる。

ソローモデルにおける生産関数（12-1）式は，規模に関して収穫一定と仮定されている[8]。これは，生産要素を 2 倍にすると，生産量もちょうど 2 倍になる

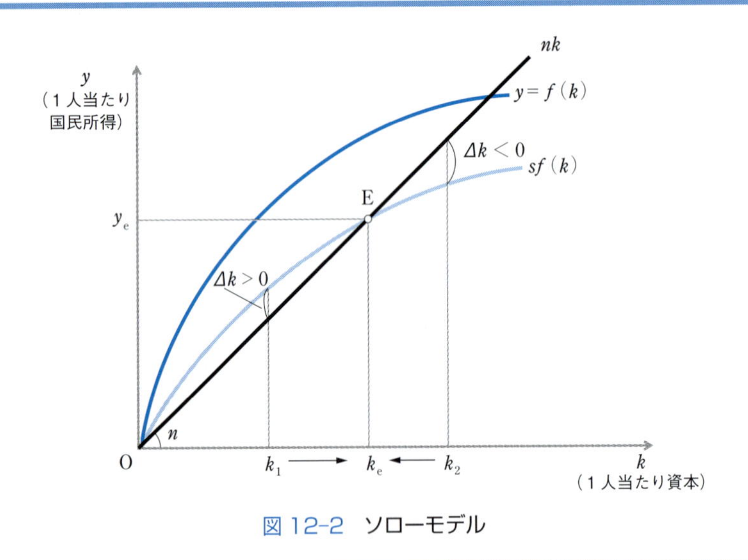

図 12-2　ソローモデル

[8] 「規模に関して収穫一定」については『読む ミクロ経済学』第 11 章補論を参照。なお，規模に関して収穫一定となる関数は，数学的には，1 次同次の関数といわれる。先に脚注 3 で言及したコブ=ダグラス型関数も，1 次同次関数である（本章の「練習問題」問題Ⅱを参照）。

$(2Y = f(2K, 2L))$，あるいは，生産要素を t 倍にすると，生産量もちょうど t 倍になる（$tY = f(tK, tL)$）という仮定である。そこで，生産要素を $1/L$ 倍にしてみると，（12-1）式は次のようになるだろう。

$$\frac{Y}{L} = f\left(\frac{K}{L}, 1\right) \tag{12-4}$$

すなわち，規模に関して収穫一定の生産関数は，その性質を維持したまま，1人当たりの資本量によって，1人当たり生産量（所得）が決定されることを示す関数に，変換できるわけである。

$Y/L = y$，$K/L = k$ と表記することにすれば，（12-4）式は，次のような簡単な表記になる。

$$y = f(k) \tag{12-5}$$

（12-5）式を，y を縦軸，k を横軸にとって描いたのが，図 12-2 の $y = f(k)$ のグラフである。k の増加は，L 以上に K が増加することを意味するが，これは L 一定の下で，K だけが増加した場合と意味的には同じになるから，資本の限界生産力逓減を反映して，（12-5）式の生産関数は，逓減型の増加関数として描かれている。

均斉成長の状態　ここで，$K/L = k$ の増加率（成長率）を考えてみる。これは一般的に，次のようになる[9]。

$$\frac{\Delta k}{k} = \frac{\Delta K}{K} - \frac{\Delta L}{L} \tag{12-6}$$

前節で検討した，均斉成長の状態とは，資本だけが過剰になったり，労働力だけが過剰になったりすることのない状態，すなわち，資本成長率と労働成長率が，ちょうど等しい状態を意味した。これは（12-6）式でいえば，$\Delta K/K - \Delta L/L = 0$ となる状態を意味するだろう。しかし，$k = 0$ になることはないから，したがって，均斉成長の状態とは，（12-6）式において，$\Delta k = 0$ になることを意味する。

[9] 直観的に言えば，商（平均値）の値は，分子が大きくなれば大きくなり，分母が大きくなれば小さくなる。ゆえに，平均値の増加率は，（分子の増加率－分母の増加率）になる。

ここでΔKは，前節で見たようにsYに置き換えることができる。それを使うと，$\Delta K/K$は次のようになる。

$$\frac{\Delta K}{K} = \frac{sY}{K} = s\frac{Y}{L}\frac{L}{K} = sf(k)\frac{1}{k} \qquad (12\text{-}7)$$

$\Delta L/L$に関しては，前節と同様，外生的にnパーセントとして与えられるものとしよう。そうすると，$\Delta k = 0$という条件は，次のように書けることがわかるだろう。

$$\Delta k = \frac{\Delta K}{K}k - \frac{\Delta L}{L}k = sf(k) - nk = 0 \qquad (12\text{-}8)$$

図 12-2が描いているのは，この（12-8）式の関係である。すなわち，先に与えた生産関数$y = f(k)$をs倍することで，$sf(k)$関数を得る。$0 < s < 1$だから，これは，$y = f(k)$を何ほどか縮めたようなグラフになる。他方，nk関数は，横軸にkをとっているから，これは傾きnの直線になる。$sf(k)$とnkはどこかでかならず交わることになるが，その交点をEとすれば，このE点こそが，（12-8）式を成り立たせる点，すなわち，均斉成長状態を表す点になる。

資本，労働力，所得すべてが同率で成長する　均斉成長率の安定性は，図から明らかである。たとえば，1人当たり資本の大きさが，たまたまk_eよりも小さいk_1であったとしよう。このときには，図から明らかなように，$sf(k) > nk$，すなわち，$\Delta k > 0$になる。これは1人当たり資本kが増加することを意味するから，k_1は自らk_eに近づいていくことになる。1人当たり資本が，k_eよりも大きいk_2のような場合は，$\Delta k < 0$となるから，いまとは逆に，kの値は減少して，やはりk_eに近づいていくことになる。

E点において，1人当たり資本は$K/L = k_e$となり，1人当たり生産量（所得）は$Y/L = y_e$になる。ここで注意すべきことは，均斉成長においては，資本，労働力，所得のすべてが同率で成長するから，1人当たり資本の大きさ，1人当たり所得の大きさは，その間，一定に保たれるということである。つまり，図 12-2において，KもLもYも，それぞれ成長していくのだが，k_eの値，y_eの値は変わらず一定に保たれるのである。これが図 12-2の意味するところ，

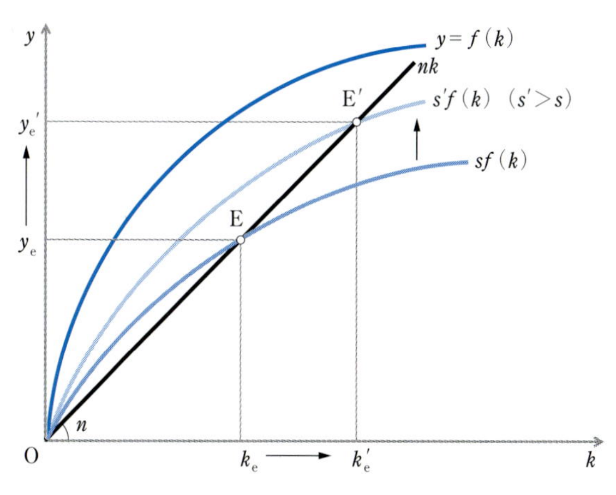

図 12-3　ソローモデルにおける貯蓄率の上昇

すなわち，均斉成長の意味するところである。喩えて言えば，壁にスライドで三角形を映しているとき，映写機を後ろにずらしていけば，三角形の画像は大きくなるが，三角形の形は変わらないだろう。すなわち，三角形の三辺の比は，それぞれ一定に保たれるだろう。均斉成長が表している事態は，これとよく似ている。経済の各構成比がまったく変わらないまま，規模だけが比例的に拡大していく経済，それが新古典派成長モデルの描く，均斉成長の姿である。

経済成長率が外から与えられる　もちろん，与件条件が変われば，経済の構成比も変化する。たとえば，貯蓄性向 s が上昇したとしよう。図 12-3 にあるように，これによって生産関数自体は影響を受けないが，$sf(k)$ 関数は上方へシフトするだろう。その結果，均衡点は E′点へ移動するから，均斉成長状態における 1 人当たり資本の大きさは k_e から k_e'へ，1 人当たり所得の大きさは y_e から y_e'へと，それぞれ大きくなるだろう。その意味で，経済の姿・形は，何ほどか変化したと言えるだろう。しかしそれでも，均斉成長率自体は変わらないことに注意する必要がある。

あるいは，同様のことは，技術革新によっても引き起こされる。技術革新は，同じ資本量から，いままでよりも多くの生産物を得ることを可能にするから，これは，生産関数それ自体を $f(k)$ から $Tf(k)$ へと上方へシフトさせる（$T>$

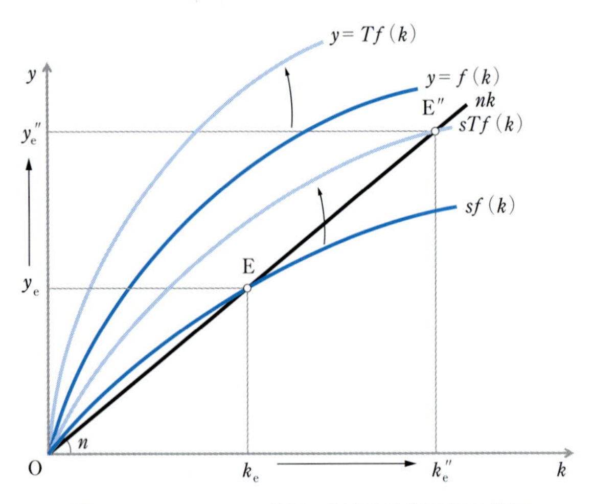

図 12-4　ソローモデルにおける技術革新の効果

1 で技術革新の効果を表すものとする)。そうすると，図 12-4 にあるように，s 一定のままでも，$sf(k)$ 関数は $sTf(k)$ へと上方へシフトすることになる。その結果，均衡点は E″点に移動して，1 人当たり資本は k_e から k_e''へ，1 人当たり所得は y_e から y_e''へと，その大きさはそれぞれ大きくなるだろう。

しかし，その場合でも，均斉成長率自体は変わらない[10]。均斉成長率は，所得成長率＝資本成長率＝労働成長率＝ n であり，n はいま与件として与えられているから，n の値が変わらない限り，均斉成長率は変わらないのである。ということはつまり，新古典派成長モデルにおける経済成長率は，外生的に与えられるということである[11]。経済成長率が外から与えられるという結論はしかし，いささか意外な結論であって，モデルの形がたまたまそうなっているからとい

10　ただし，ここでは技術水準が 1 度だけ，単発的に上昇するケースを考えている。技術水準が継続的に上昇する場合は，労働者 1 人当たりの生産量も継続的に上昇することになる。これは，技術水準一定の下で，労働力が継続的に増加する場合と，同じ効果を持つと考えられるので，この場合の均斉成長率は，労働増加率＋（技術革新による）生産性上昇率，になる。章末の「練習問題」，問題Ⅲを参照せよ。

11　経済成長が技術革新の影響を大きく受ける場合，技術革新は投資を通じて得られるものである以上，これを完全に外生的な現象として捉えることには無理がある。この点を改善するため，P. ローマーらは，生産性の上昇を経済活動に内生的な現象として捉えようとする内生的経済成長理論を展開した。内生的経済成長理論，あるいはその基本モデルである AK モデルについては，C.I. ジョーンズ『経済成長理論入門』（香西泰監訳，日本経済新聞社，1999 年）などを参照。

うだけで，納得していいことではない。そしてこの点を理解することが，結局，新古典派成長モデルの本質を理解することになるので，最後に節を改めて，ハロッド=ドーマーモデルとの比較のなかで，この点を考えていくことにしよう。

確認問題 12-2　労働力増加率 n の減少は，①　1人当たり所得，②　1人当たり資本，③　均斉成長率を，どのように変化させるか，あるいは変化させないか。それぞれ解答せよ。

12-3　2つの経済成長論を比較する

このような議論を通じて，新古典派は，ハロッド=ドーマーモデルの不安定性原理を批判し，資本主義経済は本質的に安定的なものであると主張した。これほど対照的な違いがなぜ現れるのか。そして，結局のところ，どちらの見解が正しいと言えるのか。以下，これを主に2つの論点に絞って，検討してみよう。

市場メカニズムへの信頼について　第1の論点は，その資本主義経済の不安定性をめぐる問題である。繰り返しになるが，ハロッド=ドーマーモデルは，資本主義経済を本質的に不安定なものと考え，ソローモデル（新古典派モデル）は，資本主義経済を本質的に安定的なものと考えた。

12-1，12-2節を通じて見てきたように，新古典派が資本主義経済を安定的なものと考える根拠は，市場メカニズムへの全幅の信頼にあると言っていい。したがって，彼らは，ハロッド=ドーマーモデルにはこの観点が欠けているとして，これを批判する。もう少し具体的に言えば，ハロッド=ドーマーモデルにおいては，市場メカニズムを通じた資本と労働の代替が，あたかも不可能であるかのような前提が，理由もなく暗黙の裡に置かれているというのが，新古典派による批判の骨子になっている。

この点は，ハロッドの成長モデルに即した方がわかりやすいのだが，前章で取り上げたドーマーのモデルにおいても，投資の生産性 σ を与件としている点が，それに当たると考えてよい。なぜと言って，投資の生産性は，次のような関係を示していたわけだが，

$$\Delta O = \sigma I \tag{11-2}$$

ΔOは，生産量の増加分だから，本章の記号でいえば，これをΔYで置き換えることができる。投資Iは，先にも確認したように，資本の増加，すなわちΔKと同義なので，(11-2) 式は次のように書きかえることができる。

$$\Delta Y = \sigma \Delta K$$

$$\frac{\Delta Y}{\Delta K} = \sigma \tag{12-9}$$

$\Delta Y/\Delta K$は，資本係数（の逆数）といわれるものだが，σを（差し当たり）与件一定にするということは，この資本係数（の逆数）が一定であることを意味する[12]。ということは，たとえばYを増加させるときに，Kを少なめに増加させ，その分を労働力Lで代替させるようなことはできないと仮定するに等しいから，これは結局，資本と労働の代替を，前提的に不可能と想定したに等しいと新古典派は解釈する。しかし，そのように想定できる根拠を，ハロッド=ドーマーモデルは示していないので，これはやはり恣意的な想定と言わざるを得ず，したがって，そのような恣意的な想定のうえに立脚する不安定性原理も，恣意的な結論だと言わざるを得ない，というのが新古典派による批判のあらましである。

ハロッド=ドーマーモデルが投資の生産性を，差し当たり，与件一定と仮定していることは確かである。しかしながら，それは彼らが，暗黙の裡に（あるいは，うっかりして）市場メカニズムを否定したからではなく，次のような理由によるものと考えられる。すなわち，彼らのモデルの眼目は，投資の伸び率が，最適成長率に及ばない場合や，最適成長率を超えている場合に，企業がどのような意思決定を行うか，そして，そうした個別の意思決定が，マクロ全体に集計されたときに，マクロ経済にどのような帰結がもたらされるかを明らかにすることにあった。つまり，ハロッド=ドーマーモデルとは，そうした意思決定が行われる1つの時点において，ミクロとマクロの間に，どのような乖離が生じるかを明らかにしたものなのである。一言で言えば，ハロッド＝ドーマー

[12] 資本係数は，正しくはK/Yで定義される。資本・産出比率と呼ばれることもある。$\Delta K/\Delta Y$は，増加分における資本係数だから，正しくは限界資本係数というべきもので，(12-9) 式は，その逆数を示している。限界資本係数が一定なら，資本係数も一定になる（限界と平均の関係を想起せよ）。

モデルとは，時点分析の理論なのである。

1つの時点においては，資本係数（生産性）は1つしか存在しない。それが仮に，次の時点においては変化するものであったとしても，意思決定が行われる瞬間に存在する資本係数（生産性）は，1つしか存在しない。ゆえに，ハロッド=ドーマーモデルにおける資本係数（生産性）は，一定のように見えるのである[13]。

これに対して，新古典派成長モデルの目的は，経済は長期において，どのような成長経路に落ち着くかを示すことにある。均斉成長率の議論が描いているのは，経済が1人当たり資本（資本・労働比率）の時間を通じた調整によって，やがては均斉成長経路に辿り着き，いったん辿り着いたならば，与件条件に変化がない限り，その成長経路上をずっと辿っていく，という話である。つまり，新古典派モデルは，ある時点において生じる現象に関心があるのではなく，時間を通じて現れる傾向性に対して，関心があるのである。これを一言で言えば，新古典派モデルとは，時間分析の理論であると言ってよい。

したがって，この2つの理論は，一方が時点分析を，他方が時間分析を扱うというように，それぞれ分析対象を異にするのであって，どちらが正しく，どちらが間違っていると言えるような関係にはないように思われる。確かに，ハロッド=ドーマーモデルだけを正しいとして，現実成長率が最適成長率を下回ったが最期，経済は奈落の底に落ちる以外に道がなく，そこから永久に戻ってくることはないのだ！と断じたならば，経験に照らしてみてもおかしな認識ということになるだろう。新古典派が批判したのも，この点にあると言ってよい。だが，他方で，新古典派モデルだけを正しいとして，経済は放っておきさえすれば，そのうちかならず均斉成長経路を実現し，あとは，変化のない平穏な暮らしが約束されると思い込むとしたら，これもまた経験的におかしな認識になるだろう。

この2つの成長理論は，それぞれの主張を極論化すれば，対立せざるを得なくなるけれども，本来は，経済成長の異なる局面を捉えたものとして，それぞれ理解すべきものと思われる。なるほど，時間を通じれば，経済は均斉成長経

13　ゆえに，ハロッド=ドーマーモデルが，生産性を，時間を通じて変化しないと仮定する必要はないのである。現に，ハロッドの前掲書『経済動学』では，資本係数が時間とともに変化することを使って，彼の成長モデルを景気循環論に発展させている。しかし，そうであっても，ある意思決定が行われる1つひとつの時点における資本係数は，それぞれ1つしか存在しないことに変わりはない。

路に戻ろうとするかもしれないが，しかし，戻ってきてもまた，さらにそこから外れていこうとする意思決定の時点を，経済は経験するかもしれない（そして再び，均斉成長経路に戻っていくのかもしれない）。したがって，ハロッド=ドーマーモデルに対する新古典派からの批判は，正鵠を射たものではあるけれども，それによって，ハロッド=ドーマーモデルを無用と断じるのは，いささか早計にすぎ，双方の着眼になお学ぶ姿勢が必要ではないかと思われる。

投資関数の存在について　ただし，これに続く第2の論点においては，こうした両立的な解釈は難しいかもしれない。それは，いまの意思決定の問題にも関係するが，ある意味では，第1の論点よりも重要な違いと言える。それは端的に言えば，ソローモデルには，投資関数が存在しないということである。すなわち，ハロッド=ドーマーモデル（あるいは，その原点にあるケインズ経済学）と，ソローモデル（新古典派成長モデル）を比較してみると，ケインズ経済学においては，あれほど主役的な役割を担っていた投資関数が，ソローモデルにおいては，ついに最後まで現れないのである。これは，いったい何を意味するだろうか。

ソローモデルにおいて，投資関数に代わる役割を果たしていたのが，マクロの生産関数である。もっと言えば，マクロ生産関数Yから得られる貯蓄sYが，そのまま資本形成$\Delta K(=I)$に変わるので，ことさら投資関数を必要としなかったのが，ソローモデルなのである。ということはつまり，ソローモデル（新古典派モデル）においては，ケインズ経済学（これまでの有効需要の原理）のように，投資が行われて貯蓄が生み出されるのではなく，貯蓄が先に形成されて，それがそのまま，投資に転じるという論理になっているのである。

これはしかし，重大な変更であると言わざるを得ない。これまでの有効需要の原理では，たとえば，（意図した）投資が貯蓄に及ばなかった場合，貯蓄が投資と等しくなるところまで，所得が減少することで，マクロの需給均衡が保たれると考えてきた。しかし，貯蓄がそのまま投資に転じるとしたら，投資が貯蓄よりも少ない場合は，貯蓄と等しくなるまで投資が増加することになる。そして，投資の増加が所得を増加させて，需給均衡を維持することになるのである。

そうすると，さらに供給量を増やして貯蓄を増加させた場合，それもすべて投資に回され，有効需要を増やすことになるから，供給が過剰になることは決してないことになる。これは，簡単に言えば，供給量を増やせば増やすほど，需要が後からついてくるということであって，だとしたら，供給量は限りなく大きくなって，やがて上限の値に達するだろう。上限の値とはすなわち，完全雇用の下での供給量である。したがって，貯蓄がすべて投資に回される経済は，早晩，完全雇用に行き着く経済，言い換えれば，完全雇用を前提にする経済ということになる。完全雇用を前提にする経済とは，まさしく，ケインズによって批判されたはずの（そして，マクロ経済学の出現によって，乗り越えられたはずの），古い新古典派経済学の世界ではなかっただろうか。

決定的な違い　完全雇用を前提する経済を，ケインズはセイ法則の世界と呼んだ[14]。セイ法則とは，「供給は，それ自らの需要を作り出す」という認識である。貯蓄が自ら投資に変わる世界は，まさしくセイ法則の妥当する世界である。セイ法則は，市場ごとに市場メカニズムがきちんと働くことや，利子率その他への配慮が，貯蓄性向 s の形成に集約されるなど，本当はそれ相応に複雑な話を要するものなのだが，いずれにしても，ある所得水準の下で形成された貯蓄がすべて投資されるのなら，その所得水準と同額の有効需要がかならず形成されることになるから，有効需要が不足して財が余るような事態は決して生じない。したがって，この前提の下では，経済は自動的に，完全雇用に到達することになるだろう。

これは，第1の論点とは違い，ハロッド=ドーマーモデルとはいかにしても両立しがたい，ある意味で決定的な違いである。そして，国民所得水準の決定までは，有効需要の原理（すなわち，投資関数を必要とする世界）に基づいていた以上，経済成長論において完全雇用前提に立ち戻ることに対しては，本来ならば慎重な説明が必要になるはずである。

完全雇用が前提されるのなら，経済成長率が労働力の増加率に規定されるのは，ある意味で当然と言える[15]。しかも，この場合の労働力の増加は，完全雇

14　セイとは，J.B. セイという，18世紀末から19世紀初頭にかけて活躍したフランスの経済学者である。ケインズは，スミスからマーシャル，ピグウに至るまで，彼以前の経済学者はみな，暗黙の裡に，セイ法則に従っていたと言っている。ケインズが，学史的には不正確であるにも関わらず，マーシャルまでの新古典派も含めて「古典派」と表現したのは，この共通点によるものである。

15　均斉成長経路では，資本・労働比率は一定に保たれる。これは，労働力の増加率と同じ増加率で，資本設備もかならず増加することを意味する。こうした発想は，ミクロ経済学に登場する，L. ワルラスの一般均衡理論に由来するものである。したがって，資本増加に制約がかかることはないので，成長率を規定するのは，労働力増加率ということになる。

用を維持しながらの増加だから，これは雇用量の増加率ではなく，文字通り，労働人口そのものの増加率と考える必要がある。そして，労働人口は総人口に連動するから，ここから少子高齢化に伴う人口減少は，経済成長率を低下させるという論理が出てくるのである[16]。

完全雇用を前提視する，新古典派的な経済認識は，次章で検討するインフレーションをめぐる議論のなかで，復活したといわれることが多い。しかし，それに先行して展開された経済成長論において，完全雇用前提の経済像が，事実上復活していたことを，われわれは知る必要がある。そして，ここからマクロ経済学は，今日へと続く，論争の時代に入っていくのである。

[16] もちろん，先ほども確認したように，新古典派モデルは長期の趨勢を説明するものだから，人口減少の影響も，経済成長の長期的な趨勢に影響するのであって，毎年毎年の短期的な経済成長率が，その都度，人口増加率（減少率）でもって説明されるわけではない。

第12章　練習問題

問題Ⅰ　次の文章が正しければ○，誤りであれば×をつけよ。

1. 均斉成長経路において，所得成長率，資本成長率，労働力成長率はすべて等しい。
2. ソローモデルにおいて，貯蓄性向が上昇すると，1人当たり資本は増加するが，1人当たり所得は変わらない。
3. ソローモデルにおいて，技術革新が一度起こると，1人当たり所得は増加するが，均斉成長率は変わらない。
4. 資本成長率が労働力成長率よりも高い状態が続くと，利子率が下落し，賃金が上昇することによって，資本・労働比率（1人当たり資本）は，上昇することになる。
5. 労働人口の減少は，短期的にも確実に，経済成長率を引き下げる。

問題Ⅱ　マクロ生産関数が，$Y = AK^{\alpha} L^{1-\alpha}$（$A$は定数）で示されるとき，次の問いに答えなさい。

1. Kを2倍，Lを2倍にしたとき，Yの値が何倍になるかを計算しなさい。
2. Lを定数と見做したとき，αは生産の資本弾力性になることを，示しなさい。
3. Kを定数と見做したとき，$1-\alpha$は生産の労働弾力性になることを，示しなさい。

問題Ⅲ　技術革新が一度だけ起こっても，均斉成長率は変わらない。では，技術革新が継続的に生じた場合について，下記の問いに答えなさい。

1. 継続的な技術革新のイメージを図12-4を参考に，図で示しなさい。
2. このとき，1人当たり所得には，どのような影響が現れるか。論述しなさい。
3. 継続的な技術革新による生産量の増加率が一定である場合，これは均斉成長率の上昇を意味することになるか。論述しなさい。

第13章

インフレーションとデフレーション

経済成長とともに，人々の生活に大きな影響を及ぼすのが，物価の変動である。経済成長は，物資の量の増加としてイメージされるが，実際には，物価の変動をかならず伴う。物価の上昇は，景気の良さの現れともいわれるが，物価上昇が行き過ぎれば，人々の生活を圧迫するものになる。インフレとは何か。デフレとは何か。経済動学の，もう1つの課題がここにある。

13-1　さまざまな物価指数

インフレとデフレ　経済成長が「量」の変動を表すのに対し，「価値」の変動を表すのが，インフレーションとデフレーションである。第2章で述べたようにインフレーションとは，物価の継続的な上昇をいい，デフレーションとは，物価の継続的な下落をいう。両者とも，物価の継続的な変動を意味する概念であって，たとえば，消費税率の変更時などに生じる，1回限りの物価変動はインフレ，あるいはデフレ，とはいわない。

物価は，通常，景気の良いときに上昇する。だから，インフレは景気の良さの現れのように理解されることが多い。しかしながら，物価が上昇を続けるのは，増加する需要に対して，供給の増加が追いつかないためかもしれず，だとしたら，景気はすでに，過熱気味の状態にあると言えるかもしれない。

逆に，デフレについては，誰もがすぐに不況をイメージする。いまも確認したように，デフレは物価の継続的な下落を意味するものであって，生産量や雇用量の減少をかならず伴うものとは限らないのだが，現在の日本などでは，バブル経済の崩壊以降，1990年代からずっとデフレが続き，それは同時に，生産や雇用の停滞を伴ってきたから，いまや，デフレ＝不況というイメージは，すっかり定着したものとなった[1]。

CPIとCGPI　インフレーションも，デフレーションも，物価の変動を意味する概念だから，この問題を検討していくためには，まず物価変動の捉え方について，知っておく必要がある。物価の捉え方には，いろいろなものがあり，経済統計においても，消費者物価指数，企業物価指数，企業向けサービス価格指数，GDPデフレータなど，数種のものが存在する。それらは，調査の範囲や目的にそれぞれ違いがあるので，われわれも用途に応じて，適切な物価指標を選択していく必要がある。

消費者物価指数（CPI）[2]とは，われわれが日常生活で購入する，消費財の物価の動きを全体的に捉えたもので，食料品，衣料品，光熱費，家賃や授業料など，財とサービスの両方を含む，総合的な物価指数である。

企業物価指数（CGPI）[3]とは，企業間で取引される財の物価変動を捉えようとするもので，かつての卸売物価指数にほぼ該当する。企業間で取引される財には，原油や鉄鉱石のような原材料や，工業用機械のような製品が多く含まれるが，こうした品目は，消費者物価指数の対象にはならない。そのため，消費者物価指数と企業物価指数は，無関係とは言えないまでも，それぞれ別個の動き方をする。また，企業間で取引されるサービスの価格変動については，企業物価指数とは別に，企業向けサービス価格指数で計測される。

物価指数の計算　物価指数の計算の仕方にも，何種類かのものがあるが，代表的なものとして，ラスパイレス物価指数と，パーシェ物価指数がある。物価の変化とは，一定の財を購入するのに，基準となる年（「年度0」とする）と，比較したい年（「年度1」とする）とで，どれだけ支払金額に違いが生じるか

1　1990年代以降の日本経済が，すべて不況のなかにあったわけではない。2002年から2008年にかけては，かつての「いざなぎ景気」を超える期間の好景気を記録している。問題は，それがほぼまったく人々の実感にそぐわなかったことであって，当時も「実感なき景気回復」とか，「実感なき経済成長」などといわれた。現に，その後問題化する，格差問題や貧困問題は，この好景気の間に，加速的に悪化した印象があり，この時の，成長と分配の関係が，現代経済の基本的なメカニズムになっている可能性もある。この問題については，前章と本章の議論を踏まえたうえで，次章で改めて取り上げる。

2　CPIとは，Consumer Price Indexの略である。

3　CGPIとは，Corporate Goods Price Indexの略である。

表 13-1　物価変動の例

リンゴ	価格	数量
年度 0	200 円	1,000 個
年度 1	180 円	1,100 個

ミカン	価格	数量
年度 0	100 円	2,000 個
年度 1	80 円	2,400 個

によって，計測するものである。その場合，基準年と比較年とで，財の購入量が違ってしまうと，支払金額の変化が，物価の変化によるものか，購入量の変化によるものかが，わからなくなってしまう。そこで，購入量については，（実際には変化しているが）基準年も比較年も同じ値にして，支払金額の違いが物価の違いだけを表すように，工夫するのである。その場合，購入量に基準年のものを使うのがラスパイレス指数，比較年のものを使うのがパーシェ指数である。

数値例　　ここは例を使って示すことにしよう。表 13-1 にあるように，いま，2 財だけを考えることにし，それをリンゴとミカンと仮定しよう。基準年（年度 0）において，リンゴは価格 200 円で 1,000 個販売され，ミカンの価格は 100 円で 2,000 個販売されたものとしよう。そして翌年（年度 1），リンゴの価格は 180 円に値下がりして 1,100 個販売され，ミカンは 80 円に値下がりして 2,400 個販売されたしよう。両財とも値下がりしているから，物価が低下したことは明らかだが，どのくらい低下したかを計算すると，計算の仕方によって，結果が多少違ってくる。

ラスパイレス方式は，数量を基準年（年度 0）のものに固定して，物価の変動を計算する。表 13-1 でいうと，年度 0 の支払金額は，リンゴが 200 円×1,000 個＝ 20 万円，ミカンが 100 円×2,000 個＝ 20 万円で，合わせて 40 万円になる。年度 1 の支払金額は，リンゴが 180 円×1,000 個（基準年の数量を使う）＝ 18 万円，ミカンが 80 円×2,000 個＝ 16 万円で，合わせて 34 万円になる。そこで，年度 1 では，年度 0 の何倍の支払金額を必要とするかを計算すると，34 万円 ÷ 40 万円＝ 0.85 という数字が出る。この 0.85 という数字が，ラスパイレス方式で計測した物価指数になる。この値が 1 を下回れば物価の下落が，1 を上回れば物価の上昇が生じていたことになる。

では，同じ計算を，パーシェ方式で計算してみよう。パーシェ方式は，比較年（年度1）の数量を使って，支払金額の比較を行うので，年度0のリンゴの支払金額は，200円×1,100個＝22万円，ミカンの支払金額は，100円×2,400個＝24万円となって，合わせて46万円になる。他方で，年度1のリンゴの支払金額は180円×1,100個＝19万8千円，ミカンは，80円×2,400個＝19万2千円，合わせて39万円になるから，2つの年度の支払金額を比較すると，39万円÷46万円＝0.848（小数点第4位四捨五入）となって，わずかではあるが，パーシェ方式の方が小さな値になる。

実際に物価指数を計算するときは，2財ではなく，かなり多くの品目を対象に，同様の計算を行う。ラスパイレス物価指数，パーシェ物価指数を，一般的に定義すると次のようになる[4]。

$$\text{ラスパイレス物価指数}\quad P_L = \frac{\sum_1^n p_{1,i} \times q_{0,i}}{\sum_1^n p_{0,i} \times q_{0,i}} \tag{13-1}$$

$$\text{パーシェ物価指数}\quad P_P = \frac{\sum_1^n p_{1,i} \times q_{1,i}}{\sum_1^n p_{0,i} \times q_{1,i}} \tag{13-2}$$

$p_{0,i}$は時点0におけるi番目の品目の価格，$p_{1,i}$は時点1におけるi番目の品目の価格を表す。また，$q_{0,i}$は時点0におけるi番目の品目の数量，$q_{1,i}$は時点1におけるi番目の品目の数量をそれぞれ表す。したがって，$p_{0,i} \times q_{0,i}$は，時点0におけるi番目の品目の支払金額を意味し，$\sum_1^n p_{0,i} \times q_{0,i}$は，その支払金額を第1番目の品目から，第$n$番目の品目まで，すべて足し算せよという1つの演算記号である（他の記号についても同様である）。

2つの物価指数の違い　ラスパイレス物価指数とパーシェ物価指数の違いは，基本的に次の点にある。すなわち，ミクロ経済学で学ぶように，消費者の効用が，消費財の数量によって決定されるものとすれば，ラスパイレス物価指数のように，数量を基準年に固定するということは，基準年と同じだけの効用を得るとしたら，比較年ではどれだけの金額が必要になるかということを意味し，パーシェ物価指数のように，比較年の数量で評価するとすれば，それは，比較年と同じだけの効用を，基準年で得るとしたら，どれだけの金額が必要だっ

[4] 実際には，品目ごとのウェイトが違うので，この式よりも複雑な計算になる。(13-1)，(13-2) 式は，2つの物価指数の基本的な考え方を示すものである。

たかを示すものになる。

これは，どちらが優れ，どちらが劣るというものではなく，双方ともに，一長一短がある。たとえば，物価が上昇している局面で，ラスパイレス方式で計測すると，物価の上昇によって，比較年では，本当は，需要量（販売量）が減少している可能性がある。しかし，ラスパイレス方式では，基準年の数量に固定したまま計算するので，その分，比較年の支払金額が多めに評価される可能性がある。これは，(13-1) 式の分子が，実際の数値よりもやや大きめになることを意味するから，ラスパイレス方式は，やや上方にバイアスのかかった数値を出す傾向があることになる。

他方で，たとえば，物価が低下している局面で，パーシェ方式で物価変動を計測すると，物価の下落によって，比較年では，基準年よりも，需要量（販売量）が大きくなっている可能性がある。にも関わらず，パーシェ方式では，その比較年での数量を基準年にも適用するので，その分，(13-2) 式の分母にくる基準年の支払金額が大きめに評価され，物価指数が，やや小さめに算出される可能性がある。すなわち，パーシェ方式は，やや下方にバイアスのかかった数値を出す傾向があるということである。これによる誤差は，特に近年のように，パソコンやスマホなど，価格低下の著しい（その結果，数量増加の著しい）商品が多数現れている時期においては，かなり大きくなる可能性がある。

第 2 章で見た GDP デフレータは，基本的にパーシェ方式で計算されるが[5]，こうした下方バイアスの問題と，基準年を 1 つの年に限定しておくと，そこから年度が離れれば離れるほど誤差が大きくなるので，2004 年に計算方法が改訂され，常に 1 年前を基準年にするようにして，毎年，基準年をずらしていく連鎖基準方式を採用するようになった。

確認問題 13-1　表 13-1 の数値を，(13-1)，(13-2) 式にそれぞれ当てはめ，先に示した結果と一致することを確かめよ。

[5] ちなみに，消費者物価指数は，ラスパイレス方式で計算されている。

13-2 貨幣数量説

それでは，インフレやデフレの発生原因について，理論的に考えていくことにしよう。これについても，ケインズ以前と，ケインズ以後で，その考え方には大きな違いがある。しかし，ケインズ以前の考え方も，前章で見たセイ法則的な発想の復活とともに，現代においても，しばしば用いられている。したがって，ケインズ以前の考え方についても，単に昔話としてではなく，現役の理論として（その限界とともに），よく理解しておく必要がある。

実物の世界＋価値の世界　ケインズ以前の，物価に対する考え方は，**貨幣数量説**によって代表される。そもそも，新古典派経済学の体系は，価格や生産量といった，実物の世界を扱うセイ法則と，物価水準等の，価値の世界を扱う貨幣数量説の，2本柱によって構成されていた。言い換えれば，新古典派経済学においては，実物の世界と価値の世界，あるいは，実物の世界と貨幣の世界が，それぞれ異なる原理に属する別々の世界にあるのであって，この方法論的な二元論が，新古典派経済学に特徴的な理論構造になっていた。

実物の世界＝貨幣の世界　これに対してケインズ経済学は，たとえば，貨幣供給量を増加させると，利子率の低下を通じて投資が増加し，その結果，総生産量が増加するに至る，といった論理にも現れているように，貨幣の世界と実物の世界を一体的に扱おうとする，一元論の体系になっている。そして，総生産量とは，各市場における供給量の集計に他ならないから，各市場で決まる価格の平均値として，物価水準が決定されることになる。つまり，生産量の決定と物価水準の決定も，ケインズ経済学においては，同じ一連の原理（すなわち，有効需要の原理）のなかで決定される，ひと続きの現象として理解されるのである。このように，貨幣と実物を一体的に捉えようとする姿勢を，**貨幣的経済理論**と呼ぶこともある。

貨幣数量説のあらまし　近代経済学は，このような歴史を辿ってきたのである。われわれは，そのことを踏まえたうえで，貨幣数量説を理解していく必要がある。さて，**貨幣数量説の基本的な主張とは，物価水準は貨幣供給量によって決定される，というものである**。あるいは，物価水準の変化は，貨幣供給量の変化に比例するというのが，貨幣数量説の基本的な主張である。簡単に言えば，貨幣供給量が2倍になれば物価水準も2倍になる，というのが貨幣数量説なのである。なぜ，そのような簡単な主張ができるのだろうか。

貨幣数量説は通常，次の式によって，表される。

$$M \cdot V = P \cdot T \tag{13-3}$$

これは，フィッシャーの交換方程式といわれる[6]。ここで，Mは貨幣供給量，Vは貨幣の流通速度，Pは物価水準，Tは取引数量を，それぞれ表している。ここで初めて登場したのが，貨幣の流通速度という概念である。これは，簡単に言えば，同じ紙幣の使用回数のことだと考えればよい。たとえば，Aさんが，1,000円の品物をBさんから買うために，1,000円札をBさんに渡したとしよう。この瞬間，その「1,000円札」の流通速度は「1」になる。次に，BさんがCさんから，やはり1,000円の品物を買うために，Aさんから受け取った紙幣をCさんに渡したとしたら，その瞬間，この紙幣の流通速度は「2」になる。このとき，取引は全部で2,000円分行われたわけだが，1,000円札は1枚しか使われていない。同じ1,000円札が2回使われることで，貨幣そのものは1,000円札1枚だけであっても，2,000円分の取引を支えることができるのである。この貨幣の使用回数のことを，貨幣の流通速度というのである。

(13-3) 式とは，結局，いまの過程を数式で表したものにすぎない。行われた取引は，AさんとBさんの間で1,000円の品物が1個，BさんとCさんの間で1,000円の品物が1個である。したがって，品物の物価水準（価格の平均値）は単純に1,000円になり，それがそのままPの値になる。取引数量は合わせて2個になるから，これがTの値になる。したがって，$P \cdot T = 2{,}000$になり，これが (13-3) 式の右辺の値になる。

他方で，この経済に投入されている紙幣は1,000円札が1枚だけである。つまり，いささか貧相ではあるが，いま現在の貨幣供給量Mは1,000円ということになる。そして，これが2回使われることで，2,000円分の取引を可能にしたのである。この紙幣の使用回数2が，貨幣の流通速度Vである。したがって，$M \cdot V = 2{,}000$になり，これが (13-3) 式の左辺の値になる。

---

[6] I. フィッシャーは，ケインズ時代の新古典派経済学を代表すると言ってよい，アメリカの経済学者である。この交換方程式をはじめ，後に検討する，名目値と実質値の関係など，現代経済学の形成に彼が与えた影響力には，計り知れないものがあると言ってよい。

このように，(13-3) 式は，1つの取引において，モノの価値（右辺）と，支払われた金額は同じ値になるという，当たりまえのことをいっているにすぎないのである。したがって，この式は常に成り立つ恒等式の関係になる。フィッシャーの交換方程式は，それ自体は，自明の事柄を表現したものにすぎないのである。

貨幣の流通速度の歴史的な変化　ところが，ここから貨幣数量説は，さらに大きな一歩を踏み出す。すなわち，(13-3) 式が恒等式であるなら，つまり，常にかならず成り立つ関係を述べたものだとすれば，貨幣の流通速度 V と取引数量 T が一定である限り，貨幣数量 M と物価 P は，かならず比例的に変化することになる。たとえば，M が 2 倍になれば P も 2 倍になり，M が 1/2 になれば P も 1/2 になる。この前者のようなケースがインフレーションであり，後者のようなケースがデフレーションである。したがって，インフレもデフレも，すべて貨幣供給量を原因とする現象ということになって，その意味で，これは純粋に貨幣的な現象になる。これが，貨幣数量説に基づく，インフレ・デフレ論である。

しかし，なぜ貨幣の流通速度 V と，取引数量 T は一定になるのだろうか。これに対する新古典派の考え方は，次のようなものである。まず，貨幣の流通速度 V は，これは基本的に，その時代その時代の取引制度，あるいは金融制度に依存するだろう。たとえば，大昔のように，貨幣はかならず金塊でなければならないとしたら，その持ち運びは大変な労力を要するものになるから，そう頻繁に受け渡しのできるものではなかったろう。その場合にはしたがって，貨幣の流通速度は非常に小さな値だったに違いなく，それでも取引を滞らせないためには，相当大量の貨幣が必要とされたことだろう。

それではあまりに不便だというので，紙幣が発明され，手形が発明されていった。その結果，貨幣の流通速度は格段に大きくなり，同じ貨幣量（金塊量）の下で可能な，経済取引の規模も格段に大きくなったことだろう。さらに，近年のクレジット・カードの発明や，電子決済の出現は，紙幣自体を不要にしつつあるけれども，これも考え方としては，貨幣の流通速度の飛躍的な拡大として捉えることができる。もしいま，電子決済ができなくなり，現金決済以外認められないことになったら，流通速度が大幅に低下することになるから，貨幣供給量の方をよほど増加させない限り，方々で資金不足が起きるに違いない。

このように，貨幣の流通速度は，その時々の金融・決済制度のあり方に依存する。だとしたら，そうした制度は短期的には変わらないから，制度が一定の間は，流通速度も一定と考えていいだろう。これが，流通速度 V を一定と想定する理由である。これについては，特段の問題はないと言っていいだろう。

取引数量はセイ法則によって決まる　では，取引数量の方はどうか。こちらは，流通速度よりも慎重な検討が必要である。結論から先に言えば，これまで何度も見てきたように，新古典派経済学は完全雇用の前提に立っている。したがって，取引数量 T は，その完全雇用のときの取引量に，すなわち，取引数量の最大値に固定されることになる。では，その完全雇用の根拠とは何かといえば，それが，前章でも言及したセイ法則なのである。

セイ法則によって，完全雇用水準の生産量が実現する。もちろん，各財ごとの生産量は，市場メカニズムによって決定される。一時的に生産過剰となった財は，価格が低下することによって，新たな需要者を見出していく。「供給はそれ自らの需要を作り出す」という発想の原点はこれである。かくして，経済全体における財の生産量と価格が，貨幣供給量に関わりなく，先に決定されることになる。しかし，そこで決定された価格とは，まだ，財と財の交換比率（相対価格）にすぎない。ミクロ経済学で学ぶように，市場が決定するのは，リンゴ1に対してミカン2のような相対価格なのであって，リンゴ1と言ったときの1が，果たして100円を意味するのか，1,000円を意味するのかは，まだわからないわけである。したがって，セイ法則だけでは，あるいは市場メカニズムだけでは，相対価格までは決められても，具体的な値段（絶対価格）までは，決められないのである[7]。

そのため，ここで貨幣数量説が必要になるのである。貨幣数量説は，貨幣供給量を経済に持ち込む。いわば，各財に割り当てる貨幣量を与えるわけである。たとえば，経済に持ち込まれる貨幣量が300円だとすれば，リンゴの1が100円，ミカンの2が200円という形で，相対価格に具体的な値段，すなわち，絶対価格を与えることができるだろう[8]。このように，市場メカニズムが決める相

[7] 本当は，セイ法則と市場メカニズムによる需給均衡（一般均衡）は，同じものではない。セイ法則は，貯蓄がかならず投資されるというように，常にかならず成り立つ関係，すなわち，恒等式的な関係を意味するが，一般均衡は文字通り，均衡状態においてのみ成り立つ関係であって，恒等式的な関係ではない。ただし，ここではこの問題に深入りしない。

[8] こういう割り振り方が正しいかどうかはいま問わないこととする。あくまでも，たとえばの話と

対価格（比率）に，具体的な絶対価格（価値）を与えるのが貨幣だと考えるのが，セイ法則＋貨幣数量説の世界なのである。

では，貨幣供給量が10倍の3,000円になったらどうか。リンゴとミカンの相対価格は，市場が決めるものだから，これによって，相対価格は影響を受けない。つまり，リンゴ1に対してミカン2という交換比率は変わらずに，その1に割り当てられる貨幣量が10倍になると考えるのである。だとすれば，結論は明らかであって，今度はリンゴ1が1,000円，ミカン2が2,000円ということになって，これが，それぞれの新しい値段になるだろう。まさしく，物価水準は，貨幣量に比例して変化するものになるわけである。

以上が，貨幣数量説のあらましである。したがって，貨幣数量説は単独で成立するものではなく，Tの値が一定であることを保証するセイ法則とともに立ち，ともに倒れる関係にあると言っていいだろう。そして，まさしくこの点を突いたのが，ケインズ経済学であった。そこで，ここで節を改めて，有効需要の原理に立った場合のインフレ・デフレの捉え方と，さらにその限界を見ることにしよう。インフレ問題には，じつは有効需要の原理を超える目線が必要になってくるのである。

確認問題 13-2　(13-3) 式で，VとTを一定とするとき，物価の貨幣量弾力性が1になることを示せ。

13-3　ディマンド・プルとコスト・プッシュ

ケインズの貨幣数量説批判　ケインズは，非自発的失業が発生し得ることを示すことで，セイ法則を否定した。セイ法則が否定されれば，貨幣数量説（特に，物価と貨幣量が比例するという主張の部分）も否定されることになる。なぜと言って，完全雇用を前提しないのであれば，生産量の変化とそれに伴う取引量の変化を認めることになるから，その瞬間，交換方程式におけるT一定の前提が崩されることになるからである。

もちろん，需要の増加は，（ミクロ市場における）右上がり供給曲線によって，

して理解してほしい。

各財の価格を何ほどか上昇させるので，物価水準 P も何ほどか上昇させるだろう。しかし，T も上昇しているからには，P はもはや，M とまったく同率に変化するとは限らなくなる。すなわち，M の増加は，完全雇用状態に達している場合を除き，P だけでなく，T の値も変化させるのである。したがって，その変化の仕方次第では，M が増えても，P がほとんど上昇しないような事態も起こり得る。こうしてケインズは，セイ法則の否定を通じて，M と P が比例的に変化するという，貨幣数量説の主張も同時に覆したのである。

では，ケインズ体系，すなわち，有効需要の原理においては，インフレ・デフレはどのように説明されるか。いましがたも述べたように，ケインズ体系においても，生産量が増大すれば，財の価格の上昇とともに，何ほどかの物価上昇が生じるだろう[9]。したがって，有効需要の増大は，かならず何ほどかの緩やかなインフレーションをもたらすことになるが，われわれの生活を脅かすほどの，甚だしいインフレーションが生じるとすれば，それは事情の異なるものになる。

インフレギャップ　それを表しているのが，図 13-1 である。この 45 度線分析において，均衡所得水準は $C + I + G$ 線と 45 度線の交点 Y_e になっている。一方，図 13-1 には，完全雇用に対応する所得水準が Y_f として示されている。Y_f は，希望する労働者をすべて雇用したときの生産量だから，すでに何度も言及しているように，目下の資本設備の下では（つまり，短期においては），これ以上，生産量を増加させることはできない。ところが，図 13-1 では，均衡所得水準（均衡生産量）が，その最大生産量をすでに超えてしまっている。したがって，いくら均衡所得水準へ向かってシフトしたくても，生産量が動かない以上，あとは，物価が動くしかない。すなわち，インフレーションが発生するわけである。

その満たされることのない超過需要は，図 13-1 では，Y_f における $C + I + G$ 線上の点 a（Y_f の下で現れる，有効需要の大きさ）と，45 度線上の点 b（Y_f

---

[9] 繰り返しになるが，これは各市場において，右上がり供給曲線が存在することを前提にしている。ミクロ経済学で学ぶように，もし，供給曲線が右上がりでなくなった場合には，生産量が増えても価格はかならずしも上昇せず，したがって，物価も上昇しないかもしれない。物価は，あくまで価格の平均値だから，財市場の価格がどうなるかによって物価水準も決まるのであって，財市場を経由せずに，貨幣供給量だけで物価が決まるという考え方を，有効需要の原理はとらない。ここにも，貨幣体系と実物体系を一体的に捉えようとする姿勢が現れている。

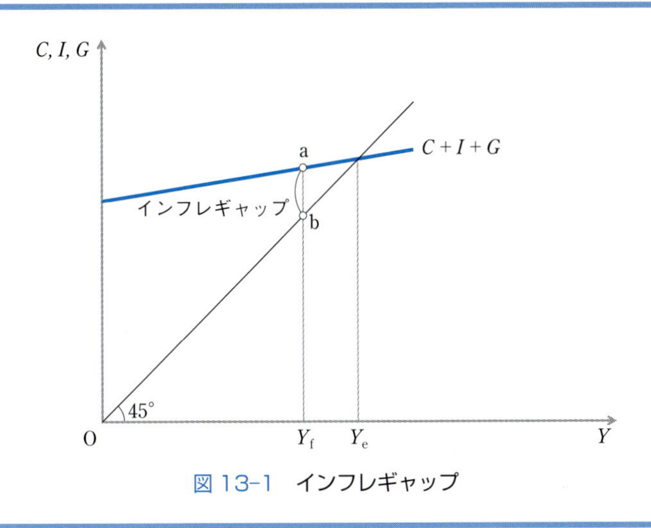

図 13-1　インフレギャップ

と同じ大きさの，完全雇用下の生産水準）との差額として示されるだろう。この差額部分をインフレギャップと表現する。インフレギャップの発生は，有効需要がすでに過剰であることを意味するから，$C+I+G$ 線を引き下げる政策を行うことによって a 点を b 点まで引き下げ，インフレギャップを解消する必要がある。完全雇用下でのインフレを論じている点では，一見，貨幣数量説と似ているように見えるが，$C+I+G$ 線の高さは，貨幣供給量だけで決まるものではないので，やはり，背景にある原理は，別物として理解する必要がある。

デフレギャップ　デフレの場合は，この逆である。図 13-2 にあるように，この場合は，均衡所得水準 Y_e' が完全雇用所得 Y_f を下回っている。第 3 章，第 4 章等が描いていたのは，このケースであると言ってよい。均衡所得水準が完全雇用水準を下回っているので，経済には非自発的失業が発生し，消費も落ち込むことになる。その結果，生産物が余りだせば，価格の下落を通じて，物価水準の低下が生じるだろう。これはしたがって，不況を伴うデフレーションを表していると言ってよい。この場合は，必要な供給量 c に対して，Y_f の下でも有効需要が d までしか出てこないくらい，$C+I+G$ 線が低すぎることに原因がある。この c 点と d 点の差額部分をデフレギャップと表現する。この場合

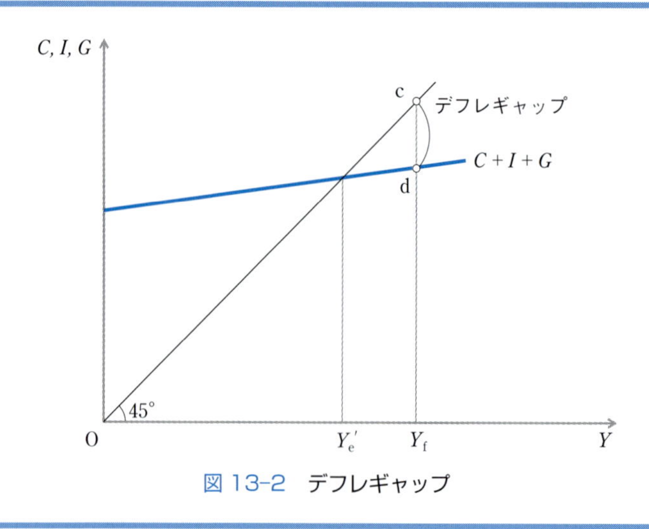

図 13-2　デフレギャップ

には，第 4 章等で見てきたように，c 点と d 点が一致するところまで，$C + I + G$ 線を引き上げる政策が必要になる。

多すぎる需要による物価高　さて，もう一度，議論をインフレに戻すと，有効需要の原理が示すインフレーションは，言ってみれば，多すぎる需要が物価を引っ張り上げる現象のように見えるので，これをディマンド・プル・インフレーション（Demand-pull Inflation）と表現することもある[10]。このインフレは，有効需要が大きいことが原因なので，ここからインフレは，景気の良さの現れだという認識が生まれた。あるいは，見方を換えれば，景気が良くなるにつれ，インフレ傾向が強まってくるとすれば，その裏側では，失業率が減少しているはずなので，ここから，インフレと失業の間には逆行の関係，いわゆる，トレードオフ（一方が良くなれば，他方は悪化する）の関係があると考えられるようになった。これを 1 枚の図で表したものを，フィリップス曲線といい，図 13-3 のように表される。

[10] これは，1950 年代から 60 年代半ばまでの現実によく合致するものだった。総じて言って，インフレ・デフレ論は，1960 年代を中心に展開されたもので，そのため議論がややインフレに偏って議論される傾向がある。たとえば，インフレがディマンド・プルによって引き起こされるのなら，デフレは需要不足によって物価が押し下げられる現象になるから，ディマンド・プッシュ・デフレなどと呼んでもよさそうなものだが，寡聞にして，そういう表現は聞いたことがない。

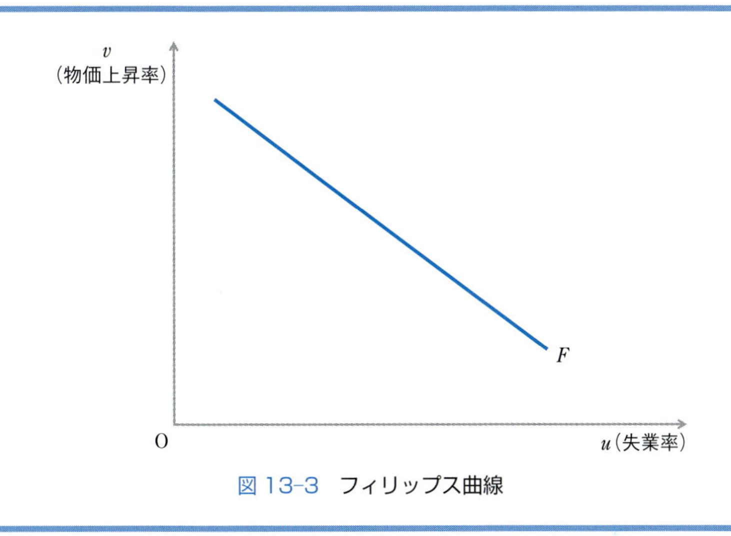

図 13-3　フィリップス曲線

これは，景気が悪くなると，失業率は高くなるが，インフレ率は低くなり，景気が良くなると，失業率は低くなるが，その代わりにインフレ率は高くなるという，トレードオフの関係を表している。したがって，このフィリップス曲線を前提にすれば，両方の現象が同時に起こるようなことは，つまり，失業率が高まると同時に，インフレ率も高まるような現象は，起こらないはずである。

スタグフレーション　ところが，1960 年代の末，アメリカを中心に，この現象が起こったのである。失業と物価がともに上昇していく現象を，**スタグフレーション**という[11]。スタグフレーションは，有効需要の原理にとって，驚異的な現象であると言ってよい。なぜなら，失業を減らそうとして，有効需要を増加させれば，インフレを助長してしまうことになり，かといって，インフレを鎮静させようと，有効需要を減少させたら，今度は失業を増やしてしまう。スタグフレーションは，有効需要の原理に基づく財政・金融政策だけでは，適切に対処することのできない，新たな，そして深刻な脅威として受け止められた。実際，スタグフレーションに対しては，「こうしたらよい」という簡単な対応策は，今日に至るも存在しないと言ってよい。

[11] スタグフレーション（Stagflation）とは，停滞を意味する言葉（stagnation）と，インフレ（inflation）を合わせた造語である。

スタグフレーションの原因には諸説あって（実際，複数の原因が考えられて），ディマンド・プル・インフレーションのような，シンプルな理論は存在しないと言ってよい（今日の標準的な理解の仕方については，本章の補論で解説する）。しかしながら，1つ言えることは，インフレは，ディマンド・プル・インフレーションのような，需要サイドを原因とするものが唯一のものではなく，もう1つ別のタイプ，すなわち，供給サイドに原因を持つインフレがあるということでは，見解が一致している。

費用上昇による物価高　供給サイドを原因とするインフレは，われわれにとって，じつはそれほど珍しいものではない。たとえば，その典型は，原油価格の高騰による物価の上昇である。原油価格が高騰すれば，灯油やガソリンだけでなく，石油を原料とするすべての製品の製造コストが上がり，それを企業が価格に転嫁すれば，多くの商品で価格が上昇するだろう。それが一定期間続くようになれば，費用サイド，すなわち，供給サイドを原因とするインフレーションが発生することになる。このように，費用が物価を押し上げる形で生じるインフレを，先のディマンド・プルに対して，コスト・プッシュ・インフレーション（Cost-push Inflation）という。

原材料価格の上昇は，市場の供給曲線を全体的に，上方へシフトさせるだろう。そうすると，均衡点は左上方へシフトすることになるから，このとき，価格の上昇とともに，生産量は減少することになるだろう[12]。したがって，供給サイドが主たる原因になって，インフレーションが生じているときには，物価上昇とともに，生産量の減少（さらには雇用量の減少）が生じたとしても，それ自体は不思議なことではない。したがって，スタグフレーションとは，基本的に，雇用の減少を伴うコスト・プッシュ・インフレーションとして理解することができる。ただし，原因はそれでわかったとしても，財政金融政策はいずれも需要調整政策だから，これによって供給サイドをちょくせつ調整することはできない。コスト・プッシュ・インフレーションが現れた場合には，これといった処方箋は存在しない。これは，現代経済の，いわばアキレス腱であると言っても過言ではないだろう。

12　補論で取り上げる *AS* 曲線は，個別の供給曲線を単純に集計したものではないので，理論的には区別する必要があるが，供給サイドの変化がもたらす方向性は同じである。

確認問題 13-3　フィリップス曲線のような関係はなぜ生じるのか。

13-4　インフレ・デフレは良いことか，悪いことか

分かれる評価　ここまで，インフレ・デフレの原因について検討してきた。ただ，そもそも，インフレーション，デフレーションは，あってはならない現象なのだろうか。需要が供給を超過すると物価が上がるというのは，正常な市場メカニズムの結果にすぎないようにも見えるが，それでもなおインフレ・デフレは抑えなければならないものなのだろうか。インフレ・デフレは果たして良いことなのか，悪いことなのか。良いとすれば，それはどういう意味で良く，悪いとすればどういう意味で悪いのか。本来であれば，まず先に，この点を明らかにしなくてはならないはずだろう。

ところが，これは案外，難しい問題である。たとえば，インフレがディマンド・プル・インフレとして現れた場合は，これは完全雇用を突破するほどの有効需要が存在することを意味するから，過ぎたるは及ばざるがごとし，ということもあるけれども，少なくとも失業にあえぐ人は出さずに済むはずで，その意味では，良い経済状態と言えるかもしれない。

あるいはインフレは，次のような形で，投資を一層拡大させる性質を持っている。たとえば，投資のための資金を，企業が金融機関などから借りている場合，第6章や第7章で見たように，企業は年々利子を支払わなければならない。つまり，たとえば企業が1,000万円の資金を借り，金融機関の求める利子率が5パーセントだとすると，本来であれば，この企業は50万円の利子を払うために，大きな努力をしなければならない。

ところが，経済がインフレになって，物価が年々2パーセント上昇するようになると，この企業の製品価格も，価格競争力を落とさずに，2パーセント値上げすることが可能になり，その結果，放っておいても，1,020万円の資金回収が可能になるだろう。しかしその場合でも，支払利子が50万円であることに変わりはないから，したがって，この企業は，実質30万円の利益さえあげておけば，約束した利子を払うことができるようになる。つまり，この企業の実質的な利子負担は，50万円から30万円に減ったと言えるわけである。

名目利子率と実質利子率　これを一般化すれば，次のようになるだろう。金融機関が企業に提示した利子率は文字通りの利子率，すなわち，名目利子率と呼ぶことができる。これに対して，企業が実質的に負担することになる実質利子率は，この名目利子率そのままではなく，インフレになっている場合は，そこから，インフレによる商品価格の自動的な値上がり分を差し引いたものと考えることができる。つまり，次のような関係になるということである。

実質利子率 ＝ 名目利子率－インフレ率　(13-4)

(13-4) 式をフィッシャー方程式という（先の，フィッシャーの交換方程式とは異なるので，間違えないでほしい）。そうすると，インフレのときは，企業の実質的な金利負担が減るわけだから，企業はいまのうちに，もっと投資しておこうという気になり，これが完全雇用の達成を早める，あるいは景気を一層，向上させることにつながるかもしれない[13]。

しかし，インフレがコスト・プッシュを原因とする場合，あるいはスタグフレーションを伴うような場合は，雇用が失われると同時に，生活物価も上がっていくわけだから，ほとんどの人にとって，良いことは何もない。このように，インフレといっても，何を原因とするかによって，その意味合いが大きく変わってくるのである。

2つの格差への影響　しかし，いずれにしても，次のことは認識しておいていいだろう。すなわち，インフレは，フィッシャー方程式にも現れているように，名目値で価値が固定されている所得や資産の，実質的な価値を確実に引き下げる。すなわち，インフレは，経済全体，社会全体の所得分配を，本人たちの意思や努力とはまったく無関係に，確実に変えてしまうのである。インフレになっても，それと同率で給料が上がる人であれば，インフレはそれほど恐い現象ではないかもしれない。しかし，年金受給者や生活保護受給者のように，ほぼ定額の所得で暮らしている人々の生活は，インフレによって確実に圧迫を受けるだろう。あるいは，インフレと同率で給与が上がる職種などは，現在で

[13] もっとも，これによって，完全雇用をはるかに超える有効需要が生まれてしまうとも言える。これは要するに，均衡破壊要因でもあるので，一方的な好評価は禁物である。あるいは，実質的な借金負担が減るというので，企業や投資家がどんどんお金を借りていき，それが実物投資に向かうならまだしも，多くの場合，そうして借り集められた資金は，株や土地といった資産投機に向かい，これがバブルを引き起こすことになる。

は稀であると言ってよく，むしろ今日のインフレは，こうした給与所得者から，インフレとともに価値を高める土地や資産を多く持つ，資産所有者への分配シフトとなって現れるだろう。つまり，インフレは，所得格差とともに，資産格差を一層助長する方向へ，社会をシフトさせるだろう。現代のインフレのもっとも大きな問題は，こうした格差の助長にあると思われる。ではデフレの場合は，その逆だから，所得・資産分配を公平にするかといえば，デフレは多くの場合，不況を伴うから，そこに雇用不安が重なることで，給与所得者の生活を一層圧迫するだろう。

インフレ・デフレの問題は，所得格差・資産格差の問題と切り離せない。そこで，最終章である次章では，マクロ経済学の観点から見る所得分配の問題について，通常の教科書よりも，少し詳しく検討することにしよう。マクロ経済学をめぐるわれわれの旅も，そろそろ終わりに近づいたようである。

確認問題 13-4　名目利子率が 3 パーセント，実質利子率が 1 パーセントのとき，インフレ率は何パーセントになるか。

第13章　練習問題

問題Ⅰ　次の文章の空欄に，適当な語句を入れなさい。

1. インフレーションは，物価の（　　　）な上昇を意味し，デフレーションは，物価の（　　　）な下落を意味する。
2. 消費者物価指数は，日常的な消費財・サービスに関する物価指数。（　　　）は，企業間で取引される財に関する物価指数である。
3. 物価指数の計算において，基準年の購入量によって，物価の変化を評価する方法を（　　　）物価指数という。
4. 物価指数の計算において，比較年の購入量によって，物価の変化を評価する方法を（　　　）物価指数という。
5. GDPデフレータは，基準年を毎年ずらして物価指数を計測する。こうした方式を（　　　）という。
6. 貨幣の交換方程式 $MV = PT$ において，V は（　　　）を表す。
7. $MV = PT$ において，T 一定の根拠を与えているのは（　　　）である。
8. 失業率とインフレ率のトレードオフを示す曲線を（　　　）という。
9. スタグフレーションは，一種の（　　　）インフレーションである。
10. フィッシャー方程式においては，実質利子率＝（　　　）－（　　　）となる。

問題Ⅱ　マクロ経済が次のように表されるものとしよう。

$Y = C + I + G$

$C = 50 + 0.8Y$

$I = 10$

$G = 40$

1. 均衡所得水準を求めよ。
2. 完全雇用所得が450であるとき，インフレギャップの大きさはいくらになるか。
3. このインフレギャップを解消するには，どのような政策が考えられるか。

問題Ⅲ　マクロ経済が，第9章の練習問題Ⅳで示されるとしよう。

1. この経済の完全雇用所得が460であるとしよう。このとき発生するインフレギャップを，財政政策によって解消しようとしたら，政府支出をいくら減らす必要があるか。
2. 1. のインフレギャップを金融政策で解消するとしたら，マネーストックをいくら減らす必要があるか。

第13章への補論
−垂直のフィリップス曲線と*AD–AS*分析−

13–補–1　垂直のフィリップス曲線

第13章では，ケインズ以前の学説であった貨幣数量説が，今日，時として現役の活躍をすることを述べた。また，ケインズ理論では適切に扱えないスタグフレーションについては，供給サイドへの着目が必要であることも述べた。じつは，この2つの論点は，密接に関わり合う問題なので，第13章への補論として，この点を少し補足しておこう。

そもそも，貨幣数量説の復活を促したのが，スタグフレーションであった。これにより，需要サイドの経済政策である，金融緩和政策の限界が認識されたわけだが，これは同時に，物価上昇率と失業率の関係を描いた，フィリップス曲線に対する疑問も喚起した。いまから振り返れば，このフィリップス曲線批判が，現代マクロ経済学への転換点になったと言ってもよいので，まずこの問題から，見ていくことにしよう。

フリードマンのフィリップス曲線批判　フィリップス曲線批判は，何人もの経済学者によって展開されたが，なかでももっとも大きな影響を残したのが，M. フリードマンである[14]。フリードマンは，市場メカニズムに対して，非常に強い信頼を置く。そのため，短期的にはともかく，長期的には，市場の働きによって，資本と労働の完全利用が実現するものと考える。そのうえでなお現れる失業率については，フリードマンはこれを**自然失業率**と表現した。

[14] M. フリードマンは，シカゴ大学の経済学者。市場経済への政策的介入を説くケインズ経済学を厳しく批判し，政府による恣意的な政策介入を排して，市場メカニズムへの回帰を説いた。その影響力は絶大であり，彼が率いたシカゴ学派は，1980・90年代における経済学の主流をなしたと言って過言でなく，ハイエクとともに，今日の市場主義，新自由主義の基礎を築いた。彼の経済思想を知るには，M. フリードマン『資本主義と自由』（村井章子訳，日経BP社，2008年），M&R. フリードマン『選択の自由（新装版）』（西山千明訳，日本経済新聞出版社，2012年）などを参照せよ。

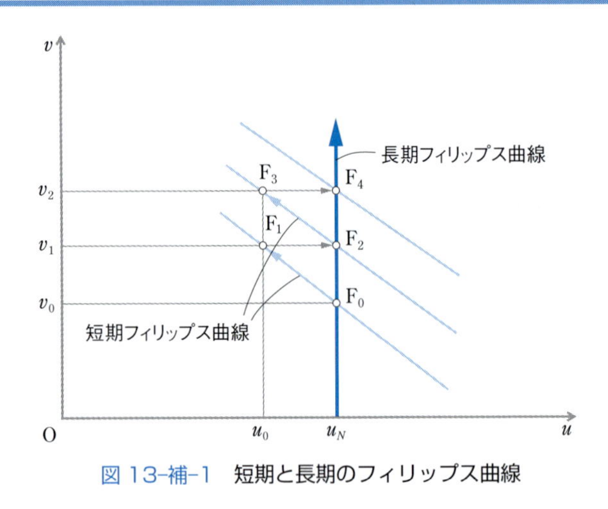

図 13-補-1　短期と長期のフィリップス曲線

図 13-補-1 で，自然失業率を u_N で示すことにしよう。そして，その下で現れる物価上昇率を v_0 で表すことにしよう（F_0 点）。このとき，物価は安定しているのではなく，v_0 の率で上昇しているわけだが，人々はすでにそのことを承知しているので，それを織り込んだうえで，生産量や消費量を決めようとする。このような物価上昇率を期待インフレ率という。期待インフレ率がそのまま実現しているあいだは，人々は自らの行動を変える必要を感じず，予定通りの行動をとり続けるだろう。

ところが，政策当局が u_N という失業率を，まだ高すぎると判断したとしよう。そのため，失業率を減らそうと金融緩和政策を実施し，その結果，物価上昇率が v_1 にまで上昇したとしよう。

v_1 は，期待インフレ率 v_0 よりも高いので，人々は想定外の事態に直面して，かく乱を受ける。たとえば，各企業は，自社製品の価格が上昇し始めたことを，自社製品の評価が高まった結果と誤解して，生産量と雇用量を増やそうとするかもしれない。その結果，賃金率が上昇すれば，労働者も労働供給を増やそうとするので，失業率は u_N から u_0 にまで低下するだろう。すなわち，(u_0, v_1) という新しい組み合わせ（F_1 点）が実現することになる。この F_0 から F_1 への移動を捉えたのがフィリップス曲線であると，フリードマンは解釈する。

しかしながら，フリードマンは，こうした状況は長くは続かないという。というのは，物価上昇が全般的なものであるとすれば，それは早晩，原材料価格にも波及するだろう。そうなると，製品価格の上昇によって増加していた利潤も，原材料価格の上昇によって，結局は元の水準に戻ってしまうだろう。さらに，せっかく上がった賃金も，生活費が軒並み上昇すれば，実質賃金としては以前と変わらないことになり，それが判明するに従い，労働供給量も元の水準に戻って，結局，失業率は u_N に戻るだろう。すなわち，経済は F_1 から F_2 へと，さらに移動することになるだろう。

こうして，今度は物価上昇率 v_1 と，失業率 u_N の下で，経済は再び，安定的な状態を回復させることになる。いまや，人々は，期待インフレ率を v_1 に修正して，自らの行動を決めようとする。しかし，ここで再び政策当局が介入してくれば，経済は再びかく乱を受け，たとえば F_3 のような点へ移動するだろう。しかしこの状態も，遅かれ早かれ，錯覚に基づいたものであることが理解されて，失業率は三たび u_N へ，つまり F_4 へと戻っていくだろう。

したがって，フィリップス曲線とは，人々が経済の正しい姿を認識するまでの間，一時的に生じる短期的な現象を描いたものにすぎないのであって，人々が物価上昇率を正しく認識するようになるにつれ，実物の経済活動水準は，結局，自然失業率の下での水準に立ち戻ることになり，物価上昇率だけが，金融緩和政策によって貨幣量が増えた分，高い水準にとどまることになる。つまり，経済は長期的には，$F_0 \rightarrow F_2 \rightarrow F_4$ を辿ることになり，その意味で，**長期のフィリップス曲線は垂直になる**，というのが，フリードマンの議論である。

自然失業率 u_N は，需要サイドでいかなる経済政策がとられようとも，経済が結局のところ，自ら立ち戻っていく生産水準を表すものと理解される。それは，そのときの経済に存在する資本量，労働量，さらには技術水準によって決定されるだろう。つまり，一言で言えば，供給サイドの条件によって決定されるものになるだろう。失業率を自然失業率以下に引き下げようと（生産量を，さらに引き上げようと）政策的介入を行っても，それは長期的には物価水準を引き上げるだけで，失業率（生産量）は，結局，自然失業率の水準に引き戻されてしまう。それが，市場メカニズムの働きであり，経済の自然な摂理の現れである，とこのように，フリードマンは主張する。

貨幣数量説の復活　この考え方が正しいとすれば，物価上昇は，もっぱら貨幣量の増加によって，もたらされるものになる。すなわち，貨幣数量説が，再びよみがえったわけである。この考え方に従えば，貨幣量の頻繁な変更は，かならずや，不規則な物価変動をもたらすことになる。不規則な物価変動は，人々の予想をかく乱して，経済活動をかえって萎縮させる可能性がある。ならばいっそのこと，貨幣供給量は，経済成長率（生産物の増加率）を阻害しない程度に，年々一定の率（たとえばkパーセント）で増加させるにとどめ，生産や雇用については，市場メカニズムによる調整に委ねた方がよい。フリードマンは，これをkパーセント・ルールと表現する。

このように，インフレをもっぱら貨幣的な現象として見る，現代の貨幣数量説的な発想を，マネタリズムという。マネタリズムというと，貨幣を何より重視しようとする姿勢のような印象があるが，むしろ彼らの特徴は，市場メカニズムを何より信頼するところにポイントがある。すなわち，市場メカニズムが雇用や生産といった実物変数をがっちりと規定するので，貨幣に何か役割があるとすれば，それは物価水準を決定することだけだと考えるのである。

したがって，それでもなお失業率を減らそうというのであれば，資本量や技術水準といった，供給サイドの改善によってはかるしかないものになる。かくして供給サイド，もしくはサプライ・サイドに，経済学の関心が向かうことになったのである。

13-補-2　*AD*曲線と*AS*曲線

サプライ・サイドへの関心　さてしかし，サプライ・サイドへの関心は，まずはスタグフレーションの解明，すなわち，サプライ・サイドを原因とするインフレの解明に向けられた[15]。これにも，さまざまアプローチがあるが，そ

[15] 供給サイドを重視する経済学は，この後，サプライ・サイド経済学という，1つの潮流を形成するが，当初期待された，技術革新のマクロ経済学的な意味合いなどを掘り下げる方向にはあまり向かわず，所得減税の効果をめぐる議論などに，やや限定される形になった。また，フリードマンの自然失業率仮説は，マクロ政策の短期的な効果までは認めるものだったが，その後継世代になると，長期の結論が理論的に示されているなら，人々はそれをはじめから織り込んで行動するようになるので，経済政策は常に裏をかかれ，短期的にも一切の効果を失くすはずだと考えるようになった。これを合理的期待形成論といい，1980年代以降のマクロ経済学を席巻した。この考え方によれば，不意の失業という現象はあり得ないことになるので，彼らは，非自発的失業という概念そのものを

の1つに，*AD–AS* 曲線論がある。

これは実際には，やや複雑な定式化が必要になる議論なので，ここでは直観的な解説にとどめることにしよう。*AD–AS* 曲線論とは，一言で言えば，*IS–LM* のグラフをさらに一本の曲線にまとめて *AD*（Aggregate Demand：総需要）曲線とし，これに，総供給を表す *AS*（Aggregate Supply：総供給）曲線を加えて，経済全体の物価水準を分析しようとするものである。

AD 曲線　*AD* 曲線の直観的な求め方は，次のようなものである。いま，*IS–LM* 均衡が与えられているものとし，ここに全般的な物価上昇が起きたと仮定しよう。物価上昇は，与えられている貨幣量の，実質的な購買力を引き下げる。たとえば，現金1億円で，1台1,000万円の機械設備を10台買うことができるが，インフレになって，機械設備の価格が2,000万円に上昇すると，同じ貨幣量では，今度は5台しか買えないことになる。これは，機械設備の価格が変わらずに，貨幣量が5,000万円に減少した場合と，実質的には同じことになる。つまり，物価の上昇は，実質的には，貨幣量の減少と同じ効果をもたらすのである。

これを *IS–LM* 分析に入れ込むと，物価水準の上昇は，貨幣供給量が減少した場合と，同様の展開を見せるということである。貨幣供給量の減少は，*LM* 曲線を左上方へシフトさせるから，このとき他の条件が一定であれば，均衡所得水準は減少することになる。この関係を改めて，横軸に所得水準，縦軸に物価水準をとった図13–補–2（a）に描くと，*IS–LM* 分析による総需要は，物価の上昇に対して，減少するように描くことができる。この右下がりの関係を示したものが，**AD 曲線**である。

AS 曲線　一方，物価水準の上昇は，各企業の生産活動を活発にするだろう。あるいは，第12章で導入したマクロ生産関数に従えば，物価上昇は実質賃金の下落を通じて，労働投入量の増加をもたらすだろう[16]。労働量の増加は生産量を増加させるから，物価の上昇は，生産物の供給＝所得水準の増加をもたらすことになる。これを図13–補–2（b）に描けば，物価と所得に関する右

否定した。したがって，失業者とはみな，自ら失業を選んだ人たち，すなわち，自発的失業者だけになり，それを政策的に減少させようとすることは，人々の自発的な意思に，政府が介入することを意味することになる。このような発想から，いわゆる，失業や貧困の自己責任論の系譜が形成されていったのである。

[16] もちろん，原材料価格の実質的な下落が，投下資本量 *K* を増加させることもあるだろう。

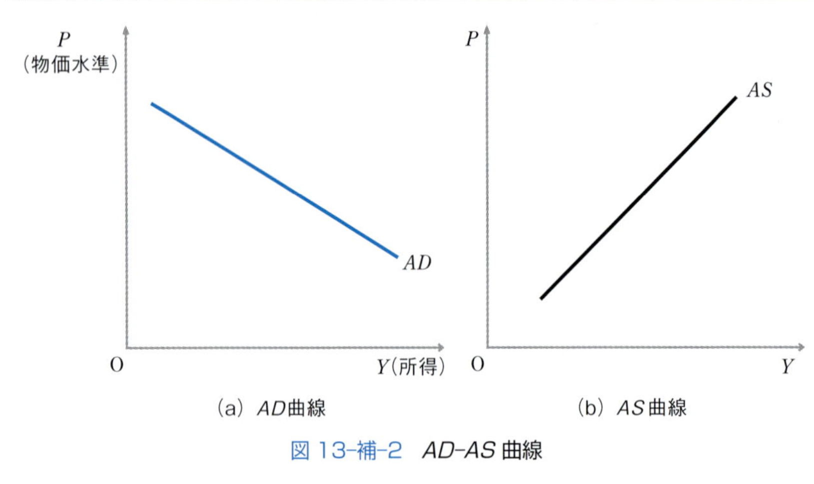

（a）AD曲線　　（b）AS曲線

図 13-補-2　AD–AS 曲線

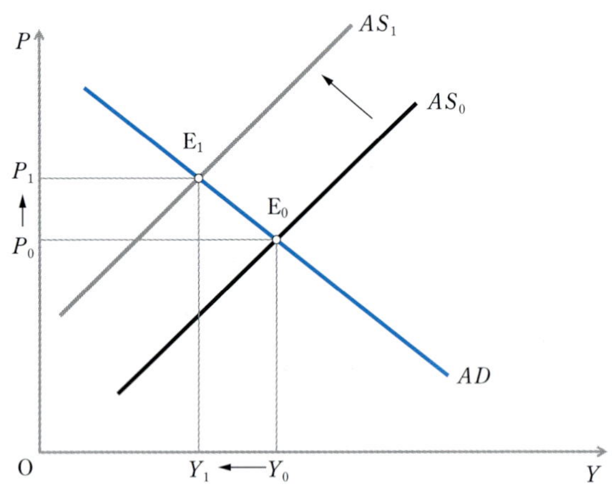

図 13-補-3　AD–AS 曲線とスタグフレーション

上がりの関係を描くことができる。これを AS 曲線という。

AD–AS 曲線論によるスタグフレーションの分析　AD 曲線と AS 曲線は，どこかでかならず交わるだろう。この交点において，均衡所得水準と均衡物価水準が同時に決定されることになる。ではいま，突然原油価格が高騰したものとしよう。これを各企業が価格に転嫁すれば，各均衡生産水準に対応する物価水準が，全般的に上昇することになって，図 13-補-3 にあるように，AS 曲線は全体的に上方へシフトするだろう。*AS* 曲線が上方へシフトすれば，*AD* 曲線との交点も，左上方へシフトするだろう。つまり，物価の上昇と所得（生産量）の減少が，同時に発生するわけである。まさしく，スタグフレーションである[17]。

このように，スタグフレーションを解明するには，従来の，需要サイドの経済学に加えて，供給サイドの働きを考える必要があるのである。*AD*–*AS* 曲線は，その１つの代表例を示すものである。

17　*AS* 曲線のシフトは，本当は，期待インフレ率の変更が賃金率を変化させ，それが価格に転嫁されることを通じて，物価水準が変化していくという，動学分析を必要とする。ここでの説明は，あくまで直観的に理解しやすい形に翻案したものである。ただし，いずれにしても，*AS* 曲線のシフトは，企業が費用の上昇を価格に転嫁できることを前提している点で，完全競争市場の前提とは整合的でない。他方で *AD* 曲線は，*IS*–*LM* 分析に基づくものだから，こちらは完全競争を前提している。こうした辺り，*AD*–*AS* 曲線論には，多少の問題点を感じなくもない。

第 14 章

マクロ経済学と所得分配

マクロ経済学をめぐるわれわれの旅も，いよいよ終わりに近づいた。最後のテーマは，所得分配である。マクロ経済学と所得分配論は，どのような関係にあるのだろうか。経済成長は，すべての人を豊かにするものなのだろうか。それとも，豊かになれる人と，そうでない人を分けるものなのだろうか。経済成長と所得分配の関係を問うことは，マクロ経済学の，真の実践力を問うことにつながるだろう。

14-1　国民所得と所得分配

経済学の存在理由　今日，格差問題・貧困問題は，深刻の度合いを一層深めている。かつて，資本蓄積や経済成長が求められたのは，人々を貧困から解放するためだった。しかし，現代の資本主義経済では，経済成長と貧困の解消は，かならずしも連動していないように見受けられる。あるいは，日本やアメリカなど，GDP の大きさで世界の 1，2 位を争うような豊かな国々が，貧困率の高さでも世界の上位を占めるという，誰が考えても矛盾としか言いようのない状況も続いている。これでは，何のための経済成長だったのか，何のための豊かさだったのか，わからなくなって当然である。

これは，経済学の存在理由にも関わる重大な問題である。国民所得の決定と所得分配の関係はどうなっているのか。経済成長と所得分配の関係はどうなっているのか。それは，分配格差を縮小するものなのか，それとも逆に，格差を拡大するものなのか。こうした根本的な問いに答えぬまま，マクロ経済学が学問としての信頼を維持していくことは，今後ますます難しくなるに違いない。

しかしながら，これまでの議論を見てもわかるように，従来，マクロ経済学は，所得分配の問題に，それほど熱心には取り組んでこなかった。ケインズ経済学にせよ，新古典派経済学にせよ，マクロといえば，それはやはり総量を扱うものであって，その総量が，誰にどのように分配されていくか，そしてその分配の結果が，次の総量にどのように影響を及ぼすかといった問題は，マクロ経済学が主たる関心を向ける問題ではなかった[1]。

所得分配に関わるマクロ経済学　では，マクロ経済学の歴史において，こうした問題に取り組んできた事実がまったくないかと言えば，決してそうではない。それは確かに，マクロ経済学の本流に属するものではなかったけれども，その内容は，今日においてもなお（いや，むしろいまになって一層）重要な意義を持っている。そこで，本書は，旅の終着駅として，他の教科書ではほとんど扱われることのない，所得分配に関わるマクロ経済学を，取り上げてみようと思う[2]。

所得分配に関わるマクロ経済学を定式化したのは，M. カレツキである[3]。カ

---

[1] 経済学が，そもそもこうした問題意識に欠ける学問であったかといえば，決してそうではない。古典派経済学においては，資本蓄積と所得分配の関係を問うことは，資本蓄積論そのものの主題と言ってよかった。その顕著な例こそ，リカードの経済学である。この点については，たとえば，井上義朗『コア・テキスト経済学史』（新世社，2004 年）などを参照してほしい。

[2] この議論は，マクロ分配理論もしくは，巨視的分配理論と呼ばれるもので，主にポスト・ケインズ派と呼ばれる学派が担ってきた。ポスト・ケインズ派は，サムエルソンやソローといった，アメリカのケインジアン（新古典派総合）によるケインズ理解の仕方が，ケインズ経済学を新古典派経済学に引き戻す可能性があるとしてこれを批判し，あくまで，ケインズの原典に忠実に，これを吸収し発展させようとした学派である。この学派は，J. ロビンソン，N. カルドア，P. スラッファ，L. パシネッティといった多数の個性的研究者を輩出した。ただし，ポスト・ケインズ派は，ケインズだけを受け継いだのではなく，特に，この巨視的分配論に関しては，これから論じる，M. カレツキの影響がすこぶる大きい。さらに，スラッファは，リカード経済学の現代的な意義をよみがえらせることに貢献するなど，ポスト・ケインズ派と一口に言っても，その源流は多岐に分かれると言ってよい。そうしたなかで，1 点共有しているのはその問題意識，すなわち，寡占・独占市場の一般化，所得格差の進行，さらには，投機的貨幣市場の台頭といった，現代資本主義の基本的特徴を踏まえた，現実的な経済メカニズムを解明しようとする，実践志向性の強い問題意識にあると言ってよいだろう。一方，新古典派経済学においても，所得分配を生産要素の価格決定と同義と見る，限界生産力分配理論というものがあり，それを第 12 章のマクロ生産関数に応用した，一種のマクロ分配理論が存在する。これも，マクロ経済学の重要な基礎理論ではあるが，その本質は，第 12 章での議論に含まれていると言ってよいので，ここでは敢えて，ポスト・ケインズ派の巨視的分配理論を取り上げることにする。

[3] カレツキは，ケインズとほぼ同年代の，ポーランドの経済学者である。カレツキは，マルクス経済学を基礎に，ケインズとは別個に独自の有効需要理論を追求し，その発表年は 1933 年，すなわち，ケインズよりも 3 年ほど早かった。カレツキの有効需要理論は，そのミクロ的な基礎が不完全競争もしくは寡占であって，この点でも，ケインズに一歩先んじる一面があった。J. ロビンソンら，ポ↗

レツキは，ケインズ経済学と一見よく似ていながら，ケインズ経済学よりもはるかに，所得分配の役割に踏み込んだ，次のようなマクロモデルを提示した。

$$Y = C + I \quad (\rightarrow S = I) \tag{14-1-1}$$
$$Y = P + W \tag{14-1-2}$$
$$W = \beta Y + B \tag{14-1-3}$$
$$C_W = W \tag{14-1-4}$$
$$P = C_P + S \tag{14-1-5}$$
$$C_P = qP + A \tag{14-1-6}$$
$$C = C_P + C_W \tag{14-1-7}$$
$$I = I_0 \tag{14-1-8}$$

ここで，Yは総所得（国民所得），Cは総消費，Iは総投資，Pは利潤総額，Wは賃金総額，βは総所得のうち賃金に分配される割合（労働分配率），C_Wは労働者による消費総額，C_Pは資本家による消費総額，qは利潤のうち消費に回る割合（利潤に関する平均消費性向），A，Bはそれぞれ定数である。

国民所得は賃金と利潤に分割される　(14-1-1）式は，ケインズと同じ，有効需要の定義式である。しかし，カレツキはこれに続けて，(14-1-2）式で，かくして形成される国民所得Yが，賃金Wと利潤Pに分割されることを明記する。そして，(14-1-3）式で，賃金部分が国民所得の一定割合（β）として形成されることを示し，それはしたがって，βの大きさに依存する変数であることを明示する。

カレツキのモデルはこのように，国民所得が資本家と労働者に分配されるものであることを明示する。したがって，同じ消費でも，労働者の消費と資本家の消費では，その性質に違いが生じる。そのことを示すのが，(14-1-4）式から（14-1-7）式である。(14-1-4）式は，労働者の消費額は，彼ら・彼女らが受け取る賃金総額そのものであることを示している。つまり，労働者は，ギリギリ生存可能な賃金しか受け取っておらず，そのため，貯蓄する余裕がまったくないまま，賃金の全額を消費するものと仮定されている。

↘スト・ケインズ派に与えた影響は，ある意味で，ケインズ以上だったとも言える存在である。カレツキの理論については，M.カレツキ『資本主義経済の動態理論』（浅田統一郎・間宮陽介訳，日本経済評論社，1984年）などを参照。なお，本章では，カレツキのモデルを若干，簡略化した形で示している。

これは確かに，現在の平均的労働者から見ても，やや極端な仮定に見えるだろう。これは，カレツキが，古典的な資本主義経済を前提していることを示唆するものだが，ただ，このように，受け取った賃金・給与のすべてを使わなければ生きていけないほどの，低賃金・低給与に追い詰められている人々は，今日，決して少なくない。ワーキングプアともいわれる低賃金層を多く生み出したことによって，現代経済はむしろ，カレツキの前提にいまになって近づき始めているとすら言える。これは単に，皮肉の一言で済ましてよい話ではないだろう。

(14-1-5) 式は，資本家は，利潤を消費 C_P と貯蓄 S に分けることを示している。(14-1-6) 式は，その利潤から消費に回る割合を q とする，資本家の消費関数である。(14-1-7) 式は，かくして形成される労働者の消費と，資本家の消費の合計として，経済全体の消費総額が決まることを示している。

(14-1-8) 式は投資関数である。カレツキの理論全体のなかでは，投資関数に関しても，ケインズとは異なる独特の視点が示されるのだが，ここでは，所得分配が国民所得に及ぼす影響に議論を絞るため，投資は与件として扱っている（投資を増加させるときも，その増加分を与件として扱う）。

自明な定義式から導かれる予想外の結果　このように見てくると，カレツキのモデルは，そのほとんどが事実上，定義式であることがわかるだろう。定義式で示される自明的な関係が，経済全体に集計されると，そこから予想外の結果が飛び出してくることを示すのが，カレツキに特徴的な論法なのである。あるいは，新古典派やケインズが，経済主体の行動の仕方に注目して理論を構築する，行動論的な経済学であるのに対し，カレツキは，定義的な関係構造そのものが発揮するメカニズムに注目する，すぐれて構造論的な経済学であると言ってもいいだろう[4]。

しかし，このモデルから得られる結論は，決して定義的な，無味乾燥のものではない。このモデルには，いろいろな活用の仕方があるのだが，ここでは，これまで何度も見てきた乗数効果において，所得分配のあり方が，どのような意味を持つかについて検討してみよう。

まず (14-1-2) 式と (14-1-3) 式から，次のような関係を導き出すことができる。(14-1-2) 式から，$P = Y - W$ となるので，この W に (14-1-3) 式

[4] この特徴は，カレツキの理論が，マルクス経済学に由来することから得られたものである。このように，マルクス経済学と近代経済学は，本来，相補い合うべき関係にあるのである。

を代入すると，次のようになる。

$$P = Y - (\beta Y + B)$$
$$= (1 - \beta) Y - B$$

両辺の増分をとると，

$$\Delta P = (1 - \beta) \Delta Y$$

となって，ゆえに，

$$\frac{\Delta Y}{\Delta P} = \frac{1}{1-\beta} \quad (14\text{-}2)$$

を得る。さらに，（14-1-1）式ならびに（14-1-5），（14-1-6），（14-1-8）式から，次式を得る。すなわち，(14-1-5)式の C_P に(14-1-6)式を代入し，また，(14-1-5)式の S を，（14-1-1）から I に置き換え，そこに（14-1-8）式を充てれば，

$$P = qP + I_0 + A$$
$$(1 - q)P = I_0 + A$$

を得る。ここでもまた，両辺の増分をとれば，

$$(1 - q)\Delta P = \Delta I$$
$$\frac{\Delta P}{\Delta I} = \frac{1}{1-q} \quad (14\text{-}3)$$

となり，この（14-2）式と（14-3）式をかけ合わせることで，次のような結論が得られる。

$$\frac{\Delta Y}{\Delta P} \cdot \frac{\Delta P}{\Delta I} = \frac{\Delta Y}{\Delta I} = \frac{1}{(1 - \beta)(1-q)}$$

あるいは， (14-4)

$$\Delta Y = \frac{1}{(1 - \beta)(1-q)} \Delta I$$

これが，カレツキによる乗数理論，すなわち，**所得分配の影響を加味した乗数理論**である。カレツキモデルにおける投資乗数は，ケインズモデルのように，

単純に限界消費性向の値だけで決まるものではなく，利潤からの限界消費性向 q と，労働分配率 β によって，決定されるものになる。ここで，特に注目すべきは，労働分配率の影響である。たとえば，国民所得のうち，賃金・給与に回る割合が小さくなると，β の値が小さくなり，これは $(1-\beta)$ の値を大きくするから，(14-4) 式の分母が大きくなって，乗数の値は小さくなる。これが，一種の所得格差の拡大を意味するものとすれば，所得格差は，乗数効果を小さくすることがわかるわけである。その結果，所得はなかなか拡大しないものになって，結果的に，経済成長率も低めることが予想されるのである。経済成長率が低いから，所得格差がなくならないのではなくて，所得格差を放置しておくから，経済成長率が上がらないのである。これが，カレツキモデルの1つの今日的な含意である。

このように，所得分配の構造を明示的にモデルに導入すると，これまでとは違ったマクロ経済の風景が見えてくる。この視点をさらに発展させようとしたのが，カルドアとパシネッティによる巨視的分配理論である。

確認問題 14-1　(14-4) 式で，利潤からの限界消費性向を 0.8 とし，労働分配率が 0.6 から 0.5 に減少した場合，カレツキによる乗数の値は，どのように変化するか。計算して確かめよ。

14-2　経済成長と所得分配

(1) カルドアモデル

分配構造の形成　カレツキの議論は，あくまで分配構造を与件として，それが国民所得や経済成長に，どのような影響を及ぼすかを考えようとしたものである。これに対して，N. カルドアや L. パシネッティといった，ポスト・ケインズ派の経済学者は，そうした分配構造そのものが，経済成長の過程で，どのようにして形成されるかを明らかにしようとした[5]。

カルドアは，完全競争を前提し，また経済がすでに完全雇用にあることも前提して，議論を始める[6(次頁)]。そのうえで，カレツキとよく似た，次のようなモ

[5] N. カルドアは，ハンガリー出身の経済学者。J. ロビンソンらとともに，ポスト・ケインズ派の↗

デルを提示する。

$$Y = P + W \qquad (14\text{–}5\text{–}1)$$

$$I = S \qquad (14\text{–}5\text{–}2)$$

$$S = S_P + S_W \qquad (14\text{–}5\text{–}3)$$

$$S_P = s_P P \qquad (14\text{–}5\text{–}4)$$

$$S_W = s_W W \qquad (14\text{–}5\text{–}5)$$

(14–5–1) 式は，カレツキと同様，国民所得Yが利潤Pと賃金Wに分けられることを示している。(14–5–2) 式は，マクロ経済の均衡条件である。カレツキとの違いが出てくるのは次の式からで，(14–5–3) 式は，経済全体の貯蓄が，利潤から行われる貯蓄S_Pと，賃金から行われる貯蓄S_Wに分けられることを示している。すなわち，カレツキが労働者は貯蓄を行う余裕をまったく持たないと仮定したのに対し，カルドアは，労働者も何ほどかの貯蓄を行えることを前提するのである。(14–5–4)，(14–5–5) 式は，それぞれの貯蓄の定義式であり，s_Pは資本家貯蓄性向，すなわち，利潤からの貯蓄性向を，s_Wは労働者貯蓄性向，すなわち，賃金からの貯蓄性向をそれぞれ表している[7]。

(14–5–2) 式に，(14–5–3) 式から (14–5–5) 式までを代入すれば，次のようになる。

$$I = S_P + S_W = s_P P + s_W W \qquad (14\text{–}6)$$

↘指導的な存在になった。新古典派経済学とは異なる観点から，経済成長論，巨視的分配理論，またその初期には，不完全競争論や企業理論にも貢献した。彼の巨視的分配理論は，いま検討している階級間分配の問題に限らず，国家間の国際的な分配構造にも適用され，その観点から，1960・70年代のイギリスのEC加盟論争では，カルドアは加盟に反対する強い論陣を張った。L. パシネッティは，現在のポスト・ケインズ派を代表する存在。巨視的分配理論をさらに発展させ，経済成長が必然的に産業構造を変化させ，その産業構造の変化が経済成長率にフィードバックしてくることを示す構造動学を確立した。構造動学は，経済成長と産業構造の関係だけでなく，生産性追求の本来の意味や，労働時間短縮の必然性など，今日的な政策課題をいくつも扱っており，今後のさらなる研究が強く望まれる分野である。

[6] 完全競争と完全雇用を前提するのは，本来，セイ法則のはずである。これをポスト・ケインジアンが想定するのは奇妙なことなので，カルドアは一時期，ジャン=バティスト=カルドア（ジャン=バティストは，セイの名前）などとあだ名されたことがある。

[7] この貯蓄性向に対しては，限界と平均の区別を行わない。すなわち，利潤額，賃金額そのものに対する貯蓄性向（平均）と，それぞれの増加分における貯蓄性向（限界）を区別せず，同じ値として仮定する。なお，後の議論を先取りすることになるが，ここで，資本家の貯蓄性向と，利潤からの貯蓄性向を，同じものと見做している点に注意せよ。

さらに，（14-5-1）式を使って（14-6）式を整理すれば，次の式を得る。

$$I = s_P P + s_W W = s_P P + s_W (Y - P)$$
$$= s_W Y + (s_P - s_W) P \quad (14\text{-}7)$$

（14-7）式の両辺を Y で割ると，

$$\frac{I}{Y} = s_W + (s_P - s_W)\frac{P}{Y}$$

もしくは，　(14-8)

$$\frac{P}{Y} = \frac{1}{(s_P - s_W)}\frac{I}{Y} - \frac{s_W}{(s_P - s_W)}$$

を得る。この（14-8）式が，カルドアモデルの基本的な結論になる。すなわち，2つの貯蓄性向を与件とすれば，所得から利潤に分配される割合（P/Y：**利潤分配率**という）は，所得に占める投資の割合によって，もっぱら決定されるものになる。つまり，資本家（企業）が投資を増やすと，それは，社会全員を豊かにするのではなく，もっぱら資本家を豊かにするのである。

（14-8）式は，さらに次のようにも変形できる。すなわち，ここはカレツキと同様，$s_W = 0$（労働者は所得の全額を消費する）とし，若干の工夫を加えると，次のような式が出てくる。

$$\frac{P}{Y} = \frac{1}{s_P}\frac{I}{Y} = \frac{1}{s_P}\frac{I}{\Delta Y}\frac{\Delta Y}{Y} = \frac{1}{s_P}\frac{\Delta K}{\Delta Y}\frac{\Delta Y}{Y} = \frac{1}{s_P \cdot \sigma}\frac{\Delta Y}{Y} \quad (14\text{-}9)$$

σ は，ハロッド=ドーマーモデルで用いた，投資の生産性（資本係数の逆数）である[8]。いま，この値も与件とすれば，（14-9）式で示される**カルドアモデルは，経済成長率が高まれば高まるほど，利潤分配率が高まる（ということは，賃金への分配率が下がる）ことを示している**。これが，文字通り正しいとすれば，利潤と賃金の間の格差は，経済成長率を高めても解消されることはなく，それどころか，やみくもな経済成長の追求は，格差をかえって助長する可能性すらあるということになるだろう。

問題点　ただし，このような結論は，カルドアモデルが，完全雇用と完

8　資本係数については，第12章の脚注10を参照。

全競争を前提にしているからこそ，得られたものである点に注意する必要がある。すなわち，(14-8) 式で投資が増加した際，すでに完全雇用に達しているカルドアモデルにおいては，生産量や雇用量は増加せず，増加した需要は，すべて価格の上昇に吸収される（それを支えているのが，完全競争の前提である）。ゆえに，利潤 P が一方的に上昇するのであって，この特殊な前提が満たされない場合には，カルドアモデルがそのまま当てはまることはない。

さらに，カルドアモデルには，もう 1 点，問題点がある。それは，(14-5-3) 式にあるように，カルドアは労働者も貯蓄を行うことを，明示的に認めている。にも関わらず，利潤はあたかも資本家だけが手にするような扱いになっている（それは，利潤からの貯蓄性向＝資本家の貯蓄性向，という定義にも現れている）。しかし，労働者も貯蓄をするのであれば，彼ら・彼女らが株式や債券を保有していてもおかしくはなく，だとすれば，それらに対する配当や利子として，利潤の一部が労働者に対して分配されるはずである。つまり，貯蓄を 2 つに分けるのなら，それに合わせて利潤も，資本家が受け取る分と，労働者が受け取る分の，2 つの部分に分けられてしかるべきなのだが，カルドアはこれを行っていない。これでは，資本家と労働者の所得を，それぞれ正しく捉えたことにはならないのではないか。こうした観点から，カルドアモデルの改訂を試みたのが，次のパシネッティモデルである。

(2) パシネッティモデル

利潤分配率の考察　パシネッティモデルは，カルドアモデルに，(14-10-4) 式を加え，利潤もまた，資本家が受け取る分と，労働者が受け取る分の 2 つの部分に分けられることを明記する。すなわち，

$$Y = P + W \qquad (14\text{-}10\text{-}1)$$

$$I = S \qquad (14\text{-}10\text{-}2)$$

$$S = S_P + S_W \qquad (14\text{-}10\text{-}3)$$

$$P = P_P + P_W \qquad (14\text{-}10\text{-}4)$$

$$S_P = s_P P_P \qquad (14\text{-}10\text{-}5)$$

$$S_W = s_W (W + P_W) \qquad (14\text{-}10\text{-}6)$$

(14-10-4) 式で，P_P は資本家の受け取る利潤，P_W は労働者が受け取る利潤（利

子や配当）を，それぞれ表している。

さて，そうなると，資本家の貯蓄，労働者の貯蓄も，カルドアモデルのものとは若干違ってくる。資本家の貯蓄は，（14–10–5）式で表される。一見，カルドアの（14–5–4）式とよく似ているが，カルドアモデルでは，資本家の貯蓄は利潤総額からいきなり形成されたのに対し，パシネッティモデルでは，資本家の貯蓄は，あくまで資本家が受け取る利潤から形成されるものとして定義される。一方，（14–10–6）式は，労働者の行う貯蓄を表している。労働者は，賃金に，利子・配当等として受け取る資産収入（利潤部分）を合わせた所得のなかから，一定の貯蓄を行うのである。

これらを，改めて，（14–10–2）式に代入すれば，

$$I = s_P P_P + s_W (W + P_W)$$
$$= s_W Y + (s_P - s_W) P_P \quad (14\text{–}11)$$

となり，ここから，

$$\frac{I}{Y} = s_W + (s_P - s_W)\frac{P_P}{Y}$$
または，（14–12）
$$\frac{P_P}{Y} = \frac{1}{s_P - s_W}\frac{I}{Y} - \frac{s_W}{s_P - s_W}$$

を得る。（14–12）式も，カルドアモデルの（14–8）式によく似ているが，左辺の分子が利潤総額 P ではなく，資本家に分配される利潤 P_P に限定されていることに，注意する必要がある。それでも，（14–12）式は，重要なことを示唆している。すなわち，投資の拡大は，2つの貯蓄性向を与件とする限り，単に利潤分配率を高めるのではなく，資本家が受け取る利潤の割合を高めることを，このモデルは直接示しているのである。

さて，パシネッティの議論はこの先も続くが，それについては補論に回し，ここまでの議論から伺える，パシネッティモデルの今日的な含意について，考えてみよう。

機能的分配と階級的分配　パシネッティモデルの第1のポイントは，繰り返し見てきた通り，利潤と資本家の所得との違いを，まずはっきりさせたこと

にあるだろう。すなわち，利潤というのは，「資本家」という人間が受け取るものをいうのではなくて，「資本」という機能が受け取る付加価値のことをいうのである。したがって，労働者であっても，株式や土地といった「資本」を所有していれば，それに応じて，利潤からの分け前を手にすることができるのである。言い換えれば，所得が最初に，利潤部分と賃金部分に分かれるときの分配構造と，一度利潤として分配されたもののなかから，改めて労働者に配当や利子が支払われた後の，最終的な分配構造とは，決して同じものにはならないのである。

この最初の分配，すなわち，所得（付加価値）が，利潤部分と賃金部分に分かれていくときの分配を機能的分配といい，最後の，文字通り，資本家の所得と労働者の所得に分かれたあとの分配を階級的分配という。カルドアモデルは，機能的分配を明らかにしたもの（あるいは，機能的分配にとどまったもの）であるのに対し，パシネッティモデルは，この両者をはっきり区別したうえで，まず階級的分配を明らかにし，それから，機能的分配を明らかにするという，正当な手順を踏んだものと言っていいだろう。

そのうえで，パシネッティモデルが残した第2のポイントこそが，彼のモデルの今日的意義になっていると言っていいだろう。すなわち，カレツキやカルドアは，1年間に生み出されたフローとしての所得が，労働分配率や貯蓄性向の差に応じて，フローとしての賃金と利潤に分かれていくという，文字通り，フローの議論であったのに対し，パシネッティは，所得分配の過程において，株式や債券といった資産，すなわち，ストックが果たす役割に，われわれの注意を促そうとしている。これは単に視野を広げるという意味ではなく，この資産の分配構造にこそ，現代の所得格差を理解するカギがあることを，彼のモデルは示唆していると思われるのである。

カレツキやカルドアにおける，労働分配率の低さや貯蓄性向の差は，言ってみれば，資本家階級の，階級としての「力」を示すものであって，そうした，資本主義的な社会構造によって，所得分配が決定されてしまうことを示したことが，彼らのモデルの意義であったと言っていいだろう。それはまさしく，古典的な資本主義経済の本質であったに違いない。

見えない「階級」　しかしながら，現代においては，資本家「階級」という存在は，かならずしも輪郭の明確な存在ではなくなっている。それは，組織としての企業が，個人や階級と同じように（場合によっては，それ以上に）資本の所有者になるに及び，ますます曖昧になったと言っていいだろう。そして利潤は，先ほども述べたように，資本に分配されるのであって，資本家に分配されるのではないのである。したがって，利潤分配を受けられるかどうかは，その人がある階級に属しているかどうかで決まるものではない。そうではなくて，その人が資本（資産）を持っているかどうかで，利潤分配の権利が分かれるのである。

パシネッティモデルは，階級的分配を論じているから，一見，他のモデルよりも「階級」を強く意識しているように思われがちだが，パシネッティモデルにおける労働者は，すでに何ほどかの「資本」を所有する存在であることに注意する必要がある。それは，「階級」の存在が見えにくくなった，現代の資本主義の特徴を，よく反映させた理論であると言っていいだろう。

高まる資本への利潤分配　そして，まさしくそうであるがゆえに，現代経済は，格差を生み出しやすいのである。バブル崩壊以降，日本企業は最大の費用項目である人件費の圧縮に取り組み，非正規雇用の一般化とともに，まずはフロー所得 W のレベルにおいて，かつてない格差を生み出していることは，周知の通りである。しかし，格差の拡大はそれだけではない。W の抑制は，それだけ（機能的分配分としての）利潤 P を高めている。したがって，そこから労働者が受け取る利潤分配分，すなわち P_W の大きさは，今日の階級的分配において，かつて以上に，その重要性を増しているのである。そのため，貯蓄といえば，銀行預金くらいしか視野になかった一般労働者に対しても，証券投資をはじめとする資産形成を盛んに勧める風潮が，年々強まってきているだろう。

構造的格差の打開をはかるには　しかし，証券投資などの資産形成には，個人では負いきれないほどの，大きなリスクがある。また，その気になれば，資産形成を行えるだけの貯蓄がある家計や個人はよいが，賃金がますます抑制されるなかで，そうした余裕をすでに失っている家計や個人，文字通り，$S_W = 0$ に近い家計や個人は年々増加しており，そうした人々にとって，こうした風潮はむしろ，法外な要求に等しいものだろう。かくして，遺産などを通じて，何ほどかの資産をすでに持っている人々と，そうでない人々との間の資産・所得格差は，今後，ますます広がる可能性があるだろう。こうした構造的な格差の打開を，あくまで個人単位，家計単位の資産形成に委ねようとする今日の風潮には，もう少し現実的な観点からの，再検討が必要ではなかろうか。

パシネッティモデルは，こうした議論をちょくせつ語るものではないが，労働者貯蓄性向（これは，このモデルの場合，労働者投資性向をそのまま意味する）s_W の値を高めることが，労働者所得を高めるほとんど唯一の策であるような，このモデルの構造において（その事実上の困難さとともに），そうした含意をひそかに語っていたように思われてならない[9]。

巨視的分配理論は，カルドアモデルにせよ，パシネッティモデルにせよ，かなり厳しい前提条件に支えられている面があるから，これだけをもって，現実を判断することは難しい。しかし，だから経済学は役に立たないと断じてしまう前に，ではもっと緩やかな，もっと現実的な想定の下で，同様の結論に至るモデルを見出すことはできないものか，と考えてみてもいいはずだ。そうやって，一歩現実へ踏み出したとき，ケインズやカレツキの理論が生まれたのである。

経済学は，現実を変えられる学問である。この 14 日間の旅を終えた読者のみなさんは，今度はひとりで，自ら地図を持って，新たな経済学の世界へと旅立ってほしい。

9　たとえば，ケインズ派と新古典派の双方を渉猟した J.E. ミードや，政治哲学者の J. ロールズなどが唱えた財産所有デモクラシーの発想などは，現代経済において，フローの所得再分配以上に，ストックの政策的再配分が必要であることを強く主張した点で，巨視的分配理論の示唆するところと共鳴するものがあっただろう。これは主に，過大な相続財産に対する相続税・贈与税の強化，土地の国有化推進と低率地代による貸与，高等教育まで含めた教育無償化（人的資産の形成）などを柱とするものだが，アメリカなどでは，現在も盛んに研究が続けられている。この議論をめぐっては，J.E. ミード『理性的急進主義者の経済政策』（渡部経彦訳，岩波書店，1977 年），J. ロールズ『公正としての正義 再説』（田中成明他訳，岩波書店，2004 年）などを参照。

第 14 章　練習問題

問題Ⅰ　次の文章の空欄に，適当な語句を入れなさい。

1. カレツキモデルにおいて，投資乗数は，限界貯蓄性向と（　　　）によって決定される。
2. カレツキモデルにおいて，労働者の消費は（　　　）に等しい。
3. カルドアモデルにおいて，経済成長率の上昇は，（　　　）分配率を高める。
4. カルドアモデル，パシネッティモデルでは，完全競争と（　　　）が前提される。
5. パシネッティモデルにおいては，階級的分配と（　　　）を区別する。

問題Ⅱ　カルドアモデルの（14–9）式より，このモデルにおける利潤率（P/K）を表す式を求めよ。その結果，利潤率は何によって決定されるものになるか，また，その現実的意味合いは，どのようなものになるか，それぞれ考察せよ（その結果を，補論の（14–補–9）式と比較せよ）。

問題Ⅲ　パシネッティモデルの（14–12）式において，s_Wの値を大きくすると，利潤分配率が小さくなることを，微分を使って確かめよ。また，その現実的意味合いについて，考察せよ（この結果は，補論の（14–補–10）式と矛盾するかどうかについても，検討せよ）。

第 14 章への補論
－巨視的分配理論の続き－

第 14 章の本文では，パシネッティモデルにおいて，資本家への利潤分配率が決定されるところまで検討した。しかし，この議論には続きがあるので，いささか技術的な展開が続くことになるが，マクロ経済学の 1 つの進め方として，読んでみてほしい。

利潤分配率の決定式　本文の（14-12）式を，改めて（14-補-1）式として再掲しよう。すなわち，

$$\frac{P_P}{Y}=\frac{1}{s_P-s_W}\frac{I}{Y}-\frac{s_W}{s_P-s_W} \qquad (14\text{-補-}1)$$

この両辺に，資本係数の逆数 Y/K（ハロッド=ドーマーモデルの σ）をかけ算すれば，次式を得る。

$$\frac{P_P}{K}=\frac{1}{s_P-s_W}\frac{I}{K}-\frac{s_W}{s_P-s_W}\frac{Y}{K} \qquad (14\text{-補-}2)$$

K は，経済全体の資本量を表すので，（14-補-2）式は，資本家が取得する利潤についての，利潤率（投下資本の何割が，利潤になって戻ってくるかを示す割合）を表すものになる。したがって，これに労働者が取得する利潤率 P_W/K を加えれば，経済全体としての利潤率 P/K を求めることができる。パシネッティは，これをもとに，カルドアが最終的に示そうとした，利潤分配率の決定式（14-9）を導出しようとする。つまり，資本家が取得する利潤率，労働者が取得する利潤率といった，階級的分配を先に明らかにしたうえで，改めて，（その取得者に関わらず）利潤全体が，所得の何割を占めることになるかという，機能的分配を明らかにしようとするのである。

経済全体としての利潤率は，次のように定義される。

$$\frac{P}{K}=\frac{P_P}{K}+\frac{P_W}{K} \qquad (14\text{-補-}3)$$

P_P/Kについては，すでに明らかにされているが，問題はP_W/Kである。これについては，次のように考える。いま，労働者が株式や土地といった形で所有している資本の量をK_W，そこから得られる収益率を，利子率rで代表させることにしよう。そうすると，$P_W = rK_W$となるから，これを（14-補-2）式とともに，（14-補-3）式に代入すれば，次のようになる。

$$\frac{P}{K}=\frac{1}{s_P - s_W}\frac{I}{K}-\frac{s_W}{s_P - s_W}\frac{Y}{K}+\frac{rK_W}{K} \qquad (14\text{-補-}4)$$

さてパシネッティは，長期的な均衡状態，すなわち，さまざまな変数同士の比率が一定に保たれる安定的な状態においては，$K_W/K = S_W/S$になるはずだと考える[10]。すなわち，KとSの値そのものが等しくなる必要はないが，労働者の資産形成率S_W/Sが，現在の資本所有率K_W/Kを（たとえば）下回るようなことがあれば，労働者による資産形成が相対的に後退することになって，K_W/Kの値はやがて減少し始めるだろう。これだと，長期均衡の定義に反することになるので，長期均衡においては，$K_W/K = S_W/S$という関係が保たれるはずだと，推論できるわけである。

そうすると，$S = I$，$S_W = s_W(Y - P_P)$であることから，K_W/Kは，次のように書き直せる。

$$\frac{K_W}{K}=\frac{S_W}{S}=\frac{s_W(Y-P_P)}{I}=\frac{s_P s_W}{s_P - s_W}\frac{Y}{I}-\frac{s_W}{s_P - s_W} \qquad (14\text{-補-}5)$$

（14-補-5）式を（14-補-4）式に代入すれば，経済全体における利潤率（機能的分配）を得ることができる。すなわち，

10　この「長期」が「短期」の中から、どのようにして形成されるのかについては、特に議論されていない。このように、短期の現実と切り離して、普遍的な長期をあらかじめ想定する「長期観」には、ケインズ的というよりは、古典派・新古典派的な発想に近いものがある。

$$\frac{P}{K}=\frac{1}{s_P - s_W}\frac{I}{K}-\frac{s_W}{s_P - s_W}\frac{Y}{K}+r\left(\frac{s_P s_W}{s_P - s_W}\frac{Y}{I}-\frac{s_W}{s_P - s_W}\right) \qquad (14\text{-補-}6)$$

この（14-補-6）式に，再び K/Y をかければ，次式を得る。

$$\frac{P}{Y}=\frac{1}{s_P - s_W}\frac{I}{Y}-\frac{s_W}{s_P - s_W}+r\left(\frac{s_P s_W}{s_P - s_W}\frac{K}{I}-\frac{s_W}{s_P - s_W}\frac{K}{Y}\right) \qquad (14\text{-補-}7)$$

さらに，長期均衡状態においては，およそ経済に予想外の変動というものがなく，したがって，元本が保証されている「利子」と，本来ならリスクを抱えるはずの「利潤」の間に，これといった区別をする必要はない。だとすれば，利子率＝利潤率と考えてもよいはずだから，この場合には，$r = P/K$ とおける。これを，（14-補-6）式に代入すれば，

$$\frac{P}{K}\frac{s_P(I-s_W Y)}{I}=\frac{I-s_W Y}{K} \qquad (14\text{-補-}8)$$

一般的に，$s_P > s_W$ と仮定することができ，資本家貯蓄 P_P がゼロでないとすれば，（14-11）式から，$I - s_W Y > 0$ となる。ゆえに，

$$\frac{P}{K}=\frac{1}{s_P}\frac{I}{K} \qquad (14\text{-補-}9)$$

となって，

$$\frac{P}{Y}=\frac{1}{s_P}\frac{I}{Y}\left(=\frac{1}{s_P \cdot \sigma}\frac{\Delta Y}{Y}\right) \qquad (14\text{-補-}10)$$

を，最終的に得ることができる。（14-補-10）式は，カルドアモデルの（14-9）式と，まったく同じ式である。すなわち，経済成長は利潤分配率を高めるものとして機能するという先の結論が，ここでも確認されたことになる。しかも，パシネッティモデルにおいては，カルドアモデルのような $s_W = 0$ という特殊な仮定を置く必要がなく，s_W が正値をとっていてもなお，同様の結論になることが示されている。

逆に言えば，s_W が正値をとっていてもなお，利潤分配率の決定において，

この値は何の効力も発揮できないのである。所得に占める（機能的分配としての）利潤の割合を決めるのは，投資率と資本家貯蓄性向だけであって，労働者の貯蓄性向は，そこにまったく参与することがないのである。いわば，利潤の大きさ（そして,所得に占める利潤の割合）を決めるのは,もっぱら資本家（ここには，法人としての企業も含めてよい）の意思によるのであって，労働者の行動がこれに何らかの影響を及ぼす回路は，存在しないということなのである。この一種，逆説的な結果は，パシネッティ=パラドックスとも呼ばれている。

拡大する資産格差　労働者は，与件として与えられる経済全体の利潤のなかから，自身の取り分を，資本家との対抗関係のなかで，獲得しなければならない。本文でも述べたように，賃金所得 W がなかなか向上しにくい現状の下では，この利潤分配への請求権（要するに，利子生み資産）を持つ者と，持たない者の間で，今後ますます大きな所得格差（というよりも，正しくは，資産格差）が生じるだろう。所得分配とともに，資産配分への着目が必要であることは，本文同様，ここでも確認されるのである。

ただし，パシネッティ=パラドックスは，彼の長期均衡状態の想定に，基本的に依存する部分が強いので，ここからさらに，この結論に対する批判が，特に，新古典派の側から寄せられることになり，そこに再度，カルドアも参加したことで，巨視的分配理論は，一時期，非常に活発な論争の舞台になった。しかしながら，経済学の関心が，1970 年代以降，分配問題から次第に後退するにしたがって，はっきりとした決着を見ないまま，今日に至る形になっている。

機会均等の重要性　だが，言うまでもなく，格差問題は現代経済学にとって，焦眉の課題である。分配の多寡をすべて自己責任に帰せる姿勢が正しいとしたら，所得の獲得機会はもちろん，資産を形成する機会も，本当に，万人に平等に開かれていることを，説得力ある形で示す必要があるだろう。そのなかには，人的資産の基礎である，教育を受ける機会も当然含まれる。そのように考えていけば，われわれが取り組まなくてはならない問題は，まだまだ無数に存在することがわかるだろう。

マクロ経済学は，実践的な学問である。ケインズがまさしくそうであったように，その時代が真に解決を求める時論的問題に取り組んでいって初めて，経済学は自らの存在理由を示すことができるのである。

確認問題 14–補–1　（14–補–6）式から（14–補–8）式を，また，（14–補–7）式から（14–補–9）式を，それぞれ実際に導出してみよ。

参考文献

本書を読み終えた後，さらにマクロ経済学の学習をすすめるうえで，有益な本を何冊か紹介する。もちろん，これ以外にも読むべき本はたくさんある。読者は，1冊でも2冊でもいいので，ぜひ，読んでみてほしい。

【本書より少しやさしいテキスト】

伊藤元重『マクロ経済学（第2版）』日本評論社，2012年

伊藤元重『はじめての経済学（上・下）』日経文庫，2004年

N.G. マンキュー『マンキュー経済学Ⅱ　マクロ編（第3版）』東洋経済新報社，2014年

J.E. スティグリッツ・C.E. ウォルシュ『スティグリッツ　マクロ経済学（第4版）』東洋経済新報社，2014年

【本書とほぼ同レベルのテキスト】

吉川洋『マクロ経済学（第3版）』岩波書店，2009年

C.I. ジョーンズ『ジョーンズ　マクロ経済学（Ⅰ・Ⅱ）』東洋経済新報社，2011年

O. ブランシャール『ブランシャール　マクロ経済学（上・下）』東洋経済新報社，1999-2000年

福田慎一・照山博司『マクロ経済学・入門（第5版）』有斐閣，2016年

宮尾龍蔵『コア・テキスト マクロ経済学』新世社，2005年

齊藤誠・岩本康志・太田聰一・柴田章久『マクロ経済学 新版』有斐閣，2016年

【本書より少し上級のテキスト】

R.J. バロー『バロー マクロ経済学』センゲージラーニング，2010年

D. ローマー『上級マクロ経済学（原著第3版）』日本評論社，2010年

【ケインズ経済学を読む】

J.M. ケインズ『雇用，利子および貨幣の一般理論（上・下）』岩波文庫，2008年

伊東光晴『ケインズ』岩波新書，1962年

吉川洋『ケインズ』ちくま新書，1995年

井上義朗『コア・テキスト経済学史』新世社，2004年

問題解答

第 1 章

【確認問題解答】

1-1　略

1-2　労働力に対する需要が，供給を上回るようになり，労働力への超過需要が発生する。

1-3　労働供給の増加は，労働の限界不効用を上昇させる。労働者は，これを賃金の上昇によって補う必要があるので，労働供給を増加させるためには，賃金の上昇が必要になる。

1-4　転職の途中で一時的に無職状態になっている，キャリアアップのため就学している，病気やけがのため離職した，など。

【練習問題解答】

問題 I

1. J.M. ケインズ　2. 賃金率　3. 利潤の最大化
4. 効用の最大化　5. 完全雇用
6. 非自発的失業
7. 生産量，または有効需要の大きさ

問題 II

1 ～ 3. 図参照。

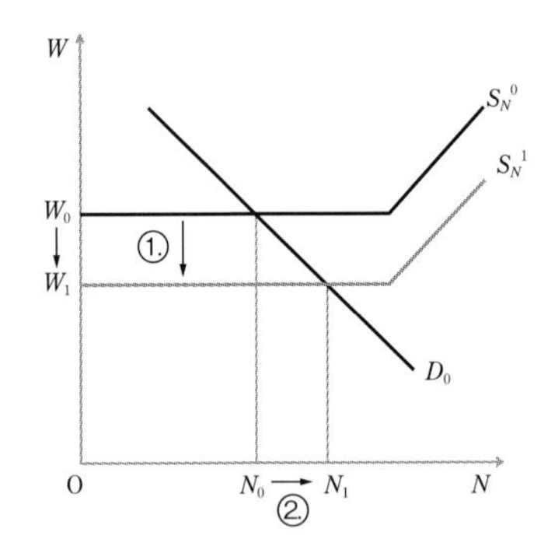

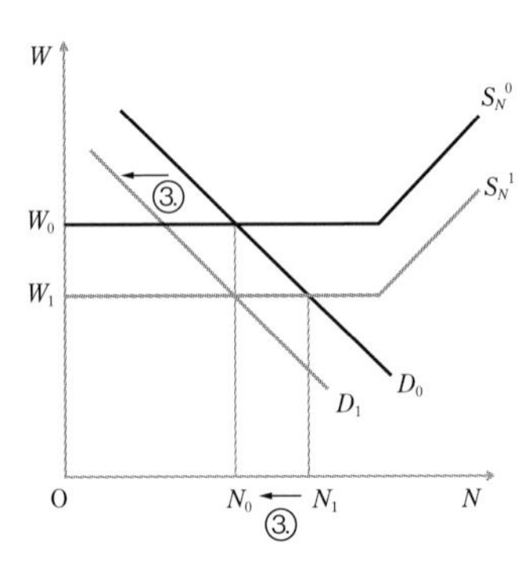

解説：

1. 賃金率の低下は，労働供給関数全体のシフトダウンとして示される。
2. その結果，他の条件が一定であれば，雇用量は N_0 から N_1 へ増加する。
3. しかし，賃金の全般的低下は購買力の全般的低下を招くから，企業の売上はかえって減少し，企業は生産を縮小しようとする。そうなると，労働需要も全般的に減少し，労働需要関数全体が左方へシフトして，雇用量は元に戻る（労働需要関数のシフト幅によっては，かえって減少することもあり得る）。

問題 III

1. $p = u + w\dfrac{dl}{dq}$

解説：$\pi = pq - (v + uq + wl)$ を q の関数と考え，q で微分してゼロと置く。その場合，p，v，u，w は定数だが，l（雇用量）は，q（生産量）とともに変化するので，l も q の関数 $l = l(q)$ として考える必要がある。

$$\frac{d\pi}{dq} = p - \left(u + w\frac{dl}{dq}\right) = 0$$

ゆえに

$$p = u + w\frac{dl}{dq}$$

を得る。

2. この式の右辺は，限界費用を表している（『読む ミクロ経済学』第 4 章を参照せよ）。したがって，この式は価格＝限界費用の関係を表す，財の供給曲線である。

3. $w=(p-u)\dfrac{dq}{dl}$

解説：$\pi=pq-(v+uq+wl)$ を，今度は労働量 l で微分してゼロと置く。

$$\frac{d\pi}{dl}=p\frac{dq}{dl}-\left(u\frac{dq}{dl}+w\right)=0$$

ゆえに，

$$w=(p-u)\frac{dq}{dl}$$

となる。

4. この式の左辺は賃金，すなわち，労働力を雇用する際に，企業が負担しなくてはならない「費用」を表している。右辺は，労働力を1単位増やしたときに，企業が得られる「利益」（すなわち，労働の限界生産力$\dfrac{dq}{dl}$に，財の準価値（価格－原材料費）をかけたもの）を表している。つまり，この式は，労働者をもう1人雇用するための条件をいっている。したがって，これは労働の需要関数を表している。

5. $p=u+w\dfrac{dl}{dq}$を変形していくと，次のようになる。

$$p=u+w\frac{dl}{dq}$$

$$p-u=w\frac{dl}{dq}$$

$$(p-u)\frac{dq}{dl}=w$$

よって，

$$w=(p-u)\frac{dq}{dl}$$

すなわち，財の供給曲線と，労働の需要曲線は，じつは，同じ曲線（関数）である。したがって，片方の形を変えて，もう片方の形を変えない，ということはできない。たとえば，財市場を不完全競争と考えて，右上がり供給曲線を想定しない場合は，労働市場に関しても，右下がり労働需要関数を想定できないことになる。

第2章

【確認問題解答】

2-1 ① 消費支出
② 投資支出
③ 政府支出
④ 輸入
⑤ 消費支出（非営利団体による機材購入は，営利目的の投資と区別して，消費支出に分類される）

2-2 付加価値合計：200＋200＋200＋200＝800万円

最終生産物価値＝800万円

2-3 名目経済成長率－物価上昇率＝実質経済成長率より，

2パーセント－1パーセント＝1パーセント

【練習問題解答】

問題Ⅰ

1. 購買力　2. 政府支出　3. フロー，ストック
4. 国民総所得　5. 付加価値
6. 減価償却費（固定資本減耗）
7. 補助金，要素費用表示の国民所得
8. 三面等価の原則　9. 最終消費財の価値
10. 実質 GDP

問題Ⅱ

1. ○　2. ×　3. ○　4. ×　5. ○

問題Ⅲ

1. 310　2. 285　3. 295　4. 285　5. 40

第3章

【確認問題解答】

3-1 図参照。限界消費性向αの上昇は，消費関数の傾きを急にする。

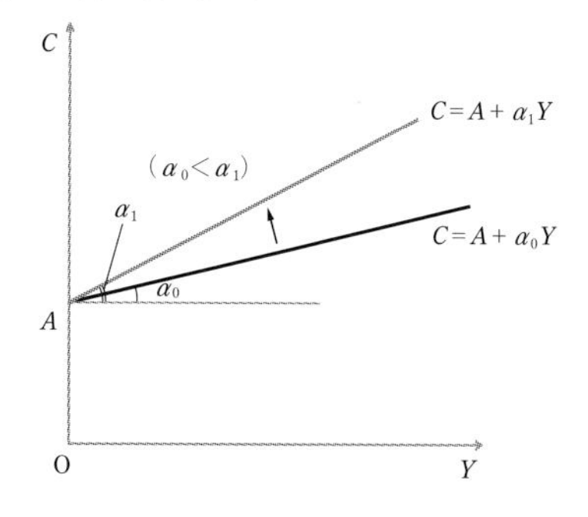

3-2　図参照。

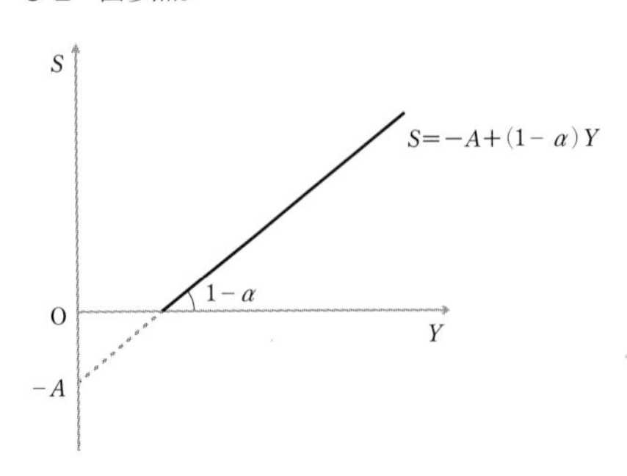

3-3　図参照。投資の増加は，$C+I$ 線と 45 度線との交点を右上方へシフトさせ，均衡国民所得を大きくする。

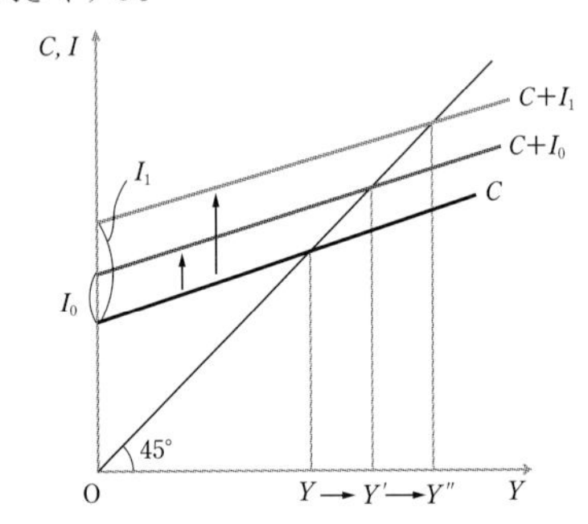

3-4　①　恒等式

②　均衡式

【練習問題解答】

問題Ⅰ

1. 限界消費性向　2. 追加的所得，追加的消費

3. 1　4. 限界貯蓄性向　5. 均衡国民所得

問題Ⅱ

1. ×　2. ○　3. ○　4. ×　5. ○

問題Ⅲ

1. 600

2. $S=-20+0.2Y$

3. 400

4. 250 増加

5. 投資の増加が所得を増加させると，そこから新たな消費の増加が生じ，それがさらに所得に加わるため（これが，第 5 章のテーマになる）。

第４章

【確認問題解答】

4-1　図参照。

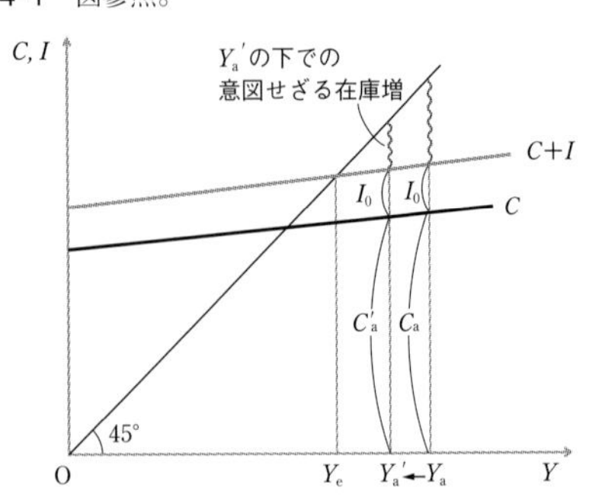

4-2　図参照。Y_b の下では，貯蓄は $Y_b-C_b=S_b$（負値）となる。一方，投資については，C_b+I_0（需要）が Y_b（供給）を超過するので，「意図せざる在庫減」が発生する（波線部分）。経済全体の真の投資は，意図した投資 I_0（正値）と，意図せざる投資（負値）の差額部分になるが，これはまさしく S_b（負値）に等しい。

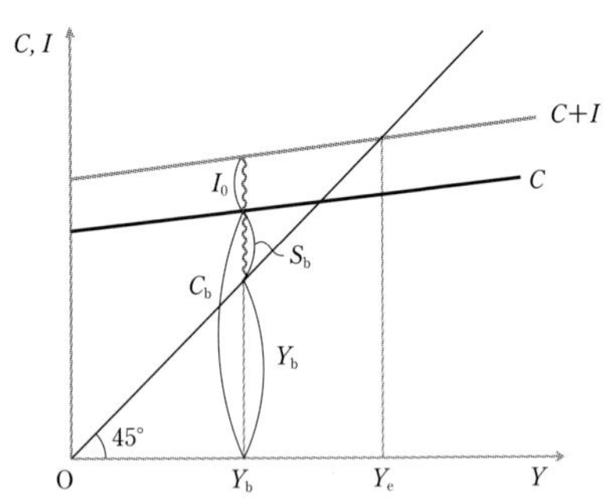

4-3　図参照。(1) の金融政策で，投資が I_0 から I_1 に増加する。次に，(2) の減税政策で消費関数の傾きが急になる。さらに (3) の財政政策によって G が新たに追加される。これをすべて行えば，所得水準は Y_0 から $Y_{(3)}$ まで増加するだろう。

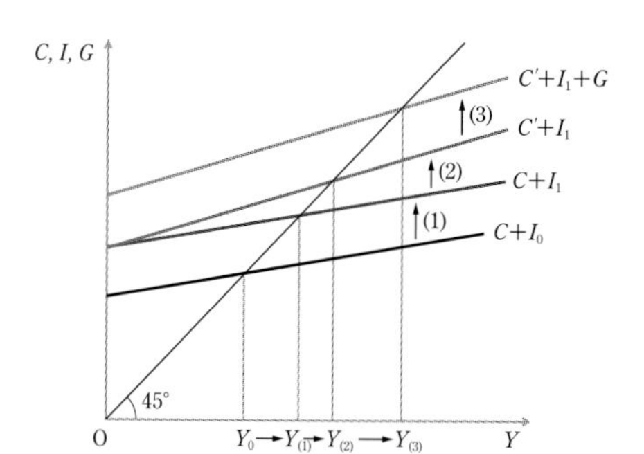

【練習問題解答】

問題Ⅰ

1. 在庫増　2. 投資　3. 貯蓄

4. 買い，または資金供給

5. 金融政策決定会合　6. 無担保コールレート

7. 急

問題Ⅱ

1. 図参照。金融政策で有効需要を抑制するには，中央銀行が売りオペレーション（資金吸収オペレーション）を行う。すなわち，中央銀行が手持ちの国債等を売却し，その代金として，市中の貨幣を吸収する。貨幣量が少なくなると，市中銀行が企業に融資などを行う際，利子率を引き上げる必要がでてくるので，その結果，図のように，投資が I_0 から I_1 に抑制され，均衡所得が小さくなる。

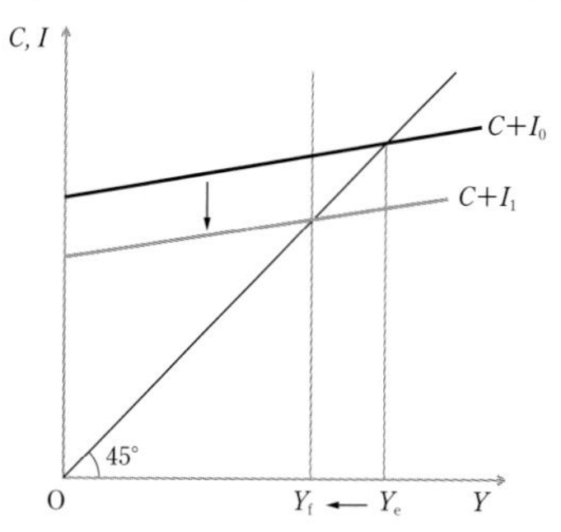

2. 図参照。租税政策としては，所得増税がまず考えられる。これは，消費関数の傾きを小さく（緩やかに）するので，図にあるように，均衡所得水準は小さくなる。

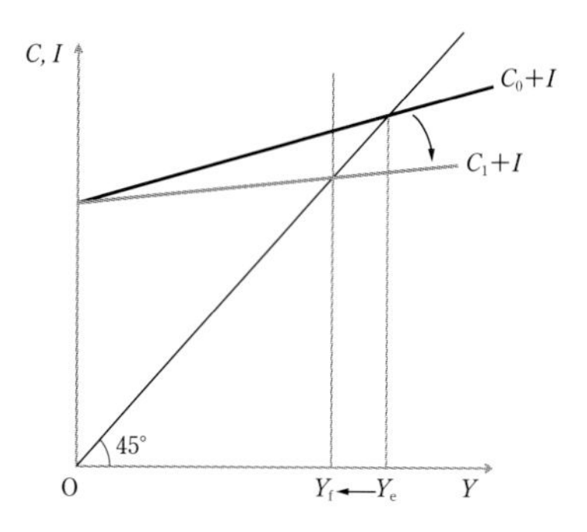

3. 図参照。公共支出政策については，その規模を縮小することになる。これによって，$C+I$ に上乗せされていた G の部分が小さくなるから，$C+I+G$ 線が全体的に下方へシフトして，均衡所得水準を小さくする。

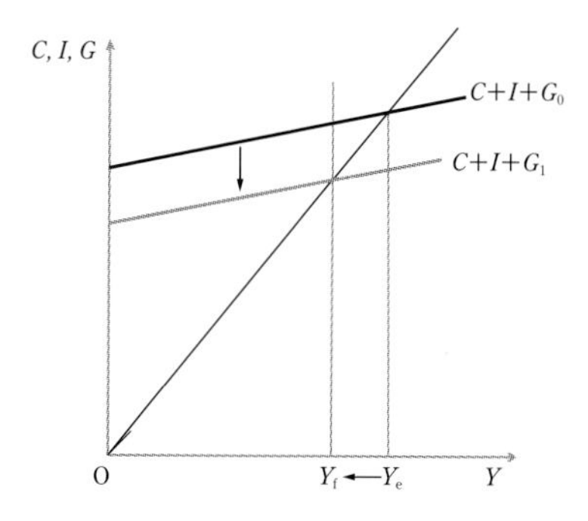

第５章

【確認問題解答】

5–1　$\frac{1}{1-0.9}=10$ になる。したがって，50 の増加は，その 10 倍の 500 の所得増加をもたらすことになる。

5–2　$\frac{1}{1-0.8}=5$ になる。限界消費性向が 0.1 低下しただけで，乗数は半分になる。したがって，所得増額も 5 × 100 億円 = 500 億円に減少する。

5–3　第 2 段階でストップしたということは，建設資材 50 億円は新規で生産されたが，そのための原材料 25 億円については，在庫処分で賄われたということである。また，消費財については，すべて在庫処分で賄われたものとしよう。そうすると，消費財については，最初の45億円と，建設資材生産のために新規雇用から生じた，22.5億円の消費財需要に対して，在庫減が生じたことになる。

そうすると，この場合，正の投資は発電所の100億円（建設資材50億円は，すべて中間生産物だから，これは発電所の価値100億円のなかに含まれている），在庫処分による負の投資は，建設資材原材料25億円，消費財45億円+22.5億円で，合計92.5億円になる。したがって，差し引き7.5億円が真の投資ということになる。一方で，この過程で作られた新しい所得は，発電所建設から50億円，建設資材生産から25億円で，計75億円である。所得増分75億円は，真の投資7.5億円の10倍だから，限界消費性向0.9に対する乗数効果（10倍）に合致している。

【練習問題解答】

問題Ⅰ

1. 投資の乗数効果
2. 限界消費性向（限界貯蓄性向）
3. 大きく　4. 小さく　5. 2

問題Ⅱ

1. ○　2. ×　3. ×　4. ×　5. ×

問題Ⅲ

1. $\Delta Y = \dfrac{1}{1-\alpha(1-t)}\Delta I$

解説：$Y = C + I$ より，$\Delta Y = \Delta C + \Delta I$，所得税を考慮に入れた消費関数の場合，

$\Delta C = \alpha(1-t)\Delta Y$

になるから，これを代入して整理すれば解を得る。

2. 小さくなる。

解説：$\Delta Y = \dfrac{1}{1-\alpha(1-t)}\Delta I$ で，t の値を大きくすると，$\alpha(1-t)$ の値は小さくなり，したがって，$1-\alpha(1-t)$ は大きくなるので，$\dfrac{1}{1-\alpha(1-t)}$ の値は小さくなる。

別解として，乗数の値 $\dfrac{1}{1-\alpha(1-t)}$ を t で微分して，その符号を調べるという方法がある。つまり，乗数の値を所得税率 t の関数と考えて，t で微分した値（乗数値関数の接線の傾き）が正であれば，乗数の値は t の上昇とともに上昇し，負であれば，乗数の値は t の上昇に対して低下することがわかるのである。そこで，乗数の値を t で微分すると，

$$d\left(\frac{1}{1-\alpha(1-t)}\right)\Big/dt = \frac{-\alpha}{(1-\alpha(1-t))^2} < 0$$

となるので，乗数の値は所得税率 t の上昇とともに低下することがわかる。

問題Ⅳ

1. $\Delta Y = \dfrac{1}{1-\alpha}\Delta G$

解説：与えられた式から，均衡所得水準を求めると，

$$Y = \frac{1}{1-\alpha}(A - \alpha T + I_0 + G_0)$$

G だけを ΔG だけ増加させ，あとの変数は一定とすると，

$$\Delta Y = \frac{1}{1-\alpha}\Delta G$$

となる。

2. $\Delta Y' = \dfrac{1}{1-\alpha}(-\alpha\Delta T)$

解説：$Y = \dfrac{1}{1-\alpha}(A - \alpha T + I_0 + G_0)$ を基に，今度は，T を ΔT だけ増加させ，他の変数を一定とすると，解の式を得る。

3. 正しくない。

解説：1. で得られた所得の増加額と，2. で得られた所得の減少額を足し算してみる。これがゼロになれば，問題文が正しいことになる。ただし，$\Delta G = \Delta T$ として計算する。

$$\Delta Y + \Delta Y' = \frac{1}{1-\alpha}\Delta G + \frac{1}{1-\alpha}(-\alpha\Delta T)$$
$$= \frac{\Delta G - \alpha\Delta T(=\Delta G)}{1-\alpha} = \frac{1-\alpha}{1-\alpha}\Delta G = \Delta G$$

となって，所得の増加と減少の合計額はゼロではなく，政府支出の増加額と等しい額だけ，所得は増加する。したがって，問題文の見解は正しくない。これは，均衡財政の下での政府支出乗数が1であることを意味し，均衡財政乗数とも言われる。

問題Ⅴ

1. $\Delta Y = \dfrac{1}{1-\alpha+m}\Delta I$

解説：与えられた式から，均衡所得水準を求めると，

$$Y = \frac{1}{1-\alpha+m}(A + I_0 + G_0 + EX_0 + M_0)$$

投資を ΔI だけ増加させ，あとの変数は一定とすると，

$$\Delta Y = \frac{1}{1-\alpha+m}\Delta I$$

となる。

2. 小さくなる。

投資乗数 $\frac{1}{1-\alpha+m}$ の値は，m の上昇とともに小さくなる。問題Ⅲと同様，投資乗数を m の関数と考えて m で微分し，その符号を確かめてみてもよい。

第6章

【確認問題解答】

6-1　略

6-2　$\frac{100}{1+0.05}=95.2$　95.2 万円（小数点第 2 位四捨五入）

6-3　$\frac{121}{1+0.1}+\frac{121}{(1+0.1)^2}=110+100=210$万円

これが資本設備の需要価格になる。これは供給価格 220 万円を下回るので，この設備投資は実行されない。

【練習問題解答】

問題Ⅰ

1. 設備投資　2. 利子率　3. 下方

4. 時間選好　5. 割引現在価値

問題Ⅱ

1. ○　2. ×　3. ○　4. ○　5. ×

問題Ⅲ

1. 1 年目利潤額の割引現在価値＝153.8 万円

2 年目＝110.9 万円　3 年目＝88.9 万円

解説：

$$1年目利潤額の割引現在価値=\frac{160}{1+0.04}=153.8$$

$$2年目利潤額の割引現在価値=\frac{120}{(1+0.04)^2}=110.9$$

$$3年目利潤額の割引現在価値=\frac{100}{(1+0.04)^3}=88.9$$

2. 353.6 万円

解説：1. の 3 年分の割引現在価値を合計する。

3. 359.9 万円

解説：1. の割引率を 3 パーセントに変えて，各年ごとに割引現在価値を求め，それを合計する。

4. 資本設備の需要価格が，供給価格を下回っているので，この設備投資は実行されない。

問題Ⅳ　予想利潤率＝20 パーセント

解説：予想利潤率を x とすると，次の式が成り立つ。

$$\frac{144}{1+x}+\frac{144}{(1+x)^2}=220$$

変形すると，

$$220(1+x)^2-144(1+x)-144=0$$

これを解けば，$x=0.2$ を得る。

第7章

【確認問題解答】

7-1（1）　図参照。市場利子率が均衡利子率よりも高かった場合は，貯蓄が投資を上回り，貸付資金の超過供給が生じる。このため，金融機関は資金の借り手を獲得するため，利子率の切り下げを始める。市場利子率は均衡利子率に一致するまで下落する。

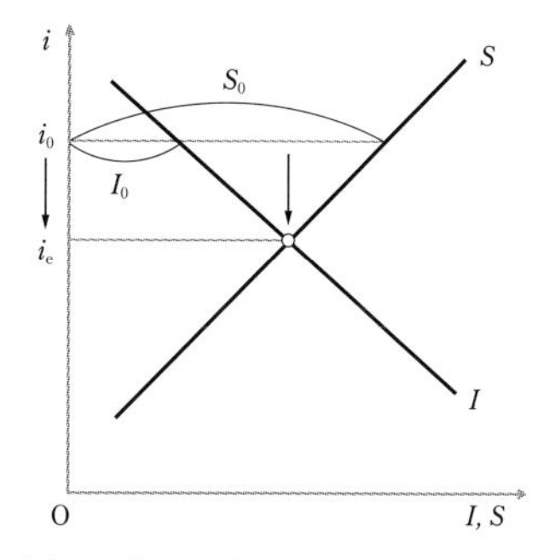

7-1（2）　図参照。市場利子率が均衡利子率よりも高く，投資が貯蓄を下回った場合は，所得が減少し，それに伴い貯蓄も全体的に減少する。これは貯蓄関数の左方へのシフトを意味し，貯蓄が投資に一致するまでシフトする。その結果，任意に与えたはずの市場利子率が，新しい均衡利子率になる。

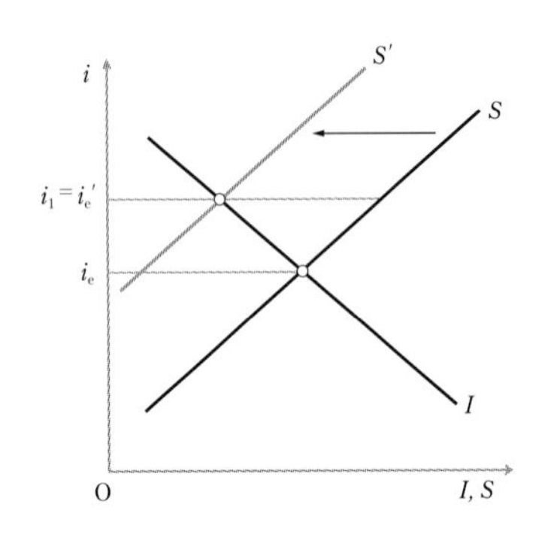

7-1（3） すべてストック金利。

7-2 $\dfrac{1}{0.2}\times 1$億円$=5$億円

7-3 この債券を買った場合の利子は，1,000円×5パーセント＝50円，1年後の金利が5.25パーセントとすれば，その時点での債券価値は $\dfrac{50}{0.0525}\cong 952$ 円，これに利息50円を加えると1002円になるから，この債券を購入するのは合理的判断と言える。

【練習問題解答】

問題Ⅰ

1. 貸付資金需給説 2. 流動性選好説
3. M_3 4. 信用創造 5. 価値保蔵
6. 投機的需要 7. 下落 8. 高騰
9. 不確定性 10. 不確実性

問題Ⅱ

1. × 2. ○ 3. ○ 4. ×

問題Ⅲ 図参照。

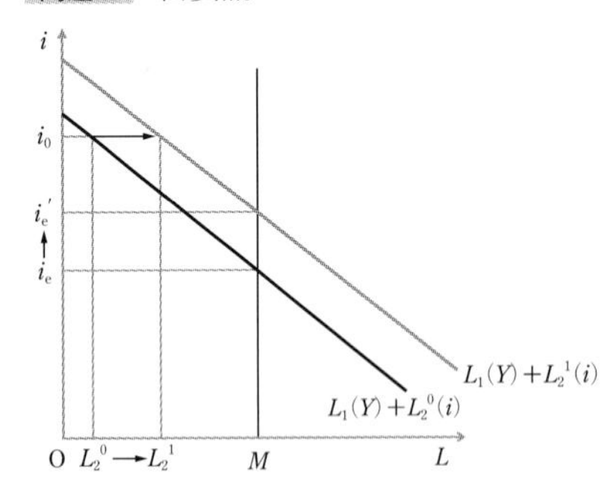

1. 景気に対して悲観的なムードが強くなると，株式や債券を買う意欲が弱まり，価値の安定している貨幣への需要が高まる。これは，同じ利子率の下で，貨幣の投機的需要を高めることを意味するから，貨幣の投機的需要関数は，右方（または上方）へシフトする。
2. 貨幣の投機的需要関数が右方へシフトすれば，同じマネーストックの下では，均衡利子率は上昇する。これは，債券需要の減少による，債券価格の下落と整合的である。
3. 利子率が上昇すれば，投資が抑制されて，景気は悪化する。

第8章

【確認問題解答】

8-1 略

8-2 ① これは投資関数の位置を引き上げるから，それに伴い *IS* 曲線も全体的に上方へシフトし，*LM* 曲線との交点は，右上方へ（利子率と所得水準をともに高める方向へ）シフトする。

② これは，貯蓄関数の傾きを緩やかにするので，*IS* 曲線の傾きも緩やかになり，①と同様，*LM* 曲線との交点は右上方にシフトする。

③ 貨幣供給量（マネーストック）の増加は，*LM* 曲線を右側へシフトさせるので，*IS* 曲線との交点は右下方に（所得を増加させ，利子率は低下させる方向へ）シフトする。

いずれも，次の第9章でふたたび扱う。

【練習問題解答】

問題Ⅰ

1. 財市場 2. 金融市場
3. 利子率，所得水準（順不同） 4. *IS* 5. *LM*
6. *IS* 7. *LM* 8. 相互依存関係

問題Ⅱ

1. $Y=500-10i$

解説：$Y=C+I+G$ の式に，$C=30+0.8Y$，$I=20-2i$，$G=50$ をそれぞれ代入して整理する。

2. $Y=2i+470$

解説：$M=L$ の式に，$L=Y-2i$，$M=470$ をそれぞれ代入して整理する。

3. 均衡国民所得＝475 均衡利子率＝2.5

解説：$Y=500-10i$，$Y=2i+470$ を連立方程式として解く。

4. 均衡国民所得＝490 均衡利子率＝1

解説：*LM* 曲線を $Y=2i+488$ として，3. と同じように解く。

第9章

【確認問題解答】

9-1　①　d点は，c点と同じ利子率だが，所得水準はc点よりも小さい。つまり，c点とd点では，貨幣の投機的需要は同じで，取引需要はd点の方が小さい。したがって，d点の貨幣の総需要はc点よりも小さい。しかし，c点で金融市場は均衡しているのだから，それよりも貨幣需要が小さいd点では，貨幣に超過供給が発生する。そのため，利子率が低下して，d点はa点に向かう。

②　たとえばo点は，財と貨幣の両方で超過需要の状態にある。そのため，所得の増大と利子率の上昇がともに起こるが，調整速度の速い金融市場で先に調整が始まり，まず利子率が上昇して*LM*曲線に戻るだろう。しかし，それだけでは財市場が均衡しないので，*IS*曲線に向かって所得の増大が始まるが，その結果*LM*曲線から離れそうになると，再び*LM*曲線に引き戻されるので，事実上，*LM*曲線上を滑るようにして，E点へ収束していくだろう。

9-2（1）　金融引締め政策は，金融緩和政策の逆だから，これは，*LM*曲線の左上方へのシフトとして示される。

9-2（2）　図参照。*IS*曲線と*LM*曲線が，同時に右方シフトするので，クラウディング・アウトは，両者のシフト幅次第で，生じる場合も生じない場合もある。図のように，*IS*曲線のシフト幅よりも，*LM*曲線のシフト幅の方が大きい場合は，クラウディング・アウトは生じない。

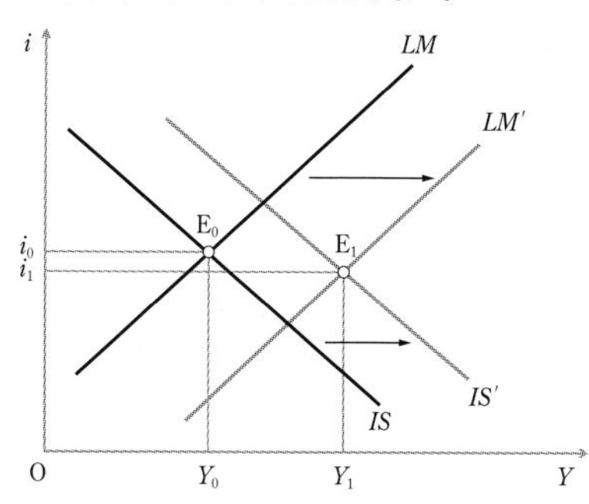

【練習問題解答】

問題Ⅰ

1. 小さい　2. 超過需要　3. 高い　4. 超過供給　5. *LM*曲線，低下　6. *IS*曲線，上昇　7. クラウディング・アウト　8. 流動性のわな

問題Ⅱ　図参照。

限界消費性向の上昇は，貯蓄関数の傾きを小さく（緩やか）にする。これを*IS-LM*のグラフに移すと，図のように傾きが変わるので，結果として，*IS*曲線の傾きが緩やかになる。したがって，*LM*曲線との交点は，E_0からE_1へシフトし，所得水準，利子率ともに上昇することになる。

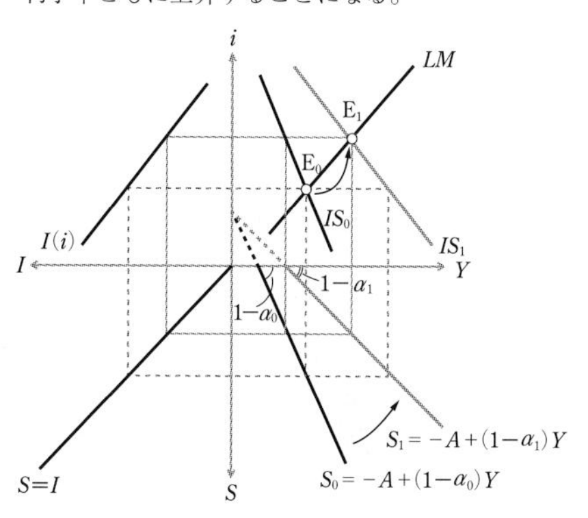

問題Ⅲ　図参照。

所得税を考慮した消費関数は，一般的に$C=A+\alpha(1-t)Y$（t：所得税）と書けるから，貯蓄関数は，$S=-A+(1-\alpha(1-t))Y=-A+(1-\alpha+\alpha t)Y$になる。所得減税（$t$の低下）は，この貯蓄関数の傾きを小さくするから，作図的には問題Ⅱと同じ形になり，*IS*曲線の傾きを緩やかにして，*LM*曲線との交点を右上方へシフトさせる。

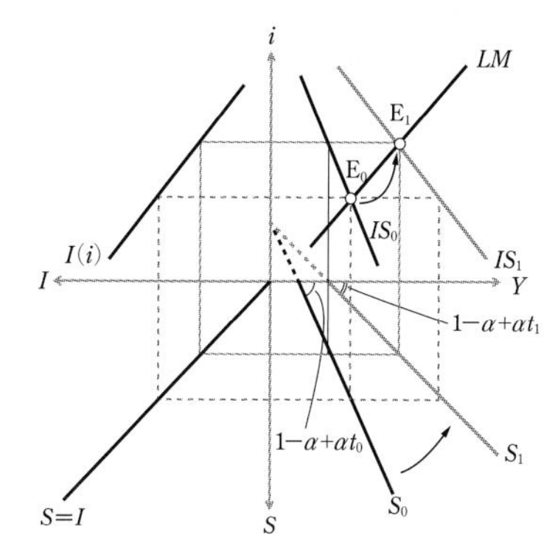

問題Ⅳ

1. 均衡国民所得＝470，均衡利子率＝2

解説：*IS*曲線：$Y=480-5i$，*LM*曲線：$Y=450+10i$

解き方については，第8章の問題Ⅱを参照。

2. 20の増加

解説：政府支出に12加わると，$Y=(100+0.6Y)+(60-2i)+(32+12)$ となるので，これを整理すると，*IS* 曲線：$Y=510-5i$ になる。これをもとに，1. と同様の計算を行うと，新しい均衡国民所得は490になるので，20の増加を得る。

3. 10

解説：与えられた消費関数より，投資乗数は2.5になる。$\Delta G=12$ だから，利子率一定の下での乗数効果は，$2.5\times12=30$ となるはずだが，2. の結果から，実際の所得は20しか増えていない。この差は，利子率上昇によるクラウディング・アウトと考えられる。

第10章

【確認問題解答】

10–1　略

10–2　これは円高・ドル安を意味する。今までは1ドルが100円の価値を持っていたのに，今度は1ドルが80円の価値しか持たなくなるから，これはドルの価値が下がり，円の価値が上がることを意味する。もっと具体的に言えば，1ドル＝100円のときは，日本で100円の商品を，アメリカでは1ドルで買うことができたが，1ドル＝80円になると，100円の商品を買うのに，1.25ドル支払う必要がでてくる。これは，ドルの価値が下がったことを意味するだろう。

10–3　①　1ドル＝50円

②　1ドル＝50円

10–4　①　図参照。公共投資の削減が行われると，*IS* 曲線は左方へ後退する。これは，国内金利を海外金利よりも引き下げる効果を持つので，投資家は海外の債券を持とうとして円を売る。その結果，円レートが下がり，輸出が促進され，輸入が抑制されるようになるから，純輸出が増加し，*IS* 曲線を右方へシフトさせる。これは，日本と海外の金利差がある限り続くので，最終的に *IS* 曲線は，元の位置にまで引き戻される。

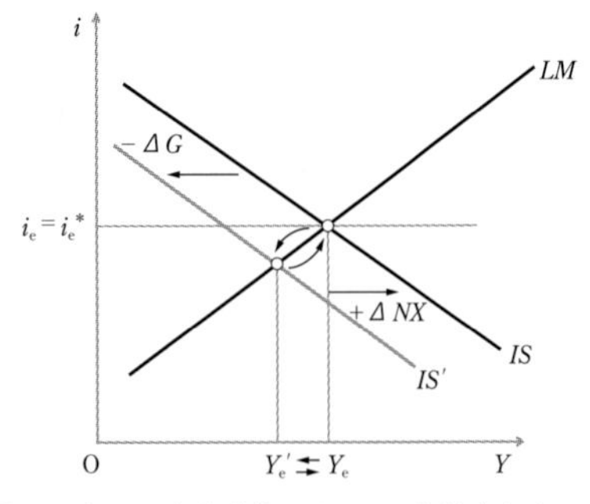

②　図参照。金融引締めは，*LM* 曲線を左方へシフトさせるから，日本の金利は海外金利よりも高くなる。そうすると，投資家は日本の債券を買おうとして円を買うから，円レートが上がり，純輸出を減少させる。そのため，*LM* 曲線に続いて，*IS* 曲線も左方へシフトし，日本と海外の金利差がなくなるまでシフトを続ける。その結果，所得水準は，*LM* 曲線の後退分以上に，大きく減少することになる。

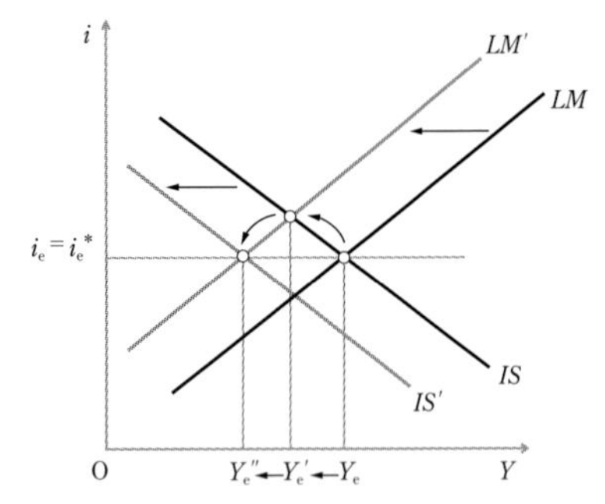

【練習問題解答】

問題Ⅰ

1. 金融収支　2. 貿易・サービス収支
3. 知的財産権等使用料　4. マイナス
5. マイナス　6. 資本移転等収支，金融収支
7. Jカーブ効果　8. 購買力平価説
9. 下落（減価）　10. 上昇（増価）

問題Ⅱ　図参照。

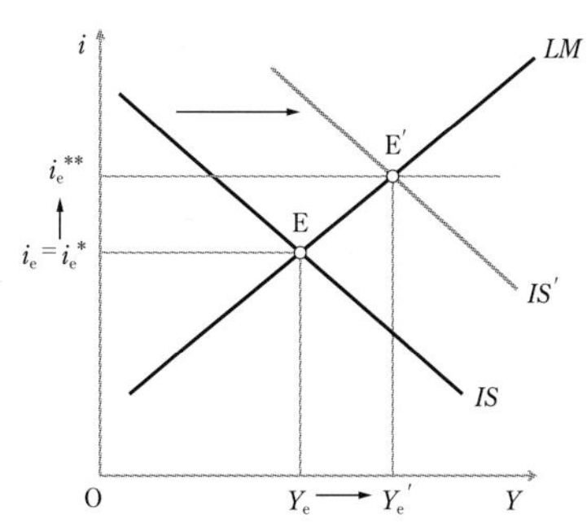

解説：海外利子率の i_e^* から i_e^{**} への引き上げは，日本の金利を相対的に低くするから，投資家は海外（アメリカ）の債券を求めて，円を売ってドルを買おうとする。その結果，円安，ドル高になるため，日本の輸出が増え，輸入が減り，純輸出が増加して，*IS* 曲線を右方へシフトさせる。このシフトは，金利差がある限り続くことになるから，結局，*IS* 曲線は *IS′* 曲線にまでシフトし，その結果，均衡所得水準は Y_e から Y_e' まで拡大することになる。

問題Ⅲ

1．増加しない。

2．20 増加する。

解説：第 9 章の問題Ⅳの *LM* 曲線は $Y=450+10i$，均衡所得は 470。これにマネーストックを 40 加えると，金融市場の均衡条件は，$2Y-20i=940$ になって，新しい *LM* 曲線は，$Y=470+10i$ になる。マンデル=フレミング均衡では，この新しい *LM* 曲線において，新しい均衡利子率と，元の均衡利子率が同じ 2 パーセントになるので，新しい *LM* 曲線に $i=2$ を代入すると $Y=490$ となり，解を得る。

第 11 章

【確認問題解答】

11-2　$\sigma=0.2$，$s=0.2$ なので，$\sigma s=0.04$，すなわち，4 パーセントになる。

11-3　投資が 104 億円のとき，最適成長率にもどるには，投資の縮小が必要である。しかし，このとき経済では，需要増加が 40 であるのに対し，生産量の増加は 30 しかないので，超過需要が発生している。したがって，どの企業もこぞって投資の拡大をはかる結果，マクロの投資も拡大して，経済はいっそう不均衡になる。

【練習問題解答】

問題Ⅰ

1．国民所得，または GDP

2．国民所得の増加率　3．需要，供給

4．需要創出効果，生産力効果（順不同）

5．投資の生産性，限界貯蓄性向（順不同）

6．最適成長率，現実成長率（順不同）

7．大きく　8．小さく

問題Ⅱ

限界消費性向が小さくなると，同じ投資増加からもたらされる，有効需要の増加量が小さくなる。供給の増加量は変わらないので，この場合，投資の増加額 ΔI そのものを大きくしないと，増加する供給量を吸収できなくなる。そのため，需給均衡の維持に必要な $\dfrac{\Delta I}{I}$ の値が大きくなり，これは $\dfrac{\Delta Y}{Y}$ の増加を意味するから，最適成長率が高まることになる。直観的に言えば，限界消費性向の低下によって乗数が小さくなるため，被乗数（I）の伸び率を高めることで，必要な需要増加量を維持する必要に迫られる，ということである。

問題Ⅲ

表を見ると，投資が 102 から 103 へ増加する際，需要 ΔY は 10 増加しているが，供給 ΔO は，わずか 0.3 しか増加していない。すなわち，投資の規模自体に由来する供給能力は，投資のわずかな増加（1）に対して，わずかしか増加しないが，需要の増加は乗数効果を伴うので，投資のわずかな増加に対して大きく増加する。そのため，超過供給から出発しても，需要の増加が供給の増加を追い抜いていくので，需給均衡の回復がはかれるのである。

第 12 章

【確認問題解答】

12-1　$\left(\dfrac{Y}{K}\right)_b$ の下では，労働成長率 $\dfrac{\Delta L}{L}$ の方が，資本成長率 $\dfrac{sY}{K}$ よりも高いので，しだいに労働力が過剰化して，賃金率が下がる。企業は，割安になった労働力で，資本の代わりをつとめさせようとするので，資本 K の投入量が減少し，$\dfrac{Y}{K}$ の値が上昇する。

12-2　図参照。　①　増加させる。
②　増加させる。
③　減少させる。

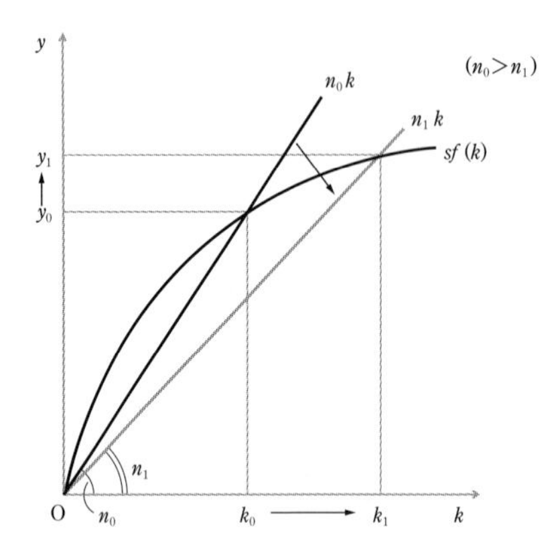

【練習問題解答】

問題Ⅰ

1. ○　2. ×　3. ○　4. ○　5. ×

問題Ⅱ

1. 2倍

解説：マクロ生産関数の K と L を2倍にすると

$$A(2K)^{\alpha}\ (2L)^{1-\alpha}=2^{\alpha}\cdot 2^{1-\alpha}\cdot AK^{\alpha}\ L^{1-\alpha}$$
$$=2AK^{\alpha}\ L^{1-\alpha}=2Y$$

となる。これは生産要素の指数の合計が1になるコブ=ダグラス型関数の特性であり，規模に関する収穫一定を表している。

2. L を定数と見なして，マクロ生産関数を資本 K で微分してみる。

$$\frac{dY}{dK}=A\alpha K^{\alpha-1}L^{1-\alpha}=\alpha\ \frac{AK^{\alpha}\ L^{1-\alpha}}{K}=\alpha\ \frac{Y}{K}$$

これを変形して，

$$\alpha=\frac{dY}{dK}\cdot\frac{K}{Y}=\frac{dY}{Y}\ \frac{K}{dK}=\frac{\dfrac{dY}{Y}}{\dfrac{dK}{K}}$$

これは，K の1%の変化が，Y の何%の変化をもたらすかを表す数値になっているから，生産（Y）の資本（K）弾力性と定義できる。

3. 2. と同様に計算すれば，$1-\alpha=\dfrac{\dfrac{dY}{Y}}{\dfrac{dL}{L}}$ を得る。

問題Ⅲ

1. 図参照。

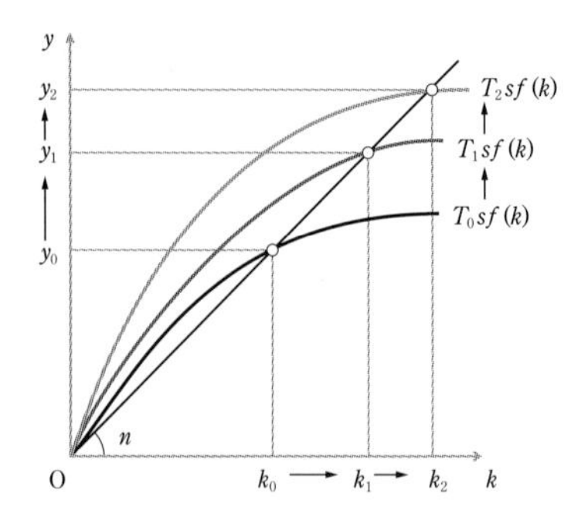

2. 図の縦軸に現れているように，1人当たり所得 y は，継続的に上昇していく。

3. 継続的な1人当たり生産量（所得）の増加は，均斉成長率の増加を意味する。したがって，継続的な技術革新は，人口増加率に加えて，経済の均斉成長率を上昇させるものになる。その場合の均斉成長率は，技術革新による生産量増加率を τ とすれば，$n+\tau$ になる。

第13章

【確認問題解答】

13-1　略

13-2　$PT=MV$ の両辺を M で微分する。

$$\frac{dP}{dM}T=V\ \rightarrow\ \frac{dP}{dM}=\frac{V}{T}$$

（13-3）式から，$\dfrac{V}{T}=\dfrac{P}{M}$

よって，$\dfrac{dP}{dM}=\dfrac{P}{M}\ \rightarrow\ \dfrac{dP}{dM}\cdot\dfrac{M}{P}=1$

これを変形すれば，

$$\frac{\dfrac{dP}{P}}{\dfrac{dM}{M}}=1$$

この式の左辺が，物価の貨幣量弾力性を表している。これが1ということは，M の1パーセントの変化は，P の1パーセントの変化を伴うということだから，M と P は，文字通り，比例的な変化をすることになる。

13-3　たとえば，失業率を減らすために，景気刺激策をとれば，有効需要が増大するので，既存の供給能力に対して，需要が超過気味になってくる。そのため，物価が上昇し始めるのである。逆に，物価を抑えようと，景気を引き締めれば，生産量も抑制され，結果的に雇用量を減少させる。そのため，失業率が高くなるのである。

13-4 2パーセント

【練習問題解答】

問題Ⅰ

1．継続的，継続的　2．企業物価指数
3．ラスパイレス　4．パーシェ
5．連鎖基準方式　6．貨幣の流通速度
7．セイ法則
8．フィリップス曲線
9．コスト・プッシュ
10．名目利子率，物価上昇率（インフレ率）

問題Ⅱ

1．均衡国民所得＝500
2．インフレギャップ＝500－450＝50
3．$C+I$ 線を，均衡国民所得が 450 になるまで，下方シフトさせる。売りオペレーションによるマネーストックの縮小，所得増税，公共投資の抑制などが，考えられる。

問題Ⅲ

1．6 減額する。

解説：右図にあるように，*IS* 曲線をシフトダウンさせて，所得 460 のところで，*LM* 曲線と交わるようにする必要がある（点 a)。その時の政府支出を G とすると，*IS* 曲線は次のようになる。

$Y=(100+0.6Y)+(60-2i)+G$ より

IS 曲線：$Y=400-5i+2.5G$

LM 曲線：$Y=450+10i$

新しい均衡点では，*LM* 曲線において $Y=460$ となるときの利子率が，新しい均衡利子率になるので，この条件を *LM* 曲線に当てはめると，$i=1$ を得る。したがって，新しい *IS* 曲線において，$i=1$ のとき，$Y=460$ となるので，この条件を当てはめると，

$400-5+2.5G=460$

$2.5G=65$

$G=26$

を得る。これは，最初の政府支出 32 よりも 6 少ないので，「6 減額する」が答えになる。

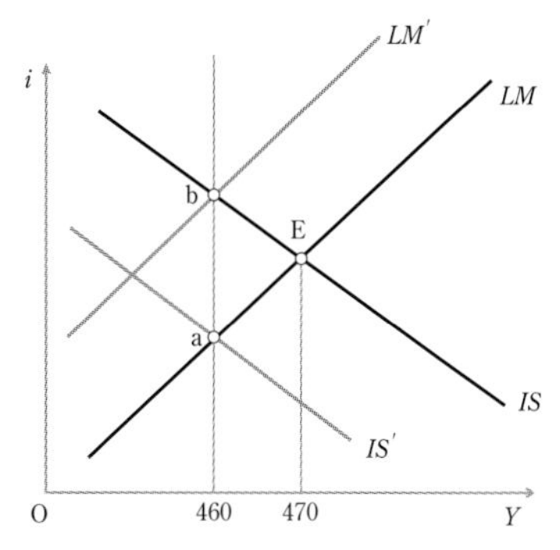

2．60 減少させる。

解説：1. と同様に，今度は *LM* 曲線をシフトアップさせて，所得 460 のところで，*IS* 曲線と交わらせる（点 b)。マネーストックの減少額を ΔM とすると，新しい *LM* 曲線は次のようになる。

$900-\Delta M=2Y-20i$

LM 曲線：$Y=450+10i-0.5\Delta M$

IS 曲線：$Y=480-5i$

IS 曲線における b 点は，$Y=460$ を代入すれば，$i=4$ を得る。これを *LM* 曲線に当てはめると，

$450+10\times4-0.5\Delta M=460$

$\Delta M=60$

を得る。

第 14 章

【確認問題解答】

14-1　$\Delta Y=\dfrac{1}{(1-\beta)(1-q)}\Delta I$ の q に 0.8 を，

β に 0.6 を代入すると，$\dfrac{1}{(1-0.6)(1-0.8)}=12.5$,

β に 0.5 を代入すると，$\dfrac{1}{(1-0.5)(1-0.8)}=10$

となって，投資乗数が小さくなることがわかる。

【練習問題解答】

問題Ⅰ

1．労働分配率　2．賃金　3．利潤
4．完全雇用　5．機能的分配

問題Ⅱ

$$\frac{P}{K}=\frac{1}{s_P}\frac{I}{K}$$

解説：(14-9) 式の両辺に，$\dfrac{Y}{K}$ をかけることで得られる。したがって，経済全体の利潤率は，資

本家貯蓄性向と，資本増加率$\left(\frac{I}{K}=\frac{\Delta K}{K}\right)$によって決定される。利潤の形成には，消費者としての労働者もとうぜん関係しているはずだが，利潤率は，資本家貯蓄性向と資本増加率，すなわち，資本家の意志のみで決定される。ただし，カルドアモデルでは，この結果は，$s_W=0$という条件を必要とするが，パシネッティモデルでは，補論で述べるように，これとまったく同じ結果を，$s_W=0$を仮定することなく導出している。

問題Ⅲ

(14-12) 式をs_Wで微分してみる。これは，s_Wがわずかに上昇したとき，$\frac{P_P}{Y}$がどうなるかを調べることであり，微分した値の符号が正であれば$\frac{P_P}{Y}$は増加し，符号が負であれば$\frac{P_P}{Y}$は減少する，すなわち，労働者への利潤分配率が上昇することを意味することになる。(s_P, Y, Iも変数なので，以下の微分は偏微分になる。すなわち，変数は，本当はたくさんあるわけだが，以下では，s_Wだけを変数と考え，他はすべて定数と見なして微分を行う。そういう場合の微分記号は$\frac{dy}{dx}$ではなく，$\frac{\partial y}{\partial x}$のように書くので，以下もこれに従うが，微分計算の仕方は同じである。また，(　)′等もすべてs_Wで微分するという意味である)

$$\frac{\partial\left(\frac{P_P}{Y}\right)}{\partial s_W}=\frac{-(s_P-s_W)'}{(s_P-s_W)^2}\frac{I}{Y}-\frac{s_W'(s_P-s_W)-s_W(s_P-s_W)'}{(s_P-s_W)^2}$$

$$=\frac{1}{(s_P-s_W)^2}\frac{I}{Y}-\frac{s_P}{(s_P-s_W)^2}$$

この式の符号はしたがって，$\frac{I}{Y}-s_P$が正か負かで決まる。これは一般的には何とも言えないが，もし仮に，s_Pがs_Wの影響を受けないものとすれば，たとえば，$s_W=0$になっても，s_Pの値が変わらないものとすれば，(14-11) 式で$s_W=0$とすることで，$s_P=\frac{I}{P_P}$を得ることができる。YとP_Pでは，Yの方が確実に大きいから，$\frac{I}{Y}<\frac{I}{P_P}(=s_P)$となって，この場合には，

$$\frac{I}{Y}-s_P<0$$

と考えることができる。これは普遍的な証明とは言えないが，GDPに占める投資の比率と，利潤からの貯蓄性向との比較という意味では，おおむね現実性を持つ想定と言っていいだろう。だとすると，s_Wの上昇は，$\frac{P_P}{Y}$を低下させると言ってよく，他の条件を一定とすれば，労働者への利潤分配率を高めることになる。

なお，この結果は，補論における長期均衡状態を想定するものではないので，(14-補-10) 式とは矛盾しない。

第14章への補論

【確認問題解答】

14-補-1　略

索　引

さ　行

た　行

な　行

は　行

ま　行

や　行

ら　行

わ　行

英　字

著者紹介

井上　義朗（いのうえ　よしお）

1962年　千葉県に生まれる
1984年　千葉大学人文学部卒業
1991年　京都大学大学院経済学研究科博士課程修了，
経済学博士
千葉大学法経学部を経て
現　在　中央大学商学部教授
主要著書
『「後期」ヒックス研究――市場理論と経験主義』日本評論社，1991年
『市場経済学の源流――マーシャル，ケインズ，ヒックス』中公新書，1993年
『エヴォルーショナリー・エコノミクス――批評的序説』有斐閣，1999年
『コア・テキスト経済学史』新世社，2004年
『二つの「競争」――競争観をめぐる現代経済思想』講談社現代新書，2012年
『読む ミクロ経済学』新世社，2016年
『「新しい働き方」の経済学――アダム・スミス『国富論』を読み直す』現代書館，2017年
など。

読む マクロ経済学

2016年12月25日©　　初 版 発 行
2021年9月10日　　初版第3刷発行

著 者　井 上 義 朗　　発行者　森 平 敏 孝
印刷者　篠倉奈緒美
製本者　小 西 惠 介

【発行】　株式会社　新世社
〒151-0051　東京都渋谷区千駄ヶ谷1丁目3番25号
編集　☎(03)5474-8818(代)　　サイエンスビル

【発売】　株式会社　サイエンス社
〒151-0051　東京都渋谷区千駄ヶ谷1丁目3番25号
営業　☎(03)5474-8500(代)　振替 00170-7-2387
FAX　☎(03)5474-8900

印刷　ディグ　　製本　ブックアート

ISBN 978-4-88384-248-3

PRINTED IN JAPAN

サイエンス社・新世社のホームページのご案内
http://www.saiensu.co.jp
ご意見・ご要望は
shin@saiensu.co.jp　まで。